2050年のジャーナリスト

Journalists in 2050

Susumu Shimoyama
下山進

毎日新聞出版

2050年のジャーナリスト

目次

2050年のジャーナリスト

はじめに

『2050年のメディア』という本で、読売、日経、ヤフーを舞台にしてこの四半世紀のメディアの変貌を描いた。

「読売はこのままでは持たんぞ」という読売主筆、渡邉恒雄のセリフで始まるこの本は、いわば通史。しかし、通史を書いているなかで、こぼれてしまった話もあった。

『2050年のメディア』では、ヤフーに対抗して読売、日経、朝日が2008年にスタートさせたニュースのポータルサイト「あらたにす」の興亡が前半の山場になっている。各社の思惑の違いと、ヤフーの智恵によって「あらたにす」は2012年には閉鎖される。このとき、朝日新聞から参加した田仲拓二は、後に朝日放送で、「あらたにす」のラジオ版radikoを、朝日放送の天才エンジニア香取啓志《かんどりけいし》を後押しする形でつくりあげている。

ヤフーやグーグルなどのプラットフォーマーではなく、コンテンツをつくっている側が集まってプラットフォームをインターネット上につくる。「あらたにす」は紙からネットへの跳躍だったが、radikoは、「放送」からネットへの跳躍であった。

だが、この田仲のリターンマッチは通史では、書くことはできなかった。それはまた別の話だからだ。

2019年の12月に当時サンデー毎日の編集長だった隈元浩彦さんと、同編集部の向井徹さんが訪ねてこられ、同誌上での連載を依頼された時に、「『燃えよ剣』に対する『新選組血風録』のようなものなら」とお答えしたのは、そうした通史からこぼれた人や話を書けるからと思ったからだった。『燃えよ剣』も『新選組血風録』も、司馬遼太郎の作品だが、同じ新選組を前者は通史で、後者は連作短編による列伝で描いている。

たとえば『燃えよ剣』では、さらっとしか書かれていない武田観柳斎という五番隊組長がいる。その武田が『新選組血風録』の連作短編のひとつ「鴨川銭取橋」では主役になる。伊東甲子太郎《かしたろう》とならぶ学のある人物として近藤勇がとりあげた武田が、組の追い手である斎藤一《はじめ》に、「鴨川沿いの細流にかかる銭取橋《ぜにとりばし》」で暗殺されるまでを描いているのだが、本編ではほんの脇役にすぎなかった武田が名人の手によって生き生きと動き出し、息を呑むような緊迫感で最後のシーンまで疾風のように駆け抜ける。

〈武田は腰をひねるなり抜き打ちで斎藤の面上に浴せかけたが、斎藤の撃ちのほうが一瞬はやい。キラリと抜きあわせるなり逆胴を真二つに抜きうって、数間むこうに飛んでいた。武田観柳斎、即死〉

そんなラストに大学時代からしびれていた私としては、こういう列伝が書ければな、とずっと思っていたのだった。

しかも、メディアというしばりをもって。

このようにして、2020年3月3日発売号から始まったサンデー毎日の連載をまとめたのが本書である。連載の原稿はそのまま掲載し、それぞれの回でとりあげた人物や、メディアに後日談がある場合には、Afterwardsの項を直後にもうけて、書き足している。
最後の「２０５０年のジャーナリスト」の章は、朝日新聞社の月刊『Journalism』の編集部の「若いジャーナリストに現状と今後をさししめしてほしい」との依頼をうけて書いたものだが、本書の最後にふさわしいというこの本の担当者久保田章子さんの勧めによって、収録した。

それぞれの回では列伝として人をとりあげながら、東京五輪の是非、編集者の重要性、コロナ禍とメディア、個性豊かな地方紙の挑戦、才能について、科学とメディアなど広範なテーマを掘り下げている。

とりあげるメディアは、朝日新聞、読売新聞、ＮＨＫ、日本テレビ、日本経済新聞、時事通信、東京新聞、秋田魁《さきがけ》新報、新潟日報、十勝毎日新聞、山陽新聞、河北新報《かほくしんぽう》、ニューヨーク・タイムズ、ワシントン・ポスト、英エコノミスト、ニューズウィーク、タイム、バズフィード、ハフィントンポスト、ＮｅｗｓＰｉｃｋｓ、週刊文春などこれも多岐にわたった。

メディアのしばりがある雑誌のコラムとしてはニューヨーカー誌でケン・オーレッタが１９９２年から連載をしている「Annals of Communications（コミュニケーションの年譜）」があるが、日本では初めてだと思う。

サンデー毎日の連載は現在も続いている。週刊誌での連載を担当しているのは、編集長の坂巻士朗さんである。冷静沈着な坂巻さんの編集さばきには、毎週助けられている。本書を担当してくれた久保田さんや、連載を決めてくれた隈元さん、向井さんとともに、ここに感謝の意を表したい。

最終章で、今私たちは、15世紀にグーテンベルクが活版印刷を発明して以来の大きな変革期に立ちあっていると書いている。グーテンベルクの活版印刷という技術革新は、それまで一部特権階級のものだった「知識」を印刷という形で多くの人に一気に広めた。このようにして、新聞社や出版社が誕生し、今日の民主主義社会が生まれた。

1990年代から本格的に始まったインターネットという技術革新は、「紙」や「放送」という従来メディアが依拠していた媒体を根本から変え、大きな地殻変動がおきている。

その現在進行形の変化のなかで生きる人々をとりあげた本書は、そのタイトルを『2050年のジャーナリスト』とした。通史『2050年のメディア』に対する列伝の意味がある。『2050年のメディア』は、この本をテキストにして、各メディアの未来を論じる講演会や勉強会にずいぶんと呼ばれた。この本を土台にして、未来を考えるという意味では、前著のタイトルは正解だったと思っているし、今度の本もその一助にしてくれればとても嬉しい。

ま、でも読み物として楽しんで読んでもらえれば、それはそれで著者としてはもう充分。

2021年8月

下山進

I

ニューヨーク・タイムズ社員数激減の衝撃

昨年（２０１９年）10月末に出版した『２０５０年のメディア』という本で、一時は倒産しかかったニューヨーク・タイムズが、デジタル有料版に社の経営基盤を集中していくことで再生した、という話を書いた。そのこともあってか、日本の新聞社からの講演依頼が続いている。その中で、必ず、本に書いていなかったニューヨーク・タイムズ・カンパニーの従業員数の推移についての話をするようにしている。

このことに気がついたのは、やはりデジタル版で成功をしている日経の幹部から、タイムズの社員数のことを聞かれたからだった。日経は、持続可能な体制というものを現在考えており、それには、今の社員数が多すぎるのではないか、という問題意識があった。

毎年ごとのアニュアルレポートを調べてみて驚いた。

ニューヨーク・タイムズ・カンパニーでは、２０００年には1万４０００人いた正社員の数は、２０１３年には３５２９人にまで減っている。

だから、日本の新聞社もリストラをしろ、という単純な話をしようとしているのではない。ニューヨーク・タイムズは日本で言ういわゆる「リストラ」だけで正社員数が減ったのではな

ニューヨーク・タイムズ社の正社員の推移

（同社アニュアルレポートより下山作成）

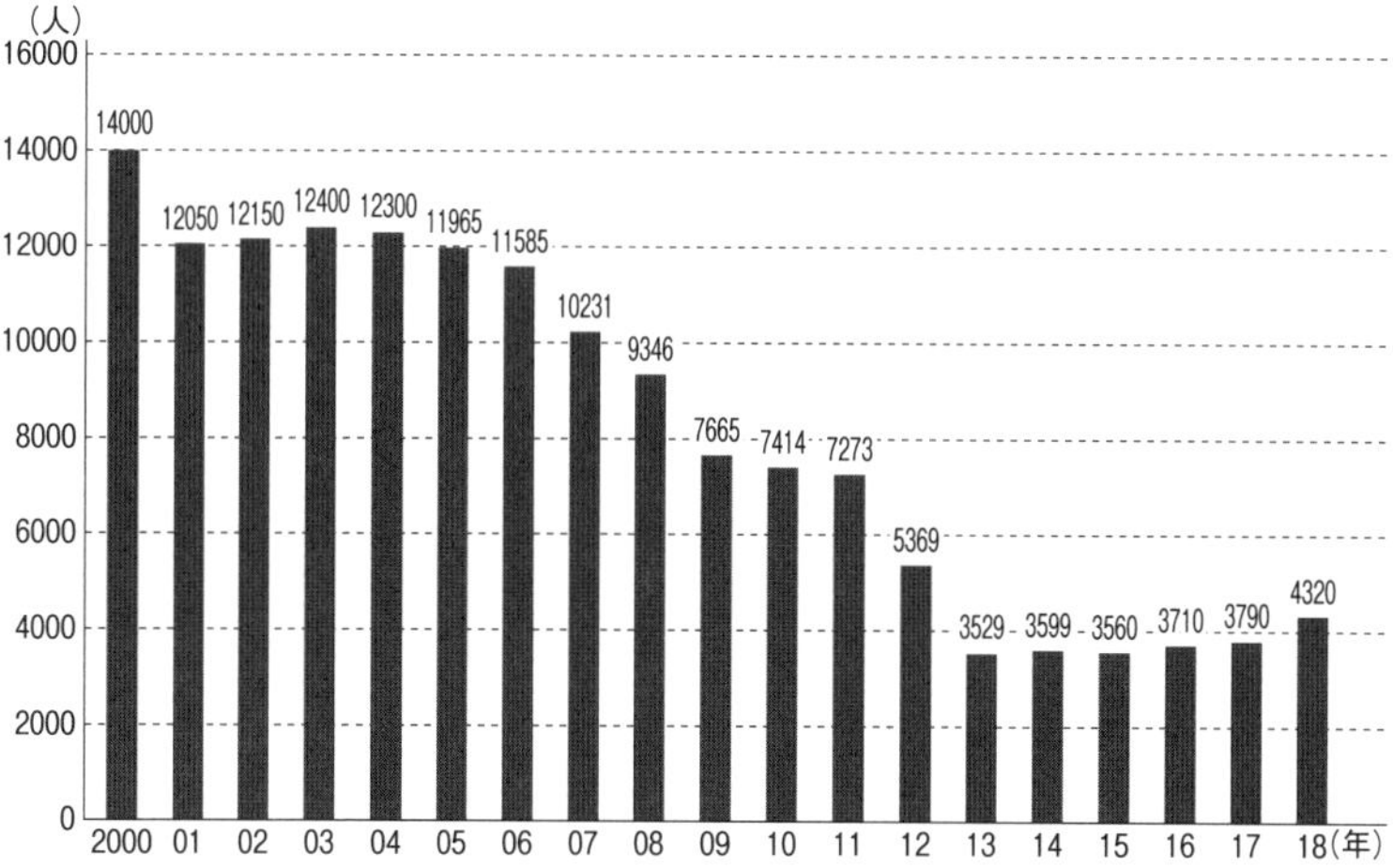

NYT 社の正社員の推移。１万4000人（2000年）から3529人（2013年）へ。その後、2018年には社員数が4320人までに増えるのはデジタル有料版が成功し、売上が反転して上昇したため。

い。余計な事業を次々に売却し、ニューヨーク・タイムズというコアの価値に経営資源を集中していくことで、従業員の数は減っていたのだ。

リーマン・ショックがおこった２００８年に一挙に苦境が訪れるが、まず２００９年には、ニューヨーク州全域をカバーするラジオ局のＷＱＸＲを売却、さらに２０１３年にはボストン・グローブ紙を売却した。このことで正社員の数は、がくっと減っている。

ひるがえって日本の新聞社はどうだろう？　むしろ結婚紹介業やバーチカル・メディアという無料広告サイトなど、難局を多角化でのりきろうとしている。

業界でも「不動産があるから大丈夫だ」という声がまだある。

そうだろうか？

たとえば朝日新聞の不動産事業の売上規模は２０１８年で３７０億円。メディア・コンテンツ事業３３４３億円の約10分の１にしかならない。釣瓶《つるべ》落としのように落ちていく紙の部数による収入源を到底カバーはできない。

答えは紙をデジタルにおきかえていくこと、つまり有料デジタル版をとってもらうことにしかないが、朝日の有料デジタル版の契約者数はここ数年ずっと伸び悩んでいる。

それはなぜだろうか？

その理由は、記者も編集幹部も、人々がどんな記事をもって有料デジタル版をとり続けるかという点に関して無自覚だからだ。それはふたつの点から無自覚になってしまう。

ひとつは、同じ社内で無料広告モデルのサイト（バーチカルメディア）を次々に乱立させ、記者たちがそれらに出す記事にひっぱられてしまっていること。ヤフーやラインニュースにも記事を供給することで、無料でＰＶ（ネットへのアクセス数）を稼ぐ記事のモデルにひっぱられてしまっていることもその一因だ。

そしていまひとつは、日経以外の全ての日本の新聞社を覆う「前うち報道」主義を脱却できていないことだ。

日本の新聞社では、入社するとまず地方の支局に配属される。そこでたたきこまれるのは県庁なり、県警なりの記者クラブに所属して、昼間は発表を聞き、朝、夜は、官僚や警察官、検事などを夜うち、朝駆けをして、情報をとってくることだ。それが本社にあがってもずっと続く。こうして書く記事を「前うち」と呼ぶ。が、この「前うち」の記事は、官の情報をはやくとってくるにすぎない。たとえ、朝刊でぬいても、すぐにおいつかれる。こうした記事は、すぐにコモディティ化してしまう。つまり、ヤフーニュースやラインニュースの無料のニュースで人々は十分と感じている。

人々がお金を払うのは、その媒体でなければ読めない、独自の切り口をもった記事だ。

日経新聞は、イブニングスクープといって翌日の朝刊の目玉記事を前日の夕方6時には電子版に出しているが、それらの記事をずっとみていくと、そのことがよくわかる。

たとえば、2019年の年末に出した「チャートは語る」の地方空港をテーマにした4回の記事。これは日経の編集者が、地方空港の伸びに気がつき、その理由について独自に調査をしたものだ。その結果はこの10年、インバウンド需要で、アジアの各国から地方空港へ直接の入国が増え今では4人に1人が地方空港から入国していること、また地方と地方を結ぶ路線が活況を呈していることが明らかにされている。こうした記事はたとえ、3カ月後に出したとしても古びない。地方紙の読者にとっても切実な記事だろう。

そうした独自の切り口の記事に集中していくと、官僚や検事、警察官への夜うち、朝駆けの人員はいらなくなってくる。そうした意味もあって、冒頭の日経の幹部は、ニューヨーク・タイムズの社員数を気にしていたのだが、日本の新聞社全体の記者の数をみてみると、1999年の2万2322人から2019年は1万7931人と一割程度しか減っていない。

が、今後は、そうした「前うち」報道にはりついてきた記者の数は減らざるを得ないだろう。その代わりに重要になってくるのは、現在の新聞社にほとんど不在である「編集者」の役割である。そのことについては次回以降書くことにしよう。

Afterwards

2020年の11月30日に朝日新聞は、4月〜9月の中間決算を発表した。それによれば、売上高が前年同期にくらべ約400億円（対前年度比22・5パーセント）もダウン。下がったのは、主にメディア・コンテンツ事業つまり新聞業のほうで、ここで337億円もの売上が消えた。その結果、半期で112億円もの赤字を計上し、このコラムでの心配は的中する形になった。朝日新聞社は、300人の希望退職を実施するなどの方策で、約4400人いる社員数を2023年度までに約3900人まで削減する方針だという。2021年の年明けからまず100人の希望退職の募集を始めている。ただし、半期で100億円以上の赤字という経営内容からすれば、2020年3月期の平均年間給与が1229万円なので、単純計算で1627人削減しなければ黒字化しないことになる。

2020年4月〜9月期は、コロナ禍が直撃した期で、デジタル有料版に移行していない新聞社は、広告の大幅な減収により、1割から2割の売上減となっている。コロナはある意味新聞社が持っていた潜在的な問題点をくっきりと浮き彫りにしたと言えるかもしれない。

その後、2021年5月に発表された2020年度通期の決算（連結）でも、対前年度に比べて売上が598億円も蒸発し、本業の赤字は70億円となった。

2

3・11の「それから」
地元紙報道部長はこだわり続けた

義理の父の家は仙台市太白区鹿野本町にあった。2011年の東日本大震災後のゴールデンウイーク、東北新幹線が運転再開したこともあって、片づけを手伝いに行った。そこで、3月12日の朝刊からの河北新報《かほくしんぽう》が、きれいにとってあるのをみつけた。

3月12日の朝刊があったことに驚いた。あの日仙台は、朝から雪が降っていた。電気ガスも水道もだめになっている。テレビも見ることができない。

「この朝刊届いたんですか？」そう聞くと、義父は、感に堪えないといった感じで「ああ、まっ暗な中、ゴトンって玄関のポストの音がして、新聞が入っていたんだ。嬉しかったねえ」。

この話を聞いたその日に、私は河北新報の編集局長宛てに、義父のエピソードをひきながら手紙をしたためた。

「震災のなか、一日も欠かすことなく新聞をつくり続けている河北新報の本をつくりたい」

ちょうどそのころ、河北新報が、社員にアンケートをとっていたこともあって、とんとん拍子で話が進み、震災の年の10月には『河北新報のいちばん長い日』（河北新報社著　文藝春秋刊）を出すことができた。河北新報が自らも被災しながら、あの未曽有の危機をどのように報

2018年10月、地域住民を津波から救った仙台市・荒浜小学校の屋上で。中央左が武田真一さん、中央右が筆者。右端は高知新聞社常務（当時・現社長）の中平雅彦さん、左端は中国新聞社常務（当時・現専務）の井上浩一さん。武田さんの「防災・教育室」の活動は2018年度の新聞協会賞を経営・業務部門で受賞している。

道し、新聞を届けていたのか、一級のノンフィクションを出すことができて、編集者としても私の誇るべき仕事のひとつになっている。

今回書こうとしているのはその本のことではない。本に出てくるある登場人物の「こだわり」のその後についてである。

本を編集していた時に、実はひとつだけピンとこなかったことがあった。

それは本の最後が、報道部長（当時）の武田真一さんの「後悔」で終わっていた点だった。この終わり方は武田さんの強いこだわりがあってそうなった。

武田さんは、地震が起こる前の河北の報道が、「防災」という点で充分だったか、ということを当時から気にしていた。

しかし、終わり方としては地味だし、まだ被害の全容が次々に報道されているなか、「防災」と言われてもというのが編集者だった私の当時の正直な気持ちだった。そのことの意味がわかるのはずっと後のことだ。

武田さんは本気だった。

報道部長を2012年4月にあがり、編集局次長になるが、このころから、防災のための巡回ワークショップ「むすび塾」というのを始める。ワークショップは、やがて、県境を越えて、高知や静岡などの地震による津波被害の予想される地域での開催へと広がり、スマトラ沖地震の津波被害者の体験を聞くというワークショップをインドネシアのアチェ州で開くにあたり、国境も越えた（2013年5月）。

さらに武田さんは河北新報社のなかに新しい部署「防災・教育室」を2016年4月にたちあげる。ここでは震災の体験の伝承を意図して、「311『伝える／備える』次世代塾」という通年の講座を開講。県外の学生や社会人の参加もあるこの「塾」には、私が上智で教えていた学生も、参加していた。その学生は、「体験した人でなければ、わからないことがある。それを学べる」と話していたが、彼女の言うのは、たとえばこういうことだ。

大川小学校の悲劇は裁判にもなり、広く全国に知られたが、同じような条件で全校生徒が助かった戸倉《とぐら》小学校の例がある。

南三陸町志津川の海沿いにあるこの小学校では、マニュアルでは、地震の際には、三階建ての校舎の屋上に避難することにしてあった。ところが、震災の2年前に赴任してきた麻生川《あそかわ》敦校長は、地元住民が、「津波の時に、校舎の上に逃げたのでは孤立してしまう」というのを聞いて、マニュアルは、正しいのかという疑問を抱く。そして、校舎の屋上に逃げるか、裏山に逃げるか、職員の間で幾度となく、議論をさせていた。そして結論の出ないまま、その日が訪れる。

校長は、強い揺れだったことから、瞬時の判断で裏山の避難を選択する。結果として、津波は、校舎の屋上を遥かに超えた。もし、マニュアルどおりの避難だったならば、全校生徒は津波に呑まれていた。

麻生川氏は、自分の判断が正しかったからそうなったのだとは思っていない。議論をしていたことで、たまたま助かったのだと強調する。しかし、それが重要だった。大川小学校では、そうした議論をしなかった学校の姿勢を、最高裁の判決が厳しく指弾している。

そうした経験者の話を聞きながら「次世代塾」の若者たちは、自分たちの中で、次の地震の際にどのような判断をすればいいのかを考える。

武田真一さんは、２０１９年3月に河北新報社を定年退職した。

定年退職後は、宮城教育大にその場を移し、今も特任教授として「防災」の現場に立つ。教育の現場に出て行く若者たちがこの問題を考えていれば、また地震が起こった時の学校の対応は違ってくるとの思いからだ。

地方紙には、地元の記者だけにしかできないことがある。

武田さんの「報道」から「防災」への転換とこだわりはそのひとつの形だ。

２０２０　3・12

3

コロナ禍の『ペスト』
時代を読む目が既刊本に新たな命を

ある地方紙は、このコロナ禍にもめげず、感染対策を万全にしたうえで、講演会を予定どおりにやる、というので、羽田空港に向かった。平日午前9時の有楽町駅。

通常だったらば、通勤客でごったがえしているそのホームは、がらんとして人影もなく、SF映画のヒトコマに自分がいるようだった。

羽田に向かうモノレールの中で、開いたのは、でがけに鞄につっこんだカミュの『ペスト』だった。

この小説を読むのは高校生の時以来。

未知のウイルスによる感染症が世界に広がっている今、もう一度読んでみようと思ったのだ。

『ペスト』は、アルジェリア第二の都市オランを襲ったペスト禍を、描いた小説だ。

小説では、ペストの患者が出始めたオラン市を、政府が封鎖する。交通も、手紙も、遮断され、街から出ようとするものは、武力で排除される。

宗教と医学の相克、政治運動の空虚など、この小説が描こうとしていることは多岐にわたるが、今の人々が読んで、いちばん心に刺さるのは、「愛する人との別離」というテーマだろう。

新潮文庫版『ペスト』（アルベール・カミュ著　宮崎嶺雄訳）。本文の引用はこの新潮文庫版による。1947年６月に発表された同書は、日本でも読まれ続け、新潮文庫版は累計125万部を発行している。

医師リウーは、ペストが報告される少し前に、妻を転地療養に送り出していた。新聞記者ランベールはパリに恋人がいるが、たまたま訪れたオラン市が封鎖され、連絡をする手段もない。

が、これら別離の物語の中で、もっとも読者の心を揺さぶるのは、下級官吏グランの別離の物語だ。

初老の下級官吏であるグランは、その余暇を使っていつも、永遠の未完小説の一文をあれこれと推敲《すいこう》している滑稽《こっけい》な人物だ。ペストが猛威をふるい、患者は収容所にいれられ、その遺体が次々に火葬にふされるような日常になっても、その文章に手をいれることをやめられない。

グランは、若い時に妻に去られている。しかし、繰り返し繰り返し脳裏をよぎるのは、若く美しかったその妻ジャーヌの思い出だった。

グランはそのなれそめについて、医師のリウーに、懐かしそうに話す。

〈ある日、クリスマスの飾り付けをしてある店の前で、ジャーヌはそのショーウィンドーを感嘆してながめていたが、いきなり彼のほうへ倒れかかりながら、こういった——「まあ、きれいね！」。彼は彼女の手首を握りしめた。こうして、結婚はきまったのであった〉

4月、ねずみの死骸によって始まったペスト禍は、夏にかけて猛威をふるい、冬になっても収束する気配をみせない。多くの人が愛する人を亡くし、その別離を悲しんだ。

そして迎えたクリスマス。グランが行方不明になる。新聞記者のランベールによれば、変わり果てた顔つきで街頭をさまよっていたという。

医師のリウーは心配になり、車で探しに出かけグランを見つける。

〈正午の冷え冷えとする時刻に、リウーは車から出ると、遠くに、そまつな木彫りの玩具《おもちゃ》のいっぱい並んでいるショーウィンドーにほとんどはりつくようにしている、グランの姿を見た。老吏の顔には、涙がとめどもなく流れていた。そして、その涙がリウーの心を烈《はげ》しく揺り動かした〉

この錯乱の日々のまっただなかに、遠い日のジャーヌの記憶、若かったグランに倒れかかりながら、「自分はうれしい」といったかつての妻の記憶が老人にはよみがえっていた。

このシーンは、何度読んでも涙が出てきてしまう。

新型コロナウイルス（COVID－19）でWHOはパンデミックを宣言した。グローバル化にともなうその伝播《でんぱ》力はこれまでに類をみないものだ。イタリアでは北部の街が封鎖された。世界経済は相当の痛手をこうむるだろう。オリンピックも難しい。

が、会社や学校で忙しくすれちがっていた家族が在宅勤務や休校で、いまいちど一緒の時間を持つようになっている。そうした中で、愛する人と一緒にいることの大切さを再認識している人も多いだろう。

カミュの『ペスト』ではこのクリスマスの直後、突如、伝染病は収束を始め、街は封鎖を解かれることが描かれる。最後にペストにつかまったグランも奇跡的に回復し、再び、未完の小説の一文をいじくりだす。

人間は危機に弱くもあり、強くもある。そのときに支えになるのは、「愛する人」との紐帯《ちゅうたい》、記憶である。

カミュの『ペスト』は、そのことを今日に伝える。

新潮文庫は圧倒的なバックリストがその強みだ。編集部や営業部には既刊本担当者がいて、今の流れを見ながら、時に古典をピックアップして、勝負をかける。

新潮社は、今回、累計3万4000部の重版をかけた。しかし、あまり派手な宣伝はしないという。

「静かに読まれたい」が、営業担当の取締役の言葉だ。

2020 3・18

Afterwards

サンデー毎日の連載は、コロナ禍の始まりとともに始まった。しかし、2020年3月18日の新規感染者数を見てみるとわずかに全国で39人。このあと4月の第一波で一日あたり最大720人、7月~8月の第二波で一日あたり最大1605人、2021年1月の第三波で一日あたり最大7957人の新規感染者を出すことになる。

『ペスト』は２０２０年３月以来２０２１年６月まで33万部の重版を重ね、累計１２５万部に達することになる。

4

秋田魁新報の挑戦
新聞の〝常識〟「前うち」からの脱却

「あれが、北朝鮮の弾道ミサイルを迎撃する地上イージスが配備される予定だった陸上自衛隊の新屋《あらや》演習場です」

そう、編集委員の松川敦志《あつし》が言うのを聞いて、まじまじとその森を見てしまった。

4階にある編集局長席、その後ろの南側の窓から、木々がすぐそばまで迫っているのが見える。えっ、秋田市のどまんなかにある秋田 魁《さきがけ》 新報社の目の前に、新屋演習場というのはあるのか。

住宅街に隣接する形であるこの演習場が、北朝鮮から発射されるミサイルの盾となるイージス・アショアの基地になる。その報《しら》せは、政府がある日、突然発表をしたわけではない。じわじわと情報を小出しにしながら、観測気球を飛ばし、地ならしをしようとしていたことだったのは、今ならば、わかる。

最初の異変は、2017年3月17日に秋田県男鹿市で行われた「日本で初めての弾道ミサイル着弾の避難訓練」だった。

県からの報せを受けとって現地に出向いた松川は度肝を抜かれる。

北浦集落という人口わずか1000人ほどの寒村で行われる訓練にもかかわらず、東京から全国紙やキー局の取材陣が駆けつけ、現場はごったがえしていたのだ。松川は取材をしながら「なぜ、そもそもこんな訓練を秋田で、しかもこんなに報道陣を集めてやるのか」という思いがぬぐえなかった。

この後、防衛省記者クラブ発とみられる記事がさみだれ式に観測気球をあげるようにして出てきた。

4月29日 共同通信「地上（型）イージス優先導入・ミサイル迎撃態勢を拡充」。
9月24日 朝日新聞「男鹿・佐渡など政府検討」。

そして、強力なレーダーと迎撃ミサイルをそなえたイージス・アショアの基地として、秋田が候補となっていることが、11月11日の読売朝刊「陸上イージス 秋田・山口に 政府調整、陸自が運用へ」の記事によって明かされるのである。

これらの記事は、業界の中で「前うち」と呼ばれる類いの記事だ。つまり記者クラブに所属している記者が、夜回りや朝駆けをして、官僚からとってきた情報をつかんで書く。だから「前うち」。官僚にとってのメリットは、政策の観測気球を飛ばせることだ。

日本の新聞社は、この「前うち」報道でなりたってきた。が、秋田魁の記者たちは、「前うち」にあえて疑問をていし、自分たちの頭で考え、自分たちの足をつかって取材をし、「なぜ新屋なのか」をさぐろうとした。

最初に動いたのが政治経済部。

部長の泉一志と県庁詰めの石塚健悟を中心に、「比較」でこの問題を考えようとした。限られた取材予算を工面し、すでに「イージス・アショア」が配備されているルーマニアのデベセル基地と配備計画の進むポーランドのレジコボ基地に行く。海外の支局などないから、手さぐりで人を紹介してもらい、通訳を工面し、現地に入った。

デベセルの地元紙の編集局長に、新屋の衛星写真を見せると、編集局長はこう言い放つ。

「こんな近くに学校があるのは信じられない。ルーマニア国民だったら、受け入れられない。反乱を起こす」

２０１８年7月からは、松川が取材に加わることになる。

松川は、朝日新聞から、新卒時に入社した秋田魁新報に、いわば「出戻って」きた記者だったが、朝日時代に那覇総局を経験しており、基地の問題は、日米安全保障の中からとらえていかないと決してわからないことを肌身で知っていた。

日本政府や防衛省は、男鹿の訓練の時から、北朝鮮のミサイルから自国を守るため、という理屈を唱えてきたが、イージスが決して自国の防衛だけではない、むしろアメリカのためということが、米国のシンクタンクの文書からわかる。なんせその文書の副題は、「巨大なイージス艦としての日本」だったのだ。１９８０年代に当時の首相の中曽根康弘が日本を「不沈空母」になぞらえたことからとった副題だった。

そして決定的になったのは、防衛省幹部が、県知事を訪問した際に出した報告書だった。この報告書を松川は徹底的に読み込み、ある矛盾を発見する。他の候補地が適さない理由の一つを、レーダーを遮断する山があるからだと、断面図をつけてその文書は報告していた。それらの山の仰角は「15度」以上とある。これが本当か？　松川らは、現地で実測し、実際には「4

2019年6月5日 水曜日

秋田魁新報

適地調査 データずさん

防衛省、代替地検討で

地上イージス配備

男鹿市の国有地と本山の断面イメージ

国有地の西側に遮蔽となる本山あり

「新屋ありき」歴然

羽生九段 最多1434勝

イージス・アショア「適地」報告を読む 6

識者に聞く

有事想定した対策を

必要性の説明丁寧に

秋田魁新報2019年６月５日付朝刊。防衛省の調査文書が、他の候補地の山の仰角を誇大に捏造していたことを、「秋田魁」自らの調査で明らかにした。

度」であることを突き止めたのである。

「前うち」ではなく、自分たちの頭と足で問題の本質に迫ったこれらの「報道」の結果は？

２０１９年７月の参議院選挙で、これまで一人区を独占してきた自民党の候補が負け、イージス・アショアの新屋選定撤回を主張する野党連合の候補が勝つ。

そして、年末には、政府は、地元理解困難と判断し、新屋への配備を見直す検討を始めたのである。

新聞協会賞も受賞した「イージス・アショア」の報道をきっかけとして、今、秋田魁新報は、後退する新聞の部数を、「前うち」報道を脱却することで、克服していこうという新しい動きがある。

松川を中心とした若手の勉強会が全社的な動きとなり、その講演会に私は呼ばれ、魁がとりくむこの新しい「挑戦」のことを知ったのだった。

2020　3・24

Afterwards

２０２０年６月には当時の河野太郎防衛大臣が、日本での地上イージスの配備を断念する発表をすることになる。松川は、社会地域報道部長（現社会部長）になり、社会問題の報道全体を指揮するようになった。

5

追い詰めたＪＲの『暴君』日本の〝禁域〟に挑む伝説のフリー編集者

この連載の第1回では、紙の新聞は今後も退潮を続けること、不動産業や業務の多角化で、売上減をカバーすることは無理であること、答えは、有料デジタル版を読者にとってもらうしかないこと、そして有料デジタル版を成功させるためには、記者クラブに張りつき情報をとってくる「前うち」重視の体制をあらため、その社ならではの独自のアングルの記事を出していく必要があること、を書いた。

そのために必要なのは「編集者」である。

と言っても、新聞社の幹部ですらピンとこないのだから、まして一般の読者にはなかなかわかりにくいかもしれない。

著作物は、書く人だけの力で出来ているのではない。そのことを理解してもらうために、ある書籍編集者の話をしよう。

最初に気がついたのは『告白 あるＰＫＯ隊員の死・23年目の真実』（旗手《はた て》啓介著 講談社、2018年）を読んだときだった。

1993年に起こったカンボジアでの文民警察官・高田晴行警部補の襲撃死亡事件。この本ではＮＨＫスペシャル取材班の手によって、当時の日本政府と国連事務次長の明石康が日本のＰＫＯ参加を「成功」させるため、戦場状態にあったカンボジア北西部アンビルの状況を見て見ぬふりをしたこと。そのことによって武器を携行しない警察官が犠牲になったことが、髙田警部補が死亡した襲撃現場にいあわせた各国警察官への直接取材によって克明に描かれていた。

英国の議会がイラク戦争に参戦をしたのは「誤り」とした英国議会調査報告に匹敵するような、仕事だった。当時の日本政府や議会はほとんど検証をすることなく、歴史の影に埋もれていた真相をノンフィクションの力で明るみに出したのだ。

ＮＨＫがこの四半世紀前の事件を取材することになったのは、カンボジア派遣文民警察隊長の日記があったからである。

そして、その日記をそもそも入手したのが〝彼〟だった。

その彼が、ＮＨＫにこの日記を持ち込み、オランダやスウェーデンの警察官で当時現場にいた者たちも含めた国際的な取材をＮＨＫが組むことになり、まず番組がつくられ、そしてそれを本にしたのである。

そして『暴君　新左翼・松崎明に支配されたＪＲ秘史』（牧久著　小学館、２０１９年）という本。

これは過激派組織、革マル派の最高幹部でありながら、ＪＲ東日本労組そしてＪＲ東日本を牛耳った松崎明という男が、国鉄が分割・民営化された後、何をしてきたかを、書いた本だ。

ＪＲ東日本の問題は、週刊文春が１９９４年にまずとりあげている。ノンフィクション作家の小林峻一氏を書き手にして４回にわたる連載にとりくむ。が、ＪＲ東日本キオスクが販売スタンドに一冊も並べないということが3カ月にわたって続き、この「販売拒否」とＪＲ東労組による提訴に、当時の文藝春秋は全面屈伏ともいえる「和解」を選択した。

その後時代は10年以上くだって２００５年12月。警視庁公安部により、「業務上横領容疑」でＪＲ総連本部、ＪＲ東労組中央本部、埼玉県内の松崎の自宅に一斉捜査が入る。その際、週刊文春の特派記者西岡研介が、業務上横領容疑の具体的内容を5ページですっぱぬいた。が、この続編を週刊文春で西岡は継続することができず、旧知の講談社の編集者に相談、週刊現代に移籍してその連載を始める。この編集者が、後に『告白』をやることにもなる彼だった。

週刊現代も訴訟の嵐に見舞われた。置き石の件のみ「真実相当性」が認められず、４４０万円の支払いを命じられる敗訴となり、ＪＲ東日本と松崎の案件は以後マスコミ界のタブーとなる。

松崎明・JR 東労組元委員長。革マル派最高幹部という〝裏の顔〟を持っていた。

だが彼はあきらめていなかった。

さらに時代はくだった２０１７年、日本経済新聞の社会部長だった牧久が書いた『昭和解体　国鉄分割・民営化30年目の真実』（講談社、２０１７年）の本を最後に講談社を定年退職した彼は牧にぼそりとつぶやく。

「続編もあるのでしょうね」

現役の記者時代から一切、松崎のことを書いてこなかった牧が、ＪＲ誕生後の松崎について正面から向かい合うことになった瞬間だった。

彼は、西岡を牧にひきあわせ、『暴君』ができあがっていくのである。

しかも、定年後なので、フリーの編集者として版元を小学館にして。

その編集者の名は、加藤晴之という。

加藤企画編集事務所という実質一人の事務所を構え、文藝春秋、小学館と版元を変えつつ、リスクをとりながらノンフィクションを作り続けている。

２０２０　３・31

Afterwards

加藤はこの記事が出たあとも精力的にフリーの編集者として活動をし、『起業の天才！　江副浩正　８兆円企業リクルートをつくった男』（大西康之著）のヒット（５万部）を出している。

6

コロナ禍を打ち破る「Zoom」米国横断取材
技術は言葉を超える

3月18日から4月1日まで、米国出張取材の予定だった。

次の本『アルツハイマー征服』のため、製薬会社やアメリカの大学の研究者などの取材アポをいれ始めたのは2月20日からだ。

このときのアメリカの感染者数は、わずかに15人。日本に寄港したクルーズ船の感染者数が、634人になり、対応がまずかったのではないかと、欧米メディアがさかんに報道していたころだった。イタリアの感染者数はわずかに3人だ。

アポも順調に入っていっていた。

ところが、それから1カ月で、世界は大きく変わってしまった。この原稿の校了日である4月3日時点で、アメリカの感染者数は24万5070人、死者数5949人。イタリアは感染者数11万5242人、死者数1万3915人。日本も感染者の数は2658人に増え、死者数も71人を数えるようになった。

医療崩壊がどういうものなのかということを震源地であるニューヨークの地元紙でもあるニューヨーク・タイムズは、文字通り命懸けで報道している。医療崩壊しかかっている病院の現場を、記事のみならず動画でも伝えている。'People Are Dying': 72 Hours Inside a N.Y.C. Hospital Battling Coronavirus（「人々が死んでいく」コロナと戦うニューヨーク市立病院の72時間）では、クイーンズ地区の女性の医者が、死者の数が多すぎて、霊安室では足りず、冷凍車を横付けにして、死体をおいていること。交通事故で運ばれてきた患者のCTスキャンをとったらば、肺にコロナ肺炎と同じ症状がみてとれ、コロナの患者と知ったケースなどを戦場のような病院の現場から訴えている。

そのような状況であるので、当然米国への渡航はできない。が、技術はそうした困難な状況を乗り越えさせてくれる杖《つえ》でもある。

最初に提案があったのは、セントルイスにあるワシントン大学の教授だった。

「大学の方針で、中国、韓国、イタリア、日本などから来た人とは直接会えないことになった。アポは、延期するか、Ｚｏｏｍでのインタビューでどうか？」

Ｚｏｏｍ？　何それ？　調べてみると、Ｚｏｏｍはウェブ上での会議システム。カメラを使えば相手の顔を見ながらやりとりができ、チャットでテキストを打ち込みながらということもできる。ファイルもその場で共有できる、という。

ちょっと臆するところもあったが、新しい技術はまず触ってみること、と自分に命じている。やってみるか。

というわけで、米国でのアポはそのまま、すべてＺｏｏｍ上でのバーチャルなインタビューにきりかわった。

ハーバード大学のある東海岸のボストンから、認知症研究で有名なワシントン大学のある中

セントルイスにあるワシントン大学薬学部神経学科のランディ・ベーツマン教授にインタビュー。セントルイスは午後5時。こちらは午前7時。セントルイスはロックダウンで、Zoomを使ったインタビューでは双方自宅からになった。

西部の街セントルイス、最後は数々の製薬ベンチャーのあるサンフランシスコという旅程をそのままなぞるような形で。

時差はそれぞれマイナス13時間、マイナス14時間、マイナス16時間。向こうの午後5時開始が、こちらの朝6時、7時、9時となる。

Ｚｏｏｍを使うのは初めて。パソコンにとりつけるカメラを買うところから始まって、友人を使って練習、そして本番。ボストンのハーバード大学教授の映像が映し出されて会話が始まった時の高揚感。

これ、まったく向こうに行かなくとも同じことができるじゃん。

困難があっても、新しい技術を使い乗り越えてきたのが人類だ。

今回のコロナ禍で、コミュニケーションのありかたは、決定的に変わっていくだろう。

新しい技術に臆せず触っていくことはいつの時代でも大切だ。

ヤフージャパンが、パソコンからスマホへの展開に出遅れた時のことを、二代目社長だった宮坂学（現東京都副知事）は、こんなふうに語っていた。

「創業時のメンバーはみなパソコンおたくだった。しかし、新しいスマホというデバイスが出てきた時に、それを使い倒すぐらいには使ってはいなかった。だから時代の変化に気がつかなかった」

アメリカ出張をとりやめて、ついつい気が緩んで見てしまった映画に、『三島由紀夫vs東大全共闘』というドキュメンタリー映画があった。１９６９年の「伝説の大討論」の〝50年目の真実〟を描いたと、話題になっていたので見にいったのだが、正直言って面白くなかった。

作り手のせいではないだろう。１９６９年に行われたこの議論が、今聞くといかにも幼稚で何も言っていないと感じた。

「解放区」をつくって、そこでは時間も場所も、国家も体制さえもなくなっていく？

ありえない。

ああ、全共闘世代の人たちに、こういう議論でけむにまかれて、パワハラされたなあ、と思い出した。

ぱっと日の光に照らされると、魔術はとけて、「王様は裸」ということがわかるのに。

登場人物たちは、社会を変えていくのは「言葉」だという。

確かに。

しかし、それ以上に「技術」と「経済」が社会をいやおうなく変えていくということの自覚なしに、「言葉」は紡げない。

2020　4・7

Afterwards

この記事が出た2020年4月7日は、一度目の緊急事態宣言が発令された日だった。Zoomというものを知らない人たちがほとんどだったが、そうした中、このビデオ会議のシステムは学校の授業や、ビジネスミーティングなど、急速に普及をしていった。

7

半年先を読み駒をおけ　コロナ禍の緊急出版　イタリア物理学者は語る

成功する編集者は常に先のことを考え、いくつかの駒を盤面に配置しておく。

書籍編集者は少なくとも、半年先の世界がどうなっているのか、常に考えていなければならない。

もし、今、自分が翻訳の編集者をやっていたら、どうしていただろう。

早川書房が早くも、今回のコロナ禍にあてて、新作を4月25日に出す。

パオロ・ジョルダーノのエッセイ『コロナの時代の僕ら』がそれだ。

著者は、イタリアを代表する小説家であり、物理学博士でもある。もともと早川が、彼の著作2作を出していたことから、話がきたのが2月末。イタリア語から英語に訳された原稿を読んだ同社常務取締役の山口晶が出版を決めた。

山口が2月末に原稿を読んだ時には、「1カ月後の日本から書いているのではないか」と感じたというが、4月になった現在読んでみると、ある部分はすでに古びてしまっている（たとえば、アジアからの旅行者に対する差別を戒めているところなどは、すでに逆になっている）。

しかし、物理学者らしい筆致、たとえば、人間は物事を対数関数的に考えるが、実は自然界の多くのものは指数関数的に動いている、という記述などは、読んでいてはっとさせられる。

これはウイルスの感染力の指標となるR_0（アールノート）についての説明で出てくる表現だ。今回のＣＯＶＩＤ－19の場合R_0は２であるとして、２月末のイタリアの感染者数にあてはめている。人々は、昨日の感染者数が１００であるとすると、ずっと累積的に１００ずつ増えていくか（対数）のような、錯覚にとらわれる。が、イタリアで実際に起こったのは、２月24日２３１人、２月25日３２２人、26日４７０人、あとは６５５人、８８８人、１１２８人と増えていき、３月１日には１６９４人となる指数関数的な上昇だったと説く。

日本の４月に入ってからの数字とぴたりと一致する。

山口は「事態の進行が早く、古くなる部分があるのはわかっているが、90ページと短いもので、すぐに出せるので決断した」

Nel contagio
Paolo Giordano
コロナの時代の僕ら
パオロ・ジョルダーノ
飯田亮介訳
何を守り、何を捨て、僕らはどう生きていくべきか。
2020年春、ローマにて。非常事態下で綴られた、イタリア人作家の叫び。今読むべき傑作エッセイ
27カ国で緊急刊行
翻訳権独占 早川書房

著者のパオロ・ジョルダーノは1982年トリノ生まれ。トリノ大学大学院博士課程修了。専攻は素粒子物理学。

早川は翻訳専門の出版社らしく、海外のエージェントや版元との関係が深い。今回、山口は中国の出版社の編集者から、感染が広がると、リアルの本の流通が止まってしまうことを聞いていた。他の出版社が最初の学校一斉休校にあわせて、のんびりと電子書籍無料提供をやっている時に、電子書籍１０００点のフェアを企画、３月18日から半額にして提供を始めた。

アーサー・C・クラーク、フィリップ・K・ディックなどの古典SFがよく売れている。総額でも、通常期の5倍の売上となっている。

4月7日、緊急事態宣言が発令されたことで、東京、大阪、福岡などの対象となっている大都市圏の大型書店は休業を始めた。これまでは店舗で売れていた本が流通できなくなっている。そうした中、電子書籍は影響をうけない。

古典SFが売れているのはなぜだろうか?

アーサー・C・クラークの『幼年期の終り』にしろ、フィリップ・K・ディックの『アンドロイドは電気羊の夢を見るか?』にしろ、外的な力によって起こるおおきなパラダイム変化を描いている。

人々は、移動や情報摂取、通貨などの分野でこれまで人類がとってきた方法が大きく変わることを予期して、その答えをみつけようとしているのかもしれない。

さて、新聞やテレビはこのコロナ禍をどう報道しているだろうか?

たとえば読売新聞は、2月中旬といった非常に早い段階から、1面から各面に大きくコロナのニュースを展開していた。

同社グループ本社社長の山口寿一《としかず》は、紙の新聞の持つ力について、「1面のレイアウトの推移を見ていると、どのニュースが今後大きく展開していくかがわかる」と言っていた。そのことの意味を、私は今回初めて目のあたりにした。これは、数カ月先を読んだ同社の編集の勝利だろう。

しかし、デジタルの軽視（紙の重視と表裏一体）は続いていて、4月6日の朝刊1面で抜いた7日の緊急事態宣言のニュースは、デジタルでは同日の午前5時。つまり紙の新聞と同着だった。

また、読売の場合、政府や各省庁に食い込んでとってくる「前うち」の報道が主。そこが圧倒的に強いのだが、しかし、そうした「前うち」のニュースは、すぐにネットのニュースで他社に追いつかれる（緊急事態宣言の〝特ダネ〟もそうだった）。

そしてその他社も、この展開についていくのに精いっぱいで、基本はクラブ所属の記者たちの会見や「前うち」の記事で紙面を作っているように読める。

たとえば新聞の科学部はどうしているのだろうか？

なぜ、エボラもSARSも今回のCOVID－19も、コウモリを出発点にして、人間に伝染していったのだろうか？　すでに日本でも回復した人が685人いる（4月9日時点）。これらの人々に聞いて、病状の推移を両面を使って大展開することができるではないか。ネット上で話題になっているBCG接種が強制の国に感染者数が少ないのはなぜか？　コロナに関する重要な科学論文が次々に掲載されるニューイングランド・ジャーナル・オブ・メディスンとはどんな雑誌なのか？

独自の視点はいくらでもある。優れた書籍編集者のように、いくつかの山をはって駒をおけ。記者会見に貼りつくだけでなく、そうした独自の掘り下げをすることで、読者は増える。

2020・4・14

本稿で、新聞の科学部はどうしているのか?としてなぜ、今回の新型コロナウイルスが、コウモリを出発点にして、人間に伝播していったのか、というグラウンドゼロの問題を指摘している。が、この点から取材を試みた日本の新聞はなかった。2021年になって、ウェブ上でつながったアマチュアの集団「DRASTIC(新型コロナウイルス感染症に関する分散型の匿名調査チーム)」が重大な証拠をほりあてている。武漢ウイルス研究所でコウモリのウイルス研究をしていた石正麗《シージョンリー》が、新型コロナウイルスと遺伝子配列がきわめて似ているコウモリのウイルス「RaTG13」について、数年前に発表した論文で、遺伝子配列を公開していたのだ。DRASTICは、「RaTG13」は雲南省の墨江ハニ族自治県にある鉱山の坑道で発見されたウイルスだとした。ここでは2012年にコウモリのふんを除去していた鉱山労働者6人が肺炎を発症し、うち3人が死亡していた。武漢研究所は、この鉱山に少なくとも7回行って、おびただしい数のサンプルを当時入手している。

こうしたハードプルーフがあって、当初、右翼の陰謀論とされた武漢ウイルス研究所からの流出説が、2021年に入って、真剣にバイデン政権でも検討されるようになったのである。

こうした経緯をニューズウィークの2021年6月22日号は、報告しているが、日本のメディアも真剣にとりあげるべき話だと思う。

8

アフター・コロナにメディアはどうなるのか？ すでに淘汰は始まっている

アフター・コロナにメディアがどうなっているのか。考えてみたい。

現在のような状況は、ワクチンか治療薬が開発されるまで続くので、少なくとも1年半はこのような状態が続くというのが多くの専門家の見方だろう。

すでに変化は先取りで起こっている。たとえば書籍の売上。3月について日販の数字から見てみる。前半は対前年同期比112・7％と好調だったが、自粛ムードが強まった後半では、87・6％まで下がった。緊急事態宣言をうけた4月7日以降、緊急事態宣言下にある大都市圏では、多くの大型書店が営業をとりやめているので、リアルの本の売上は大きな打撃をうけている。

キー局や新聞では、広告収入の激減が続いている。各局の視聴率はニュース番組を中心に3～4％上昇しているが、しかし、それにみあうだけの広告が入らないといった事態になっている。新聞社も地方紙、全国紙ともに、広告収入が激減している。

メディア自体を求めている人が多くとも、そこに広告を出す業種自体が、大きな打撃をうけているからだ。

ある大手紙の幹部は、「下山さんが予想しているよりずっと早く淘汰《とうた》が始まるかもしれない」という不吉な言葉を発していた。

デジタルのメディアはどうだろう。コロナの自粛ムードが高まった3月以降、無料ニュースサイトのPVは倍増といっていい勢いで増えている。

たとえばプレジデントオンラインは、昨年の10月までは、月4000万PVといった視聴数だったが、コロナ禍の拡大にともなって、PV数が増大、3月は7000万PV、4月には1億に届く勢いで、人々がサイトを訪れるようになっている。

が、PV数にともなって、売上が増えているかと言えばそうではない。プレジデントオンライン編集長の星野貴彦によれば、自動車や装飾品などのラグジュアリー広告がおち、また広告自体の単価もずっと下がってきているのだという。

「ウェブ広告の場合、システムによる自動オークションで決まっていくのだが、広告自体が少なくなってきているので、全体に相場が下がり、PVが増えてもなかなか売上があがっていかない、ということになっている」

これらの概況からまず言えるのは、①紙からデジタルへの動きは加速する ②無料広告モデルから有料のサブスクモデルへの転換は必須 ということだ。

プレジデントオンラインや現代ビジネス、文春オンライン、バズフィード、ハフポストといったウェブのメディアは、ウェブの広告料収入でなりたっている。しかし、広告を出稿している産業がコロナ禍によって売上の7割減少といった事態になると、PVをいくら稼ごうが、それにみあう売上になっていかない。

ニューヨーク・タイムズ電子有料版の購読者数推移
（同社・アニュアルレポートより）

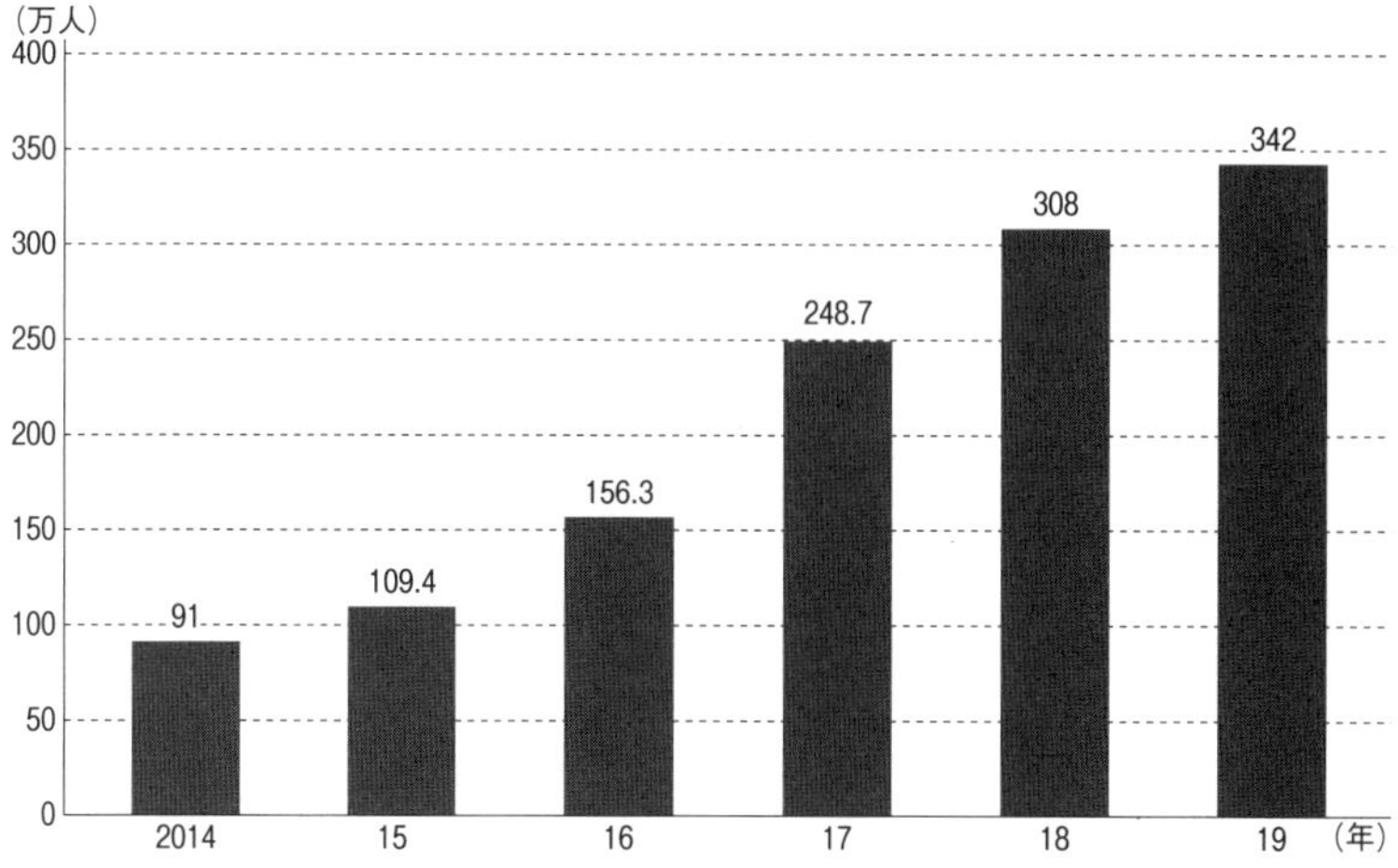

２０１１年から有料デジタル版を始め、２０１４年以降、経営の中心に据えているニューヨーク・タイムズ。最新の経理報告は３月に発表された２０１９年の決算だが、それによれば、昨年末の時点でのタイムズの有料デジタル版の購読者数は、３４２万９０００。ニューヨークが、感染のオーバーシュートに見舞われたのは、３月からだが、デジタルでなければできない様々な報道をくりひろげている。

そのひとつは、３分ほどの動画のニュースだ。第６回ではクイーンズ地区の医療崩壊の現場からのＮＹタイムズの動画レポートをとりあげた。医療崩壊する現場で勤務をする女医が、最後に涙ぐみながら「本当に大変だ」とつぶやいた。その後、４月12日にアップされた、ブルックリンの病院での、感染した妊婦たちのレポート。このブルックリンの病院では７人の妊婦が、感染しながらの出産という難しい局面をきりぬけている。出産をした女性が、タブレットに映った自分の子どもと対面し、涙を流す。

　生まれた子どもは7人とも全て陰性との報告がなされ、コロナ禍のなかで病院の機能がいかに変わったかが、本記の記事で記される。記事を書いているのは、スタンフォード大学で医師（MD）の資格と神経学の博士号をとったシェリ・フィンクという女性記者だ。

　他にも、トランプが、初期に発せられた専門家の警告をいかに無視したかをあきらかにした4月11日のエリック・リプトンという調査報道記者の記事など、そこでしか読めない報告が次々と生まれている。そうしたなかで電子有料版の読者は日に日に増えている。

　繰り返す。日本の新聞やテレビは、政府や県庁、厚生労働省の発表取材からまず抜け出る必要がある。記者会見でいくら挑発的な質問をしようと、そこで得られるニュースは他でも得る

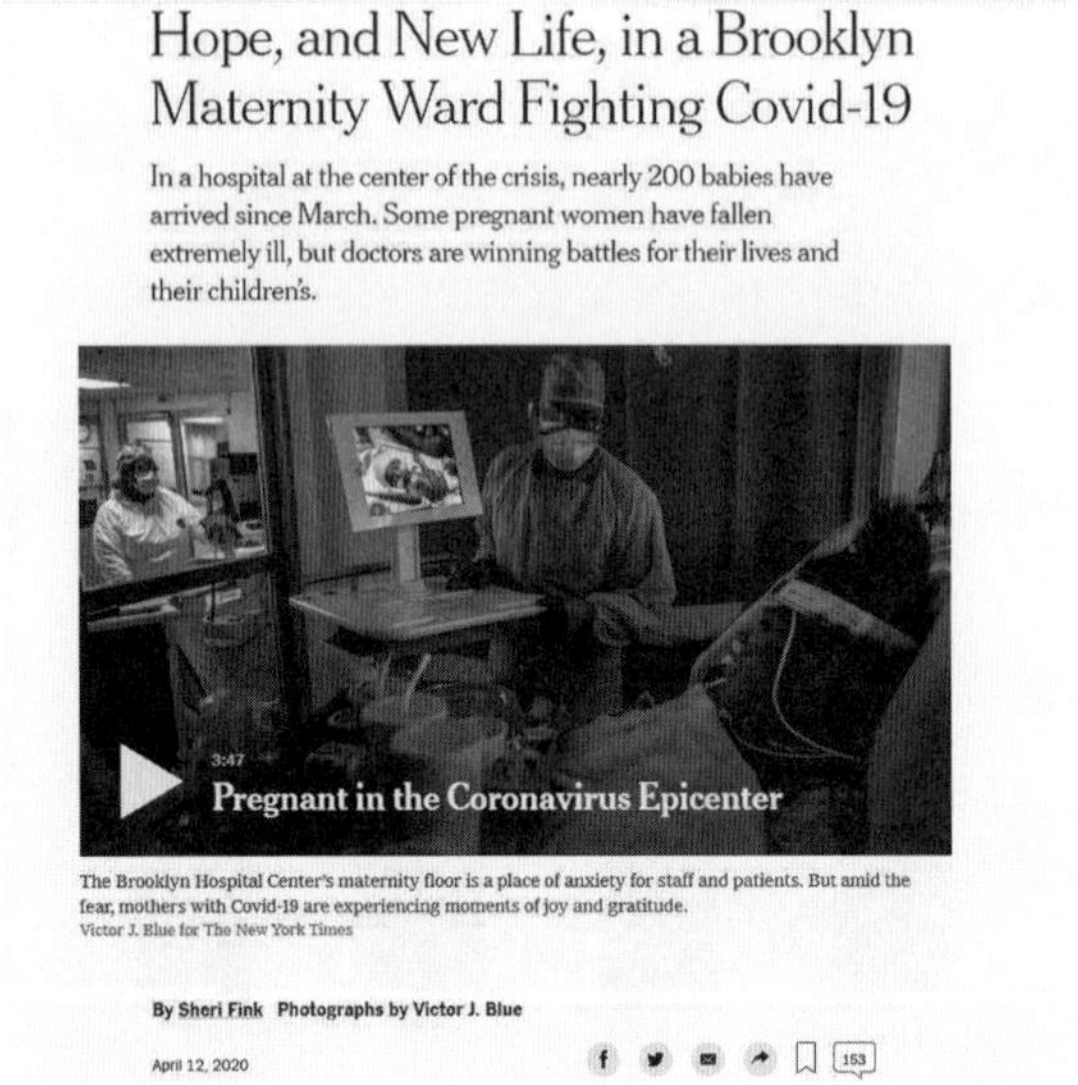

Hope, and New Life, in a Brooklyn Maternity Ward Fighting Covid-19

In a hospital at the center of the crisis, nearly 200 babies have arrived since March. Some pregnant women have fallen extremely ill, but doctors are winning battles for their lives and their children's.

The Brooklyn Hospital Center's maternity floor is a place of anxiety for staff and patients. But amid the fear, mothers with Covid-19 are experiencing moments of joy and gratitude.
Victor J. Blue for The New York Times

By Sheri Fink Photographs by Victor J. Blue

April 12, 2020

153

４月12日のニューヨーク・タイムズ電子版より。中央の写真をクリックすると動画が始まる。医師の資格をもつシェリ・フィンク記者はカメラマンとともに、産婦人科にはりついて取材した。

ことができるニュースだ。

会見場を出て、自分たちの智恵と知識で独自の記事を書け。アングルはいくらでもある。たとえば、なぜ日本が、欧州の国々のように、休業補償をすんなりと出すシステムを作れないのか、作らないのか？　そこに財務省の財政均衡主義の強い軛《くびき》はないだろうか？　なぜ日本だけが、ＰＣＲ検査の全国的な体制を敷けなかったのか、敷かないのか？

こうした独自のアングルで優れた記事をデジタルの有料版で読ませる社が、アフターコロナで生き残る。

2020・4・21

Afterwards

ニューヨーク・タイムズはコロナ禍が直撃した2020年、シェリ・フィンクが病院の中枢部に入り、映像とともにその前線を報告するレポートや、州の自治体ごとの感染者数をわかりやすい地図とチャートで見せ、さらにトランプ政権が新型コロナをいかに軽視したかをリアルタイムで徹底的に調査報道をし、有料電子版の契約者数を伸ばした。2020年末には、その数を前年より167万契約者数伸ばし、合計で509万とした。紙の新聞の広告収入は激減したが、電子版の急速な伸びでカバーし、売上としては前年対比は微減にとどまった。

日本の新聞、テレビは広告収入の激減で売上が2割減になるなど大打撃をうけたが、書籍のみはその後、巣籠もりの需要のなか『鬼滅の刃』のヒットもあり復活、対前年度比で、ほぼ100パーセントとなった。電子書籍は、2019年に比べて113パーセント増となった。

9 脱広告、非接触のメディアが生き残る

朝日新聞系列の販売店ASA関町（東京都練馬区）の所長温水謙三《ぬくみけんぞう》は、3月の折り込み広告の入り具合をみて言葉を失った。スーパーや学習塾など春であれば、いつもは入る折り込み広告がまったく入らない。3月の、折り込み広告売上は前年同月の半分、4月は29パーセントまで落ち込んだ。

温水は、藁《わら》をもつかむ思いで、朝、夕に新聞を配っている家庭にむけて、手紙を書く。恥ずかしいなどと言っている場合ではなかった。ASA関町は、日経、毎日、東京も配っている。数カ月でも併読紙を増やして、助けてくれないか。週刊朝日をとるだけでもいい。新聞販売店には「将来の夢を実現すべく学業と新聞配達に日夜懸命な学生も」働いているとしたため、従業員の生活を守るためにも、助けてくれないかと綴った。

郵便局などとともに、戦後、地域社会に根ざし発展をとげていた新聞販売店が、今大きな危機を迎えている。

すでにこのコロナ禍の前から実は新聞販売店の経営を支えてきた折り込み広告は減少の一途をたどっていた。

折り込み広告費の推移

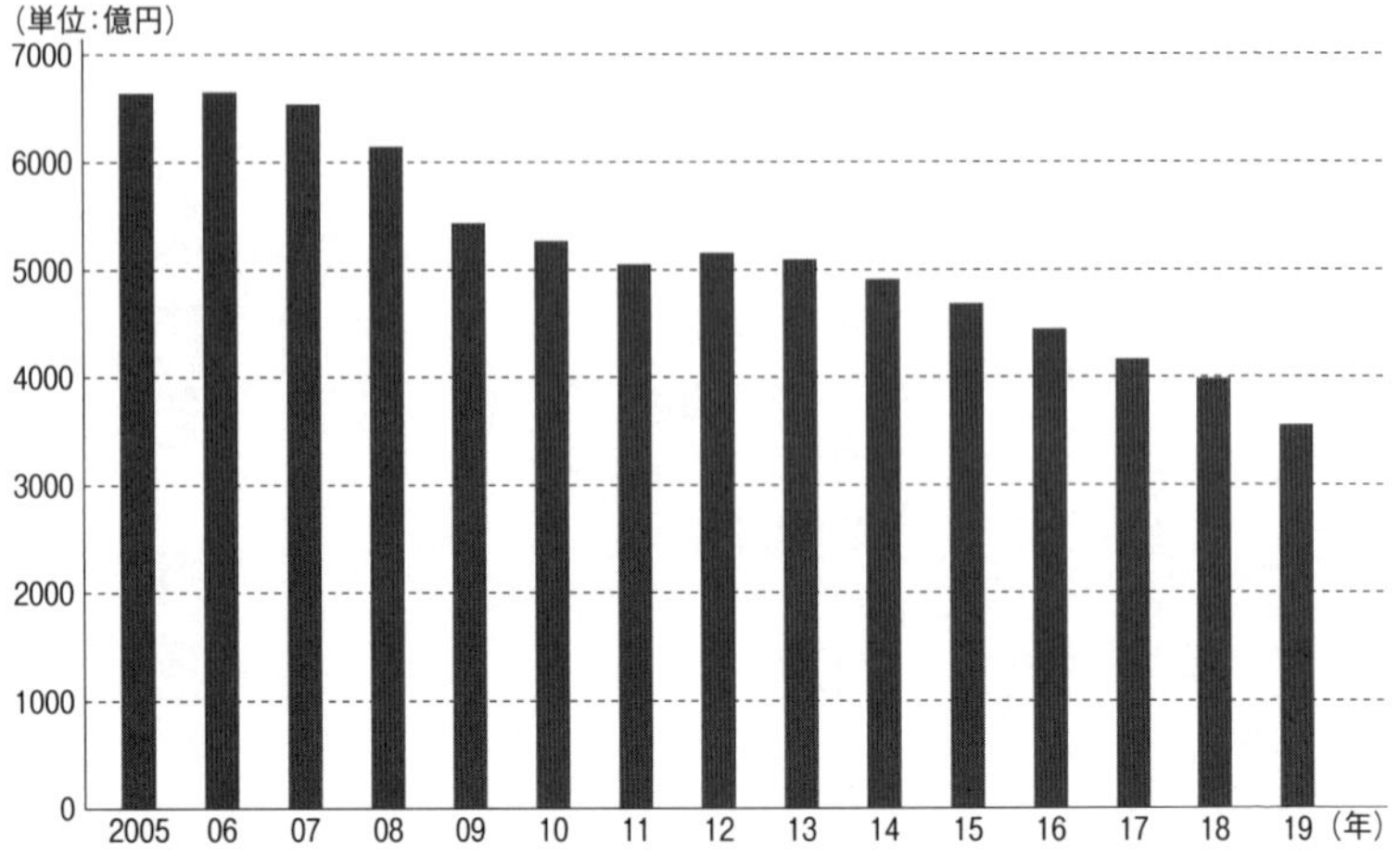

(電通「日本の広告費」より)

２００５年には６６４９億円あった折り込み広告による売上は、２０１９年には３５５９億円にまで縮小している。特に、２０１６年以降の落ち方が急で、毎年３００億円以上の額が消えている。今回のコロナ禍によってさらにそれが加速している。このまま折り込み広告が戻ることがなければ（かなりの部分は戻らないだろう）、２０２０年度の総売上は、半分つまり１８００億円程度になることも充分に予想される。

かつて新聞販売店の占める収入のうちの多くを占めていた折り込み広告の崩壊によって、経営破綻する新聞販売店は増えるだろう。そうした販売店を救済することのできない新聞社は、現在の収入の大部分を占める紙の部数をさらに失うことになるだろう。

新聞販売店は、発行本社からおろされる新聞本紙と購読料の差額と、折り込み広告収入によって自主経営をしている個人事業主だ。

ニューヨーク・タイムズ・カンパニー購読料収入・広告料収入の推移

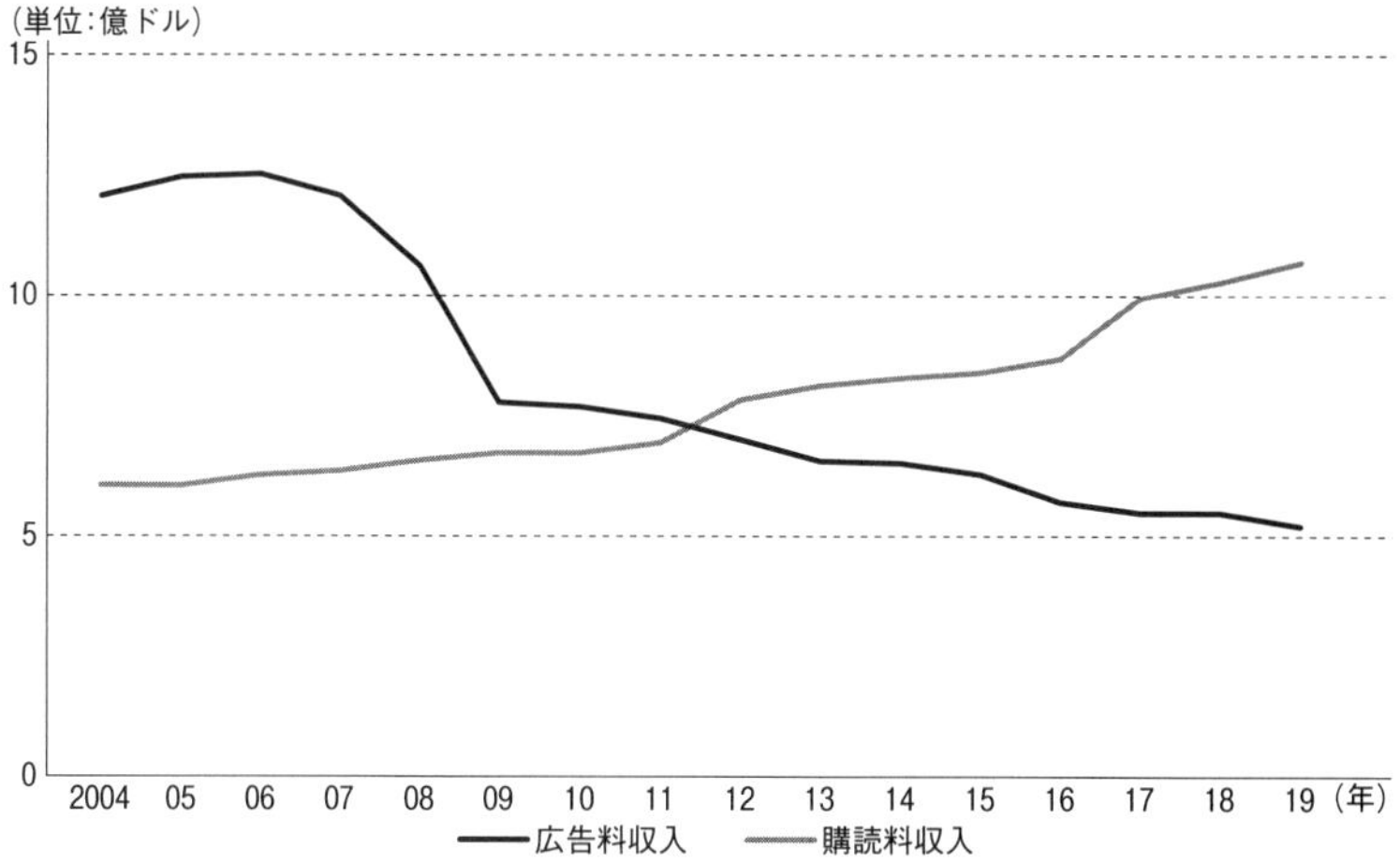

(同社アニュアルレポートより下山作成)

その個人事業主が立ち行かなくなれば、新聞の販売網自体が、崩壊してしまう。

新聞の発行本社自体も、広告の収入減で打撃をうけている。４月の実績は、対前年同月比で半分もいけばいいほうだろう。

しかし、これは新聞だけではない。テレビやネットメディアも同じだ。

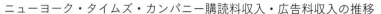

すでにこのコロナ禍の前から、バズフィードなどの１００パーセント広告でその運営をまかなう無料広告メディアは苦戦していた。たとえばバズフィードジャパンは、２０１９年11月に決算公告を開示しているが、それによれば、２０１８年12月期の売上は７億、それに対して営業赤字が１億１９６７万円あった。累積損失は、欠損補填をしていない場合、10億を超えているという数字だった。

ネットでの広告は、もともとグーグルやフェイスブックなどのプラットフォーマーがほとんどとってしまう。イギリスのエコノミスト誌のエコノミストグループのアニュアルレポートによれば、この2社は「ネット広告の60パーセントのシェアをしめ、アメリカ市場では新規獲得分の99パーセントをとっている」という状況だった。

それがこのコロナ禍で、自動車や装飾品などのラグジュアリー広告がおち、自動オークションのPVあたりの広告も、そもそもビッドに参加をするスポンサー自体がへったことで相場が下がり、PVは増えても、さらに売上はさがるという事態になっている。

コロナ禍では、接触型の紙メディアはだめ、広告依存型のウェブメディアもだめなのだ。

そうした中、コロナへの耐性を獲得しているメディアはどんなメディアだろうか。

ニューヨーク・タイムズ・カンパニーは、5月6日に、2020年の第1四半期の決算を発表した。それによれば、紙の広告は20・9パーセント減少、デジタル広告も7・9パーセント減少した。第2四半期には、広告収入は、対前年同月比の50パーセント減になると予測している。

しかし、一方で、デジタル有料版の新規契約者を、第1四半期だけで、58万7000人獲得。タイムズのデジタル有料版の契約者数の総計は、400万人を超えた。

この購読料収入増によって、タイムズは広告費の激減をカバーして、第1四半期の総売上は、4億4360万ドル。対前年同期比でわずかながら増収とした。

ニューヨーク・タイムズ・カンパニーCEOマーク・トムソンは、アフター・コロナの世界に対応できる耐性を充分に持つことができたと自信をもって宣言している。

「この購読料収入による強固なバランスシートによって、パンデミックを、健全にのりきれるだけでなく、デジタルと、新しい人材の発掘に、自信をもって投資していける」

ただ、単にデジタル有料版をはじめただけでは、そこに読者は集まってこない。タイムズは２０１１年にデジタル有料版をはじめたが、契約者数は伸び悩んだ。２０１４年に、社の運営を紙からデジタル中心に変え、さらに報道内容もタイムズでなければできない価値を提供することによって、初めて契約者数を伸ばすことができたのである。

今回のコロナ禍でも、そこでなければ読めない記事が日々掲載されている。日本の新聞が、政府と専門者会議、都道府県の各知事の発表をおいかけるだけで精一杯なのとは違う。

くだんの関町ＡＳＡの所長の温水が、購読者にむけて手紙を書くのは、16年前に親子三代続いている店をついで以来二度目のことだ。一度目は朝日新聞が、従軍慰安婦報道と吉田調書報道の誤報を認めて謝罪した時に、書いた。そして今回は、最初の手紙に続いて、援助の手をさしのべてくれた92人の購読者に返答する形で、「御礼申し上げます」という礼状も購読者全戸に配った。

そこで、温水は、今回のコロナ禍で「私ども以上に困難な状況にある方も少なからずいる」と気遣ったあとで、発行本社の責任についてこう書いている。

「各発行本社には、（中略）報道機関としての使命を改めて認識してもらい、より一層読者の視点に立った紙面づくりを、小さな販売店ではありますが私より要請致します。新聞がこの社会に存在する事で、みなさまの日々の暮らしがより良いものとなる一助となれば、との思いです」

あなたまかせの広告に頼るのではない。政府の広報や、官僚の情報を先にとって出す「前うち」報道に頼るのでもない。その社ならではの視点と脚をつかって書く独自の記事、それが読者に必要とされる記事だ。

紙だけではなくデジタルの有料版で読者・視聴者に届けること。そのためには、そこでなければ得られない価値を生み出していること。そのことを自覚する「非接触」「脱広告」メディアだけが、アフター・コロナで生き残る。

2020　6・1

Afterwards

２０２１年３月に、電通が毎年だしている「日本の広告費」２０２０年版が出た。それによれば、折り込み広告費の総額は、前年より１０００億円あまり下がり２５２５億円となった。新聞社は、流通網である新聞販売店の維持に苦慮している。

10

点と点をつなげ！
アルツハイマー病特効薬からコロナ抗体薬を開発

人と人の接触を断たないかぎり、このウイルスとの戦いに勝てない。しかし、人と人との接触を完全に断つのは不可能だ。まず経済がやられ、人々が生存できなくなる。

このジレンマを脱するために、今世界中の製薬会社や大学の研究室で、ワクチンや治療薬の開発が24時間体制で進められている。

その開発の現場に入っている日本のメディアはほとんどない。

今回は、私がその現場のひとつから報告しよう。

スイスはチューリッヒにあるニューリミューン社だ。チューリッヒ大学の分子精神医学部の教授だったロジャー・ニッチが、２００6年に設立したこの会社は、いままさに全勢力をＣＯＶＩＤ－19に対する抗体薬の開発につぎこんでいる。

しかも、面白いのは、今回の抗体薬の開発が、同社が、アルツハイマー病の治療薬を開発したのと同じロジックを使ってなされている点だ。

話は、ロジャー・ニッチと同僚のクリスチャン・ホックが、２００1年9月、チューリッヒ大学の付属の病院で、エラン社のＡＮ－１７９２という、アルツハイマー病に対するワクチン

ロジャー・ニッチはハイデルベルク大学で医師の資格をとり、1990年代ハーバード大学やMITで研究を続けた。98年よりチューリッヒ大学の分子精神医学の教授。現在ニューリミューン社のCEO。

の治験に関わったことに始まる。

　このＡＮ－１７９２は、これまでのアルツハイマー病の治療薬開発を根底から覆すアプローチだった。アルツハイマー病は、脳にアミロイドベータという物質の固まり（老人斑）ができる病状が知られていた。このアミロイドベータを、直接患者の体に注射をすれば、それに対する抗体が生じて、アミロイドベータとくっつき老人斑がなくなるのではないか、というロジックだった。

　アルツハイマー病を発症させるよう遺伝子改変したマウスを使った実験では、アミロイドベータを注射すると抗体が生じ、それによって実際に脳内の老人斑がなくなっていた。

　人に対する治験が始まり、ニッチとホックが勤めるチューリッヒ大学はその治験施設のひとつに選ばれる。

　結果的にこのエラン社の治験は、６％の患者に脳炎が生じ、中止になる。

　ニッチとホックの患者にも脳炎が生じた。

　が、ここで彼らは終わらなかった。治験に参加した30人の患者のその後を観察しつづけたのである。

一年たった時点で意外なことがわかってきた。投与をうけた30人のうち、20人が免疫反応からAN−1792つまりアミロイドベータに対する抗体を生じたが、この抗体を生じたグループは、MMSEなどの認知症検査で、一年たっても、ほとんど点数が下がらなかったのである。一方、抗体を生じなかったグループは一年たつと認知機能はぐっと衰えた。

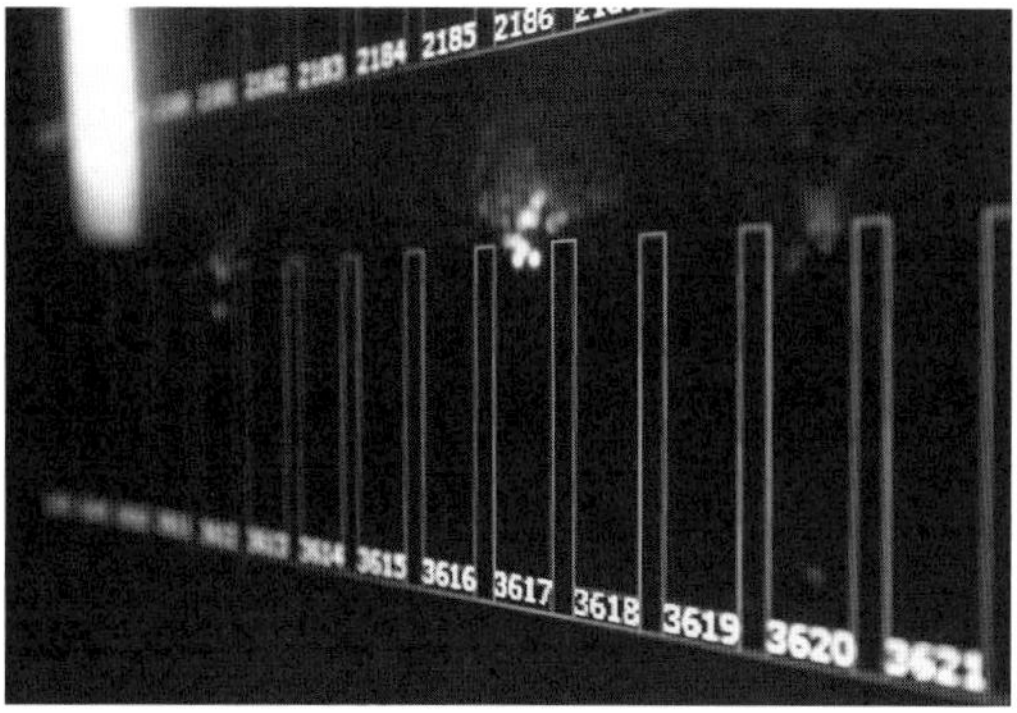

RTM。番号は抗体候補を示し、光っている3617番が有力。
© Neurimmune / Karsten Thormaehlen.

そして脳炎の副作用自体はワクチンの接種によってT免疫細胞が誤作動して、自己免疫疾患を起こしたゆえのことだとわかった。つまり抗体自体が副作用を起こしていたのではなかった。

これが「ワクチンではなく、そこで生じる抗体自体をつくってしまおう」という発想のきりかえにつながる。その抗体の構造を決定するために、チューリッヒ大学が持つ膨大な血漿《けっしょう》のサンプルを使った独自のシステムを二人は開発、これをRTM (Reverse Translational Medicine) と名付け、2006年に設立したのがニューリミューン社だ。RTMを使うことで、白血球からの遺伝情報を、それに対応する抗体に翻訳することができる。

このRTMを使ったアルツハイマー病の抗体薬は

「アデュカヌマブ」として結実、ボストンにある製薬会社バイオジェンと契約をし、フェーズ3の治験が終わり、FDA（米食品医薬品局）に承認申請するところまでこぎつけている。

そして先月の3月10日、ニッチは、自社のRTMをCOVID－19の抗体薬づくりに応用できないか、ということを思いつくのである。すぐそのアイデアをホックに話し、同社の他のプロジェクトをいったん中止し、全員で、RTMを使った抗体探しを始める。チューリッヒ大学の病院でCOVID－19から回復した患者の血漿をとり、抗体をスクリーニングする。

通常の抗体薬をつくっていては、治験もいれて3年から5年はかかってしまう。それを最短に縮めるために、気化したメッセンジャーRNAを直接肺に送り込み、そのメッセンジャーRNAが、患者の細胞を使って抗体を生じさせるという方式を思いつく。

「治験は大きな製薬会社でないとできないから、その話も始まっている。今年（2020年）の10月には治験を始め、2021年には人々に行き渡るようにしたい」（ニッチ）

ワクチンだけでは、免疫反応がうまく働かない人は抗体を生じないので救えない。この抗体薬は、感染直後に、ウイルスのいる箇所に到達するように投与すれば、すぐに抗体が生じて、ウイルスによる細胞侵食を防御できる。

「COVID－19はなくならない。インフルエンザウイルスのように人類と共存していくことになる。そうした際に有効なのは、ワクチンと抗体、そして治療薬のセットによって対抗していく方法だ」

社員数わずか50名のバイオベンチャーが、製薬業界で名を轟《とどろ》かせている大きな理由は、一見無関係に見える点と点をつなげるその能力にある。アルツハイマー病の抗体薬を開発したそのノウハウは、今COVID－19に対する戦いにむけられている。

２０２０・４・28

Afterwards

このニューリミューン社のメッセンジャーRNA抗体は、ニッチが、２０２０年４月に言ったようには、２０２１年６月の段階でも、治験に入れたわけではない。しかし、アルツハイマー病の病気の進行そのものに介入する疾患修飾薬の「アデュカヌマブ」は、２０２１年６月７日に、まず米国で条件付きながら承認となった。

11

著者と編集者の間
白石一文衝撃のデビュー作　第三の結末

世の中には二種類の編集者がいる。

原稿をただ押しいただく編集者と、著者とともに作品をつくりあげる編集者だ。

後者の編集者の仕事ぶりが世に出ることはあまりない。なぜなら、著者を重んじ、作品が世に出たあとは、自分は何をしたかは、一切口をつぐんでしまうからだ。この連載の第5回で取り上げた加藤晴之の仕事も、『暴君』を書いた牧久が、あとがきで明らかにしていることで、初めて世に出た。

私の場合も、著者の側が、明らかにしたことから、今回初めて、自分で書くことにした。

それは著者の書いた原稿の最後の一枚を、私の独断で、外してしまったことだ。

その著者の名前は、山本周五郎賞や直木賞も受賞した白石一文。

が、それは、白石さんが、山本周五郎賞や直木賞を受賞するずっと前の話。まだ、作家にもなっておらず、文藝春秋という会社の同僚だった時代の話だ。私も編集者として関わったわけではなく、友人としてその原稿に関わった。

まあ、聞いてほしい。

1990年代前半、月刊『文藝春秋』に異動した私は、ひときわ優秀な編集者の白石さんに出会う。

が、白石さんは、本当は小説家になりたかった。そのことを誰にも言っていなかったが、雑誌の校了のあとも出版先も決まっていない小説をしこしこと書いていた。そして、組織人である自分と、家庭と、小説と、めいっぱいに引き受けた白石さんは、そのコップがいっぱいになってしまい、パニック障害を起こしてしまう。そして、すべてを放り投げて単身、九州の実家に帰ってしまったのだった。

一年近い休職のあとの配属の職場は「資料室」。寒々とした部屋で、惚《ほう》けたような顔をしている白石さんに、「これからどうするの」と聞いた。

「小説を書いているんだけど、うまくいかなくってね」。そうぼそぼそっと答えた。

聞けば担当がいる2社に持ち込んだが、つきかえされたという。

ちょっと読ませてくれませんか、そう言ってフロッピーを預かった。

驚いた。入ったバーでバーテンダーをしている女性が、昼間面接をした短大生とわかるそのオープニングから、緊張感のある筆運びで、ぐいぐい引き込まれた。

正月休み、私は長い感想の手紙をつづり、その末尾に、「私はこの原稿が本にならないということが信じられません」と書いた。

出版社では、たいがいの編集者は、その人の過去実績から本を出すかどうかを決めている。新人のしかも1000枚以上ある原稿を本にになどできない、ということなのだろう。

しかし、そうした新人の中から才能を発掘するごく少数の編集者がいることで、この業界は前に進んでいる。そうした編集者を探して売り込めば、必ず本になる。こう思って売り込んだ。ただし、文春の編集者が書いているということは隠して。

そしてもうひとつ。原稿の結末の最後の一枚が、どうしても気になった。この一枚があるせいで、採用されないかもしれない、そう思ったのである。

「香折《かおり》」というヒロインの女性は幼少時から、兄に性虐待をうけていた。兄の暴力を恐れながら、香折は、いつも押し入れに隠れ、自分の「布団」を抱いて泣いていた。

主人公の「橋田」はエリートサラリーマンで、美しい恋人も、社の将来も約束されていた。それらを全て捨てる形で、兄に襲撃され頭蓋骨を陥没骨折し目覚めることのない「香折」に生涯つきそっていくことを決める。病院で看病をしながら、ふとその「布団」に気がつき、けじめをつける意味で、屋上の焼却炉にもっていく。布団は燃やされると時ならぬ炎と煙がたったが、その煙もやがておさまり、こう静かに小説は閉じていた。

〈煙はいまや糸のように細く、途切れ途切れになっていた。やがて吐き出されたその最後の一筋も、見るまに風に掻き消されていった〉

意識の戻る見込みのない「香折」に世俗の全てを捨てて、つきそおうとしている主人公の姿が、白石さんに重なり、涙がでそうになった。

が、そこで終わりだと思ったのは私の早とちりで、最後の一枚が、くっついていたのである。そこでは、「香折の意識が戻った」と、看護師が屋上の扉をあけて、声をかけるシーンがあったのだ。

迷った私は、この最後の一枚を白石さんに断らず抜き去ったうえで、角川書店に持ち込んだ。

（写真左）『君がいないと小説は書けない』（新潮社）。この本は「自伝的小説」とうたっているように、他にもさまざまな実在する編集者や元同僚が登場する。
（写真右）白石一文は、1958年生まれ。文藝春秋在籍中に、『一瞬の光』（2000年）でデビュー。2003年退社。2009年『この胸に深々と突き刺さる矢を抜け』で山本周五郎賞を、翌2010年に『ほかならぬ人へ』で直木賞を受賞。

角川で、この小説の真価を見いだしてくれた郡司聡さんらの編集者がいて、この小説は世に出ることになった。

白石一文のデビュー作『一瞬の光』（2000年）である。

一枚抜き去り事件は、白石さんと角川の編集者の初顔合わせの場で発覚した。が、結局、『一瞬の光』は、香折の意識が戻らないバージョンで出版がされた。

心血を注いで書いたラストシーンを一枚抜かれた著者の気持ちについては、「初の自伝的小説」とうたって出版された新刊『君がいないと小説は書けない』に詳述されているので、興味のある読者は手にとって読んでみてほしい。

白石さんは、同書で、編集者が

〈盤石の信念をもって「こうして欲しい」と具体的に提案してきたときは、常に本気で応じる心構えでいる〉とも書いている。私の勇み足を救ってくれてもいるのだろう。ただ、それだけではない。

出版された『一瞬の光』は、ただ最後の一枚が抜かれたままに出されたのではない。「香折」の記憶を読者に刻みつけるある一文が加わっていた。つまり第三の結末を著者の力で紡ぎだしていた。

『一瞬の光』は、単行本と文庫をあわせて、35万部を売るベストセラーになっている。

2020 5・12

12

縦割りを越えろ　コロナ禍とSTAP細胞報道、FT紙記者の指摘から考える

『フィナンシャル・タイムズ』のジリアン・テットが面白い記事を書いていた。

それはウイルスの封じ込めに成功し、経済を段階的に再開させようとしているニュージーランドのある研究についてである。その研究者は、経済封鎖による感染の縮小と、それによる経済的ダメージの相互比較をしたのだった。

〈それによると、3万3600人（感染拡大が放置された場合に保健省が予想する死者数）の国民を救うのに、国内総生産（GDP）の6・1％相当額までなら政府は支出を経済的に正当化できる。救う人数が1万2600人（感染拡大が抑制された場合の予想死者数）なら、GDPの3・7％までだという〉

なるほど、こうした計算があって、ニュージーランドは、売り上げが前年同月比30％減になる企業に3カ月分の給与補助（フリーランスも対象）といった補償をセットにして、ロックダウンをいち早くしたのか。

ジリアン・テットが言うのは、感染症対策と経済対策という二つの専門をつなげる視点の必要性だ。

（写真左）ジリアン・テットは現在フィナンシャル・タイムズ紙のエディター・アット・ラージ。そのコラムは日本経済新聞で読める。
（写真右）『サイロ・エフェクト』ジリアン・テット著 土方奈美訳 文春文庫

ジリアン・テットとは、私が文藝春秋にいた時代に、彼女の本『サイロ・エフェクト』を出版したことから、深く話をする機会があった。テットのこの本は、まさに専門が細分化するゆえに、それぞれがタコツボ化し、全体として最適の判断ができない、現代組織の病理をえぐった快作だった。

彼女がとりあげた組織は、ソニーやニューヨーク市庁、ＵＢＳ銀行、シカゴ市警察、クリーブランド・クリニックなど。「サイロ」とはタコツボのことだ。その「サイロ」化を組織形態の変更によってうまく乗り切った例として、ニューヨーク市庁や、クリーブランド・クリニックの例があり、「サイロ」化によって危機に陥った例としてソニーがあげられていた。

ソニーはカンパニー制をしいたこと

により、各部門がサイロ化、1999年のラスベガスでの見本市で、当時のCEO出井《いでい》伸之がお披露目した「ウォークマン」の次世代機のことを、その象徴としてテットはあげていた。

二つのまったく似たような商品が紹介されたが、それは二つの部門がそれぞれ開発した二つの商品だったのだ。互換性はなく、それは「サイロ」の深刻さを物語るものだった。

ソニーの「ウォークマン」が、シンプルなひとつの商品にしぼったアップルに駆逐されるのはその後のことだ。

テット自身、実は、1993年にフィナンシャル・タイムズに入社する前は文化人類学者だった。文化人類学は、ある集団にインサイダーとして入っていき、アウトサイダーの観察眼をもって、その集団の特徴を見いだす。

その集団の中ではあまりに当たり前の習慣で意識していない行動様式を、あぶりだしていくのである。

こうした訓練をうけたからこそ、テット自身もジャーナリストとして、「サイロ」に陥ることなく、「当たり前」とされていることに、疑問をいだき、それを独自の眼で腑《ふ》分けしていく記事を書き続けている。

今回のコロナ禍に、日本の新聞の報道がうまく対応していっていない理由も、そのあたりにありそうである。日本の新聞社の場合、政治部、社会部、経済部、科学部、文化部、医療部といった具合に縦割りの部が支配している。そのサイロたるや、強烈なものがある。

たとえば、医療部が厚生労働省の担当となっている社では、科学部がそこに入れず、初動でコロナ対応について科学部はまったくスルーという事態になったりする。

実は、こうした社会や政治・経済を変えてしまうような科学的な出来事を、新聞社がうまく追えなかった例は過去にもある。万能細胞として、『ネイチャー』に論文が掲載されたＳＴＡＰ細胞をめぐる報道だ。

この論文のファーストオーサー（筆頭著者）が理化学研究所の研究員であり、しかも、彼女にアドバイスしたのが、笹井芳樹という再生医療の分野で高名な理研の科学者であったことから、ほとんどの新聞の科学部はその権威にひれふす形になったのだった。

このときも多くの新聞の科学部は専門家の発言をうのみにして報道をしたが、実はこれは社会部的事件だった。「捏造《ねつぞう》をしているかもしれない」という見立てからめざましい報道をしたのは、毎日新聞の科学環境部だったが、彼ら、彼女らの取材は、従来の科学部的手法ではなく、社会部遊軍的手法によって、様々な事実を明らかにしていったのである。

この科学環境部にいた須田桃子（現ＮｅｗｓＰｉｃｋｓ副編集長）のノンフィクション『捏造の科学者』を私は担当編集者のひとりとしてつくったが、この本の要諦は、笹井氏とのメールのやりとりにあった。メールそのものが、事実を深掘りしていた。

この本は科学ジャーナリスト大賞を受賞する。ところが、その授賞式で、新聞の科学部ＯＢが「メールを直接引用するのはいかがなものか」という趣旨の質問をしたことに象徴されるように、新聞社の中には、メールの直接引用に疑問を呈する意見も強くあった。

自分の身を明らかにして、笹井氏に質問をしているのだから、そのメールを引用することはまったく問題ない。しかも税金を使った研究の疑義を究明することは公益にかなう。

コロナ禍に対する報道のとりくみばかりでない。日々、その「サイロ」で言われていることがはたして本当なのか、それを問うことから、優れた報道が生まれてくる。

2020・5・19

13

私も絵本に救われた　柳田邦男は語る拡大する唯一の紙メディア

ノンフィクション作家の柳田邦男さんが『人生の1冊の絵本』という新書を上梓《じょうし》した。柳田さんが、絵本を手にとるようになったのは、1993年夏に次男の洋二郎さんが長い心の病の末に、自ら命をたったあとのことだ。自分の生き方の全てが過ちのように思えた。

ふらふらと立ち寄った近所の駅ビルの書店。なぜか、柳田さんは、児童書のコーナーに立っていた。そこで並べられている絵本にはっとする。もちろん、なくなった洋二郎さんに、読み聞かせていた海外の絵本もまだ売られていた。しかし、それ以上に日本の新しい作家のさまざまな工夫をこらした絵本が、ところせましと並べられていた。

そこで買った数冊の絵本に、柳田さんの心はあらわれる。

なによりも、人生で一番厳しかったその時期の、癒《いや》しになり励ましになった。柳田さんはその時57歳になっていた。

そして、それから8年後の2001年6月、柳田さんは共著で『絵本の力』という本を出版する。

その中で柳田さんは、『わすれられないおくりもの』（スーザン・バーレイ作・絵　小川仁央

訳　評論社）という一冊の絵本を紹介している。ある幼い姉兄そして弟の実話とともに。

こんな話だ。

2歳の良太君は、急性脳症で、あっというまに、深昏睡《しんこんすい》状態になり、脳死状態に陥る。しかし、8歳の姉の由加ちゃん、5歳の兄の康平君は理解できない。特に康平君は「悲しいのに涙がでないんだ」とうけとめられないでいた。

そのときに小児科医の細谷亮太先生が、二人に読み聞かせたのが、『わすれられないおくりもの』だった。

かしこくていつもみんなに頼りにされていたアナグマが、晩秋に老衰で死んでしまう。みなは立ち直れないほどに悲しむ。冬が始まり森は雪に閉ざされるが、みなの悲しみは消えない。が春がきて、みなは気がつく。アナグマはいたるところでその足跡を残していることを。たとえばモグラは、ハサミをつかうのが上手。それはアナグマが教えてくれたもの。キツネはネクタイの結び方をアナグマにならった。

〈さいごの雪《ゆき》がきえたころ、アナグマが残《のこ》してくれたもののゆたかさで、みんなの悲《かな》しみも、きえていきました〉

二人の幼い姉と兄は、目に涙をいっぱいに浮かべながら、その小児科医の読み

人生の1冊の絵本
柳田邦男
Kunio Yanagida
その絵本と出会い、
何かが変わっていく……
150冊ほどの絵本が登場。
岩波新書

『人生の１冊の絵本』では150冊の絵本が紹介される。

聞かせをきいていた。その数カ月後に細谷先生のもとに手紙が届く。二人からの手紙にはこうあった。

「よくアナグマの本を読みます。その本を読むたびに、ポロポロとなみだが出て来ます」

わたしたちは他者との関係性の中で存在する。だから死んでも、その人は人々の関係性の中で生き続ける。そのことを伝える絵本によって、幼い姉と兄は、弟の死を受容できたことを、柳田さんは生き生きと描いていた。

こんどの新刊でも、絵本によって人生がかわった一つの家族の話が柳田さんの手によって冒頭に紡ぎだされる。

『さっちゃんのまほうのて』。

その絵本は、うまれつき指がない障害の女の子が主人公だ。

同じ障害をもった女の子を出産した蘆野《あしの》潤子さんは、娘の晃子《あきこ》さんが2歳になった時にこの絵本と出会う。

「さっちゃん、ゆびが なくても おかあさんに なれるかな」

「なれるとも、さちこは すてきなおかあさんに なれるぞ」

そんな父と娘の会話がしるされているその絵本を、潤子さんは、晃子さんが進級するたびに学級文庫に寄贈して、並べておいてもらっていた。晃子さんは、大学・大学院と障害者支援の問題を専攻、その後は研究者となり結婚、二児の母となる。

「僕自身は、生身の人間が生きた人生、そのなかで、科学にせよ、文学にせよ、政治にせよ、とらえてきた。その絵本によって人生が変わった家族を取材している理由もそこにあるんです」

柳田さんは84歳になる。今も現場で取材をする。

人生には三度、絵本を読む時期があると、柳田さんは言う。自分が子どもの時、そして子育て期、さらに何かに迷った時。

柳田さんは絵本の普及のための様々な活動をしている。読み聞かせもそのひとつ。本文で紹介した『さっちゃんのまほうのて』は、先天性四肢障害の子を持った母親、そしてその障害を持つ本人が共著者に名をつらねる。偕成社より発行されている。

今回、柳田さんが次男の洋二郎さんの自死について書いた『犠牲（サクリファイス）』（文春文庫）を読み直して、こんな一文を私はみつけた。

洋二郎さんはガルシア・マルケスの『百年の孤独』を読んで自分が誰からも忘れ去られてしまうことの恐怖を訴えていた。が、洋二郎さんの死後、彼が通っていたキリスト教のサークルの友人から、立て続けに柳田さんに手紙が届く。その手紙を紹介したあとで、柳田さんはこう書いていた。

〈こうした友人たちの手紙を読むにつけ、私は、洋二郎がこの世に生きたことは、誰も否定できない事実であったし、彼のいのちは、私たち家族だけでなく、友人たちの心の中にも共有され

て生き続けていると実感するのだ。その感覚は、父親である私の再生への活力につながるものだった〉

これはまさに『わすれられないおくりもの』が言っていたことではないか！

柳田さん自身も、絵本によって救われたひとりだった。

紙からデジタルへの流れのなかで、唯一伸び続けている紙メディアが絵本だ。

日販の「出版物販売額の実態」（２０１９年版）によれば、２００６年に８９８億円だった児童書の売上は、２０１８年には１００７億円にまでのびている。

２０２０　５・26

14

数字を人生に変える
コロナ禍とベトナム戦争そして日航機事故報道

アメリカよ。10万の生と死に会いたまえ。

5月24日のニューヨーク・タイムズの1面は、「計り知れない損失」として、コロナによる死者1000名余の氏名が埋めつくした。

「それはただのリストではない。彼らは私たちでもある」

電子版では、当該の1面記事をクリックしスクロールしていくと、日付ごとに、人影が増えていく。

「進取の気性に富んだ校長だった　デズ・アン・ローメイン　ニューヨークシティ　33歳」

「最後の最後まで走り続けたアスリート　ロバート・ラスト　インディアナ州　グリーズバーグ　88歳」

「コロナの最前線で戦った看護師　キオス・ケリー　ニューヨークシティ　48歳」

「米国に3年前に移民してきたばかりだった　ジェシカ・ビートルズ・コルテス　ロサンゼルス　32歳」

こうした故人にふされたコメントを読んでいくと、10万という数字がただの統計ではない、

"All the News That's Fit to Print"
The New York Times
NEW YORK, SUNDAY, MAY 24, 2020
U.S. DEATHS NEAR 100,000, AN INCALCULABLE LOSS
They Were Not Simply Names on a List. They Were Us.

ニューヨーク・タイムズ　2020年5月24日の1面。10万人を迎える死者のうちの1000名余の氏名が埋めつくした。死者の情報は、全米の地方紙の協力のもとに集められた。

様々な人生を生きた人たちだったということが、心に積もっていき、泣けてくる。

私自身、日経の電子版で、毎日、世界中の死者の数を2月からチェックしてきたが、統計がただの数字として自分の中にあるだけだったことに気がつき愕然《がくぜん》とした。

日本では都道府県から報告された数字が厚生労働省に集約され、各メディアに発表される。それによって各新聞やテレビ局の数字は更新されていく。それは都道府県別にグラフにされ、ここはピークアウトした、拡大している、といった形で毎日眺めることに私たちは慣れていってしまう。

が、ここにある数字は、実際の人生を生きてきた人々だ。

この原稿の締め切りの5月29日の時点で、日本で公表されているコロナによる死者の数は896名。

日本の新聞、テレビ、雑誌でニューヨーク・タイムズと同じことができないのだろうか？

各都道府県の発表、厚生労働省の発表は匿名、数字のみが配られる。私が聞いたキー局の記者は、「考えてもみなかった。確かにテレビで遺族に呼びかけてもいいかもしれない」とも言った。

私がこのタイムズの大胆な紙面をみて思い出したのが、１９６９年6月27日号のライフ誌だ。ヘンリー・ルースという共和党支持の保守的人物が持つタイム社の発行するこの写真週刊誌は、ベトナム戦争の末期に、素晴らしい報道をする。

表紙には、劇的な戦場の光景のかわりに、若い兵士のパスポートの写真が拡大して掲げてある。

その号は、なんの変哲もない、大規模な戦闘もおこなわれていない、ある平凡な一日にベトナムで死んだ若者２４２人の顔写真がただ並べられた。

デイビッド・ハルバースタムはライフのその号についてこう書いている。

〈無名の週の無名の戦いに、実在する本当の顔と名前を与えよう。最終的に写真以外は使わないことになる。写真がすべてを語ってくれる。（中略）安っぽく、質は悪かった。だが、かえって効果を高める。一つ一つの顔にあらわれた誇り、畏れ、純真さ。軍服をきている者も多い。虚勢をせいいっぱい張っているその裏から、恐怖がにじんでいた。

正視するのは耐えがたいほどの迫力があった。男も女も涙なしにこの号を読むことはできない。（中略）ジャーナリズム史上に輝く、ライフ誌の金字塔であった〉（『メディアの権力』）

このライフ誌の手法は日本の編集者にも受け継がれる。

１９８５年8月におこった日航ジャンボ機墜落事故で、文藝春秋にいた花田紀凱《かずよし》（現月刊Ｈａｎａｄａ編集長）は同じことをやろうと思いつく。当時花田は、写真週刊誌Ｅｍｍａ《エンマ》のデスクだった。

Emma 1985年9月10日号　Emmaは、このあと1987年5月6日号で廃刊。2年で終わった短命の雑誌だった。「フォーカス、フライデーが売れていたのでどうしても編集がそっちにひっぱられた。ライフ誌のようなジャーナリズムをやる独自の路線もあったかもしれない」とは、33年後の花田紀凱の弁。

事故の犠牲者520名のうち126名の写真が集められ、それぞれの人生を記したキャプションとともに、何ページも掲載された。

「写真を見ているだけで、子どもも、母親も、父親もいろいろな人があの飛行機に乗って命を落としたことがわかるから」（花田）

私が会社に入る半年前のことだったが、当該号のことはよく覚えている。墜落現場の写真をそのまま載せたことで大きな批判を浴びた号でもあったが、私はこの淡々と顔写真が流れるページや、遺品を掲げているページのほうをよく覚えている。

ノンフィクションもジャーナリズムも名前を与えることによって始まる。

ベトナム戦争のあった1970年代や、日航機事故のあった1980年代とは、プライバシーに対する考え方が全然違う、そう反論する記者もいるかもしれない。たしかに難しくなっている面はあるだろう。しかし、ニューヨーク・タイムズはやった。

日本は新聞社やテレビ局にいる記者たち自体が、自縄自縛《じじょうじばく》に陥っている面はないか。厚生労働省や各都道府県庁が発表しなければ、他の方法でいくらでも独自に調査できる。そして意をつくして遺族の了解をとることはできる。

2020・6・2

15

特攻作戦を拒否した指揮官に倣え 時事通信新社長の挑戦

1994年に、時事通信の大蔵、日銀の各クラブに配属されていた4人の記者は、最強の布陣だった。

彼らは東京銀行と三菱銀行の合併の話をもっとも早く察知しスクープに挑んだ。その話を99年の年末に出した『勝負の分かれ目』の終盤に書いた。

激しい性格の他の3人にくらべ、もっともフツーの感じの人だったのが、「ヒゲのサカイ」と呼ばれる境克彦《さかいかつひこ》だった。

その時事のスクープを当時の社長が、「どうせ日経の後追いだろ」と言い放ったという話を書いたおかげで、境のワシントン行の人事が危なくなったりした。

それでも、「自分も書いている立場だから」と鷹揚《おうよう》にかまえてくれた。「別に飛ばされてもいいよ」とも。

境が達観したような気持ちでいたのは、後輩記者の壮絶な過労死が影響していたのだと、今になっては思う。

私が本の取材をしていた97年当時、境は、専従の労組の委員長になっていた。労組の委員長といっても、出世のコースではない。誰もなり手がいないそのポストを境は「おとしまえをつけなくてはいけない」とひきうけた。過労死した後輩の死を調査し、遺族の労災申請を手助けするために。

時事通信は、戦前の国策会社である同盟通信からわかれて発足した。80年代以降は、ロイターや日経QUICK、ブルームバーグなどと激しい競争をくりひろげ、トレーダーのもとに、一秒でも早くニュースを届けることに血道をあげていた。

しかし、90年代の後半に、日本の金融が巨大な音をたてて崩れ始めると、午前3時の破綻会見をこなしたあと、数時間の仮眠ののちに日銀会見の金融情報用の速報をするなど、人間の限界を超える仕事をこなさなければならなくなっていた。

99年、大蔵省の記者クラブで。「ヒゲのサカイ」だった頃。この後『勝負の分かれ目』が出てワシントン支局への人事があやうくなった。現在は、ヒゲはきれいさっぱりそっている。

激しい競争のなかで、時事通信は96年から2年の間に相次いで3人もの在職死亡者を出すことになる。いずれも30代の働き盛りの記者で、このうち少なくとも2つのケースは典型的な過労死だった。

労組の委員長だった境は、当時組合報にこんな文章を書いている。

〈時事通信社は一人ひとりの根性だけで支えられている会社だ。「少数精鋭」の掛け声のもと、ひたすら走らせ続け、そして倒れる人間が出ても、会社は代わりの根性人間で埋め合わせればすむだろう。しかし、力尽きて倒れた人間は、その家族にとってかけがえのない存在なのだということをもっと真剣に考えよう。これ以上、親や妻（夫）や子を泣かせてはならない〉

それから20年余、なんと、境克彦は社長になる。

6月27日の時事通信の株主総会で社長に選出されることが内定したのだ。

境は、福岡支社にいた2014年から2016年の間に、特攻作戦を拒否した指揮官、美濃《みの》部《べ》正《ただし》のことを取材し『特攻セズ　美濃部正の生涯』（方丈社）という本を書いている。

「美濃部さんのことは、たくさん書かれていましたが、この人は根性論ではなく、論理的に考え、特攻という人命を損なうことを前提とした作戦でなくとも、戦うことができるということを身をもって証明した人でした。そこに衝撃をうけました」

境は根性論ではなく、会社を経営したいと思っている。

特攻セズ
美濃部正の生涯
境 克彦
Katsuhiko Sakai
生きて還れ、戦うために。
合理的精神と戦略的思考を持った、
不屈の指揮官、初の評伝!
方丈社

芙蓉部隊にいたパイロットの坪井晴隆さんの話をきいて、境は初めて部隊の指揮官だった美濃部正のことを知り衝撃をうけた。美濃部についてはすでに多くの本が出ていたが、彼の人生を追うことを決意する。

海軍のエリートたちが、「間違っている」と思っても口に出せず、空気にのまれていったなかで、美濃部は夜間航空部隊を編成し、沖縄に上陸する米軍への爆撃を特攻によらずとも、遂行した。

〈自分の頭でとことん考え抜き、良心に照らして正しいと思うことを公言し、実行した。これは簡単にできることではない〉

しかし、一方で美濃部は特攻を全否定していたわけではない、とも境は言う。

この美濃部の微妙な心の揺れは、境の、「前うち」報道に関する評価とも似ているようだ。境は、ジャーナリズムは速報、つまり「前うち」こそ命だと今でも考えていると言った。

検事や官僚がもっている情報をとって半日早く書いたとしてもどういう意味があるのか、という私の問いに対しても黒川弘務・前東京高検検事長の賭け麻雀《マージャン》問題をひいてこんな答えをした。

「あの賭け麻雀のメンバーに時事の記者がいなかったことでほっとした反面、正直、寂しいという気持ちもあった」

最大のニュースソースと事件の渦中でも賭け麻雀ができるくらいの仲にならなくては、まともな記事は書けないとも思ったというのだ。

なるほど。

しかし、時代は境が90年代後半に日銀クラブにいた頃と大きく変わった。

かつてとは違い、ニュースによって相場が動かなくなっている。２０１０年代急速に広がった超高速取引（ＨＦＴ）によって今や、多くの取引は人間が行うのではなく、ＡＩが10億分の

1秒刻みで取引を繰り返すことが主流となった。AIはニュースを見ない。
そうしたなかで、20期連続の営業損失を出している通信社の社長に就任する。
何が価値を生むのか。
境の〈とことん考え抜く〉試練と挑戦の日々が始まる。

2020 6・9

Afterwards

境は社長に就任すると、2020年7月1日に未来共創部という部を社長室直属の部として立ち上げた。社内各部署の若手社員と外国人社員9名が兼務で所属する。使命は、時事通信の新しい米びつを探す「探索」の業務である。

16

プロの選球眼かクラウド査読か?
岐路にたつ科学ジャーナル

私が今、取材をしている次の単行本『アルツハイマー征服』で会った研究者の中には、あるアルツハイマー病の遺伝子を発見してから、論文が科学ジャーナルに掲載されるまで6年かかった研究者がいた。その研究者は、「研究を始めて10年目にしてようやく一本論文が通った、これで首がつながったと、心底ほっとした」と語ったものだった。

『ニューイングランド・ジャーナル・オブ・メディスン』や『ネイチャー』『ランセット』といった科学ジャーナルについて、一度は名前を聞いたという人も多いだろう。

研究者は新発見があれば、それを論文にまとめ、これらの科学ジャーナルに投稿する。これらの論文は、編集者が取捨選択した後に、その分野の専門家による査読にまわされる。

3人程度の匿名のレビュアーがその論文を熟読玩味し、その発見が根拠のあるものなのか、意義のある新発見なのかを判定する。査読が一発で通ることは少なく、たいていはコメントがつけられて却下されるか、または、査読者によるコメントにしたがって研究者は実験や検討を重ね再投稿することになる。

晴れて掲載になれば、その研究は認められたということになる。研究費や将来のポストにも

Hydroxychloroquine or chloroquine with or without a macrolide for treatment of COVID-19: a multinational registry analysis

Summary

RETRACTED

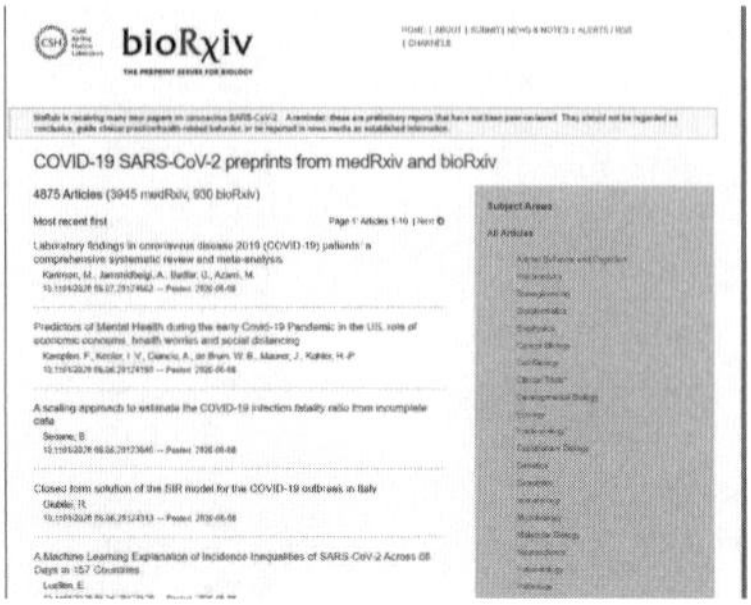
bioRχiv

COVID-19 SARS-CoV-2 preprints from medRxiv and bioRxiv

4875 Articles (3945 medRxiv, 930 bioRxiv)

（写真右）科学ジャーナルは、その雑誌に掲載される論文の頻度で、インパクトファクター（IF）という指標がある。研究者はインパクトファクターのできるだけ高い雑誌に投稿しようとする。今回論文が取り消された「ランセット」は IF が40以上ある名門だった。

（写真左）プレプリントサーバーの bioRxiv。もともとは物理や数学の分野でこうしたプレプリントサーバーの試みは始まっていた。正式な表記は bioRχiv で、χはエックスではなくギリシャ文字のχ（カイ）。


つながる。研究者はこれらの雑誌に、自分の研究が掲載されることを目標として日夜研究に励む。

それが、このコロナ禍の拡大によって、大きく変わりつつある。

多くの科学者が、こうした科学ジャーナルに投稿する前に、bioRxiv（バイオアーカイブ）というサーバーにその草稿（プレプリント）をまず投稿し、公表するようになってきている。

2013年11月に開設されたこのサーバーへの投稿がなぜ急増しているのか。それは、COVID－19関連の研究が、その知見を一刻も早く共有することが社会的に求められているからだと、東京大学大学院医学系研究科教授の岩坪威《たけし》は語る。

「科学ジャーナルの査読から掲載までは、早くて数カ月、長ければ1年といった時間がかかることもあります。それではこの感染の拡大に間に合わないということで、プレプリントサーバーへの論文の投稿が増えているということなのだと思います」

岩坪は、認知症研究の第一人者だが、認知症研究でも、科学ジャーナルに投稿する前に、bioRxiv に投稿する研究者が増えてきているのだという。

しかし、これは微妙な問題もはらんでいるとも岩坪は指摘する。

プレプリントサーバーは投稿すれば、数時間でサーバーに論文がアップされる。しかし、査読も編集の手も入っていないので、当然間違いのある研究もある。

たとえばＣＯＶＩＤ－19関連の研究では、スタンフォード大のジョン・ヨアニディスという教授が、ＣＯＶＩＤ－19での死亡率は考えられているよりもはるかに低いという論文を、5月19日にプレプリントサーバーに投稿した。

〈ＣＯＶＩＤ－19は深刻な脅威であるが、感染死亡率は、当初考えられていたよりもはるかに低い〉〈鳥瞰《ちょうかん》する視点でみれば、インフルエンザの感染死亡率と変わりない〉

しかし、この論文は投稿されるやいなや、「木をみて森を見ない」と厳しい批判と非難にさらされた。

確かに、感染者数と死亡者数だけを単純に比較すればそうした結論が導かれるのかもしれないが、ＣＯＶＩＤ－19は、このような厳しいロックダウンの中でも、感染者と死亡者数を増やしていることを、この論文は忘れている、政治的にも利用される、ということだ。

しかし科学ジャーナルの査読も万全ではない。

故意の不正をするものに対しては何度も騙《だま》されてきている。刺激をあたえるだけでなんにでもなれる万能細胞になるというふれこみの「ＳＴＡＰ細胞」は、実はＥＳ細胞のすりかえだった。それを『ネイチャー』の査読者は見抜けなかった。

また、アルツハイマー病研究では、１９９１年12月12日号の『ネイチャー』に、アルツハイマー病遺伝子を組み込んだトランスジェニック・マウスができたという論文がマウスの脳の写真付きで掲載されたが、このマウスの脳の写真は、実は、人間のアルツハイマー病の患者の脳の写真だった。日々、マウスや人間の脳のスライドを見ている病理の研究者にとっては、あまりにも明白なすりかえだったが、査読者の中には、病理を専門とする学者がいなかった。

今回のＣＯＶＩＤ－19でも、『ランセット』誌で、マラリアの治療薬ヒドロキシクロロキンの有害性についての論文が取り下げられる失態があった。トランプ大統領も服用しているこの薬について、当該論文は、効果がないとしたうえで、逆に死亡率がはるかに高まるとしていた。論文はデータ会社のデータを使っていたが、それが信頼できない、と指摘され、データ会社は生データを提示することができなかった。

果たして少人数のプロがチェックするのがいいのか、ウェブによるクラウド査読がより効果的なのか、わからなくなってくる。

ちなみに、プレプリントサーバーに投稿しただけでは、最初にその発見をしたということは主張できない、と岩坪は言う。現在でも、査読者のいるきちんとした雑誌で認められて初めて、その研究は真正とされ、歴史に残ることになるのだそうだ。

少数のプロの選球眼が正しいのか、多数のクラウドによる選択のほうがより正しいのか。

この問題は、科学ジャーナルだけの問題ではない。ジャーナリズム全般にかかわる問題でもあるので、今後もこの連載でとりあげていく。

2020・6・16

17

秋田魁vs.慶應SFC生 イージスからクマまで、とことん話してみた

第4回にとりあげた秋田の県紙、秋田魁新報。

北朝鮮からの迎撃ミサイルの基地が、秋田の市街地である新屋《あらや》にできる。防衛省記者クラブ発の記事で五月雨《さみだれ》式に既成事実化していたこの「地上イージス基地」問題を、クラブに属さない秋田魁の記者たちは、自分たちの頭で考え、脚を使って取材した。そして防衛省が公表した「適地調査」での誤りをつきとめたことは第4回に書いた。

その報道をリードした松川敦志（当時編集委員）が、この4月から社会地域報道部長に就任した。社会地域報道部は、他の新聞社だと社会部と言われている部に近い。その全体の指揮をとることになったのだ。

社会部は、警察や検察の記者クラブにはりつき、刑事や検察官の自宅を朝駆け、夜回りをし、情報をとって記事を書く「前うち」報道の巣窟《そうくつ》とも言える部だ。

黒川弘務前東京高検検事長と、産経新聞の記者、朝日新聞の社員が、緊急事態宣言下で、賭け麻雀をしていた問題も、そこから考えるとわかりやすい。

社会部で検察の司法記者クラブは、最たる出世コースだ。いかに出世が決まるかというと、

どれだけ検事に入り込み、立件や捜査の見込みを聞き、記事にできたか、ということできまる。そのために、クラブでの発表だけでなく、夜回りや朝駆けをして、検事の自宅に行って話を聞く。時には家にあげてもらい、酒を振る舞われながら話をする。

週刊文春のスクープに端を発したこの問題についての論評が、新聞・テレビで様々な形で行われたが、コメントをしている人の多くは、元新聞記者や放送記者で、このシステムに一度はどっぷりつかっていた人たちである。なのでそのシステム自体を否定するというところからは入っていかない。しょせんは、官僚の情報をもらいさげているにすぎない。

松川も、前職の朝日新聞の記者時代、警視庁記者クラブを経験し、自ら「前うち」報道を、体育会のようにやってきた過去を自認する。

松川敦志は、もともと新卒で秋田魁新報に入社。朝日新聞に移り、那覇総局長なども務めたあと、2016年に秋田魁に戻った。

「朝5時におきるとハイヤーが迎えにきて朝駆け、クラブで発表を聞いて、夕方5時くらいから、またサツカンの家をまわる。自宅に帰るのは毎晩日付がかわるころだった」

そうして特ダネもたくさん書いた。

しかし、と松川は続ける。

「私は、地方紙がその価値を本当に発揮し、存続していくためには、『前うち』報道主義ではだめだと思っているんです」

そう気持ちを吐露したのは、6月の第2週の金曜日に、慶應SFCの私の授業に参加したあとの懇親会の席でのことだった。

この講座では、学生が9班に分かれ、それぞれのテーマを取材調査し発表する。今年は「秋田魁新報」が9つのテーマのうちのひとつに選ばれ、3人の学生が秋田魁を取材した。

Zoomを使ったこの懇親会には、魁から社会地域報道部の一年生記者も二人参加した。その一人の記者が、「警察署のクラブにつめているが、まだ副署長にしか話を聞けていない」と学生に話す。

学生は、「被害者や加害者には話を聞かないんですか」と素朴な疑問を発する。

デジタル編集部長の安藤伸一が、それをひきとる。

「いい質問。記者は副署長の発表を真実として記事を書いているということになるね。それが正しいのかどうか」

秋田魁新報も、紙の後退に苦しんでいる新聞社だ。秋田の場合はさらにこれに人口減少という問題がある。

2008年12月には98億2500万円あった秋田魁新報社の売上は、紙の部数の後退によって、2019年12月末には79億9645万円まで減った。総務省は、秋田県の人口は、現在の100万人弱から、2040年には、80万人程度になると予測している。

そうしたなか、秋田魁が策定した2020年からの三カ年計画では、デジタル収入を社の収入の三本柱のひとつにすることを初めてうたった。

松川、安藤らは、こうした地殻変動のなかで「前うち」報道に頼らない独自の報道こそが、人々がデジタルにしろ紙にしろ秋田魁にお金を払って購読してくれる、大きな力になると信じ

クマの目撃

【由利本荘市】▼13日午前9時20分ごろ、東由利舘合字下ノ代の畑。体長約1㍍。民家まで約30㍍。

【仙北市】▼13日午前11時10分ごろ、田沢湖田沢字先達の国道341号。体長70～80㌢。民家まで約150㍍。

▼13日午後6時50分ごろ、田沢湖卒田の国道46号。体長約1㍍。民家まで約850㍍。

▼13日午後7時15分ごろ、田沢湖卒田字柴倉の国道46号。体長約1㍍。民家まで約500㍍。

【秋田市】▼13日午後5時半ごろ、豊岩豊巻字小友沢の県道。体長約1㍍。民家まで約150㍍。

【小坂町】▼13日午後6時45分ごろ、小坂字古遠部沢の東北自動車道下り線の路肩。体長約1㍍。小坂ジャンクションの北西約1㌔。

【にかほ市】▼13日午後7時ごろ、馬場字石水口の畑。体長約1㍍。民家まで約200㍍。

「クマの目撃」欄は、毎日掲載されている。「民家まで150メートル」「民家まで200メートル」と、人間の生活圏に出てきていることがわかる。

ているのだ。

松川は、Ｚｏｏｍの画面に秋田魁の紙面を近づけながら、学生にこう語った。

「〝クマの目撃〟って書いてあるでしょう。人口減少によって、クマが人間の生活圏にどんどん出てくるようになっている。自分が社会地域報道部長になってから、目撃情報の一覧のコーナーを作った」

クマの目撃情報自体は、警察発表だが、そもそも松川が、このコーナーを作ろうと思いついたのは、「イージス・アショア」の報道の前に、７カ月にわたって「さまようクマ」という独自連載をやったことが活《い》きている。クマによる４件の死亡事故のあとに始まったこの連載では、クマがなぜ人間社会に侵入するようになったのかを過疎化との関係から追った。秋田の人々にとっては切実な情報だ。

松川らの方向性は正しい。「前うち」で報じられる事実は、ヤフーやラインなどですぐに消費され、他も追いついてくる。そこに読者はお金を払わない。

2020・6・23

18

NYTより早い有料電子化北海道の小さな新聞社がのぞむ「なつぞら」

2000年代に読売新聞グループ本社の社長になる内山斉《ひとし》が、まだ地方部の主任だったころの話である。

読売の地方版を管轄する地方部の内山は、全国からとりよせた地方紙を丹念に読むのが日課だった。北海道の十勝地方で発行されているその新聞のお悔やみ欄を見た時、内山は目を見張った。そうか、この手があるのか！

それまで新聞のお悔やみ欄は、喪主の名前までを取材して掲載する。それを地方版に載せれば、地方の読者の需要がある。そう考えていたが、葬儀委員長は、その地方のビジネスの要になる人がなることが多い、それを掲載することは、読者増につながる。

内山は、すぐに、読売の全国の支局に向けて、お悔やみ欄に、葬儀委員長の名前を取材して載せることを指示した。

十勝毎日新聞は、部数8万部ほどの地域紙だが、帯広市のある十勝地方のシェアは、63パーセントで圧倒的な強さをほこる。北海道全域を牛耳る北海道新聞も、こと十勝地方だけは、歯が立たない。「毎日」の文字があるが、毎日新聞とは資本関係等一切ない。

愛称は「かちまい（勝毎）」。その十勝の小さくてもキラリと光る新聞社に、移動の自粛が解除された6月22日に出向いた。

大分の臼杵《うすき》町（現臼杵市）から十勝地方に移住した旅館業も営む林豊洲《ほうしゅう》が、今から100年前に始めたこの新聞社は、創業当時から十勝の豊かな自然と農業を背景とした新聞社だった。

十勝は日本有数の酪農地帯。酪農家は朝が勝負である。朝4時には起きて、6時までに搾乳をすませ、7時にやってくる農協の集乳車に牛乳を積み込む。そうした早朝が勝負の酪農地帯では、朝刊ではなく、夕刊だと豊洲は考え、夕刊紙として創刊。それは現在にいたるまで変わっていない。

2019年（平成31年）3月23日（土曜日）　十勝毎日新聞

2 十勝ロケで搾乳上達
3 肺がん手術負担少なく
「札医大の研究室から」電子版でも
4 かちまいアカデミー講座紹介

もっと Motto かちまい

5 コラージュ川柳に挑戦
6 謎だらけの小惑星
7 カルタ大会で真剣勝負
8 豆粒日記／七つのちがい

こどもしんぶん

「なつ色」に染まりたい

NHK連続テレビ小説「なつぞら」ヒロイン

広瀬すずさん

十勝が舞台のNHK連続テレビ小説「なつぞら」の放送が、4月1日に始まる。ヒロイン（奥原なつ）を務める広瀬すずさんに、朝ドラ制作の裏話や十勝ロケで感じたことなどを聞いた。（聞き手・池谷智仁）

舞台は十勝 来月スタート

十勝毎日新聞　2019年3月23日付紙面より。2019年度上半期には十勝地方の牧場を舞台にしたNHK連続テレビ小説「なつぞら」の放映があった。「かちまい」は、「なつぞら」関連の記事を次から次へと出し、東京の読者が購入をもとめて電話をしてくることも。

現在の社長の林浩史《ひろし》は、社長になる2009年12月の以前から、世界新聞社会議に出席して、海外の動向をつぶさに見てきていた。

その世界会議で知り合った、米国カンザス州の地方紙の社主と親しくなり、1996年から97年にかけては、その部数2

万5000部ほどの「ジャーナル・ワールド」紙で、働いたりもした。

その米国の地方紙の社主たちが、新聞社会議に出席しなくなったのは、2000年代に入ってからだった。

「そのうち米国で会議が開かれることもなくなった。収入の8割から9割を広告にたよっていたアメリカの新聞は、インターネットの広がりで、その広告がとられ、一気に苦境が訪れるのをまのあたりにした。しかし、無料広告モデルでインターネットに自社記事をだしてもうまくいかないことも、米国のニューヨーク・タイムズの例などを見てわかっていた」

そこで林は、日本のどこの地方紙も考えなかったことを社長になる年に決断する。

有料電子版の創刊だ。

2010年の6月にはテスト版ができ、7月にはスタートする。

日本でもっとも早い有料電子版「日経電子版」に遅れることわずかに4カ月。この連載でもたびたびとりあげた「ニューヨーク・タイムズ」の電子版が2011年3月創刊だから8カ月早い。

しかも特筆すべきは、外部のベンダーにださず、自前のエンジニア二人がつくりあげたことだ。後に他の全国紙や地方紙は、有料電子版にとりくむが、共同通信の課金システムを使ったり、外部のベンダーにたよった。しかし、これだと、金もかかりちょっとした仕様変更も半年、一年と待たされたりした。ユーザーや編集局の使い勝手によって、不断に変えておくことができず、有料電子版をつくっても、ほとんど読者は得られていない状態だ。

現在、十勝毎日新聞社は、8人の社員のエンジニアを抱える。

契約者数は8000。紙の10パーセントの部数にまで成長している。

電子版は、紙の記事をそのまま載せるのではなく、「農プラスビジネス北海道」「勝毎ビジネス」などの、専門情報チャンネルをもうけ、十勝で農業やビジネスをするうえで欠くべからざる有料電子版になることをめざしている。

しかし、課題もまだ多いという。紙の編集部の記者は29名だが、デスクや記者が、午後1時の降版をすぎたあとの出稿を「翌日朝刊の道新（北海道新聞）にぬかれる」と出さなかったりする。

8000契約者数といっても、社全体の売上のなかでは、2・5パーセント、紙の力はまだまだ強い。

十勝地方は、このコロナで、観光を経済の柱とする経済政策に大きな転換を迫られている。都心部のリモートワークの浸透にともなう、自然豊かな地でのサテライトオフィス・移住地の建設や、「下町ロケット」でもとりあげた農業のICT化など、様々なフロンティアがある。

そこを深掘りし、十勝の人々が本当に必要とする情報を電子のかたちで提供できるようになっ

題字には、赤いダイヤとかつて呼ばれた「あずき」、砂糖になる「てんさい」。そして「うし」が十勝地方の農業を支えるシンボルとして描かれる。

たとき、次の発展がこの「かちまいい」にもある。

十勝地方は北海道の他の地域が屯田兵による開拓で開かれたのに対し、民間の移民が、開拓した地域だ。

私が訪れた6月21日、22日は、あいにくの梅雨空だった。

その開拓者精神がやどる「かちまいい」の「なつぞら」はもうすぐ。

2020 6・30

Afterwards

十勝毎日新聞は、2020年8月から、販売店経由でも電子版オンリーの申し込みをうけつけるようになった。販売店経由で電子版の申し込みをした場合には、電子の戻しが販売店にもいくようになる。十勝毎日は、他にも携帯ショップを通じてスマホの買い換え時に、十勝毎日の電子版をとってもらうという施策をスタート時からしていた。こうした柔軟な対応ができるのは、副部長以上の管理職が局の垣根をこえて様々な問題を議論する会議を定期的にやったり、あるいは、販売から編集、編集から販売といった異動も普通にあるからだという。

電子有料版はコロナ禍で部数を伸ばし2021年7月には、9200の契約者数になっていた。コロナ禍でも紙の部数も7万5650部（2021年4月ABC部数）とよく踏みとどまっている。

19

地方メディア支援で「新しい公共」実現を
NHKへの提言

現在「放送」で見ている「テレビ番組」は、本来はすべて「インターネット」で見ることができることに多くの人は気がついていない。

スイスでは地上波を停波し、テレビ局はすべてインターネットに移行したし、英国や欧州、韓国等ほとんどの国で、テレビ番組は、インターネットでも同時に見ることができる。

このことがまだできていない例外の国が日本なのである。

NHKが先陣をきって今年の4月から、放送と同時にインターネットにも番組を流す「インターネット同時配信」を始めた。

しかし、このサービス「NHKプラス」を利用することの面倒さよ。

まず公式ホームページで利用申し込みを行う。その際に住所やメールアドレスを入力する。「NHKプラス」は、ネットのサービスなのだから、ネットで申し込みが完結すると思いきやそうではない。その後、自宅に葉書が送られてくる。そこには確認コード（パスワードに相当するものですね）が、シールの下に刻印されている。その確認コードをウェブで打ち込んでようやく正式に見ることができる。

（写真左）読売オンライン、NHK プラス、共通するのは紙でパスワードが自宅に配られること。
（写真右）「NHK プラス」の画面。ネット同時配信の他、見逃し配信もあり、非常に便利。しかし、「ネットは放送の補完」というしばりから SD 画質という低画質にしてある。それでもスタートして１カ月で60万人余の登録があった。

この、葉書がきてウェブのサービスを利用するというのは、どこかでやったことがある。と思ったらば、読売新聞のデジタルサービス「読売新聞オンライン」もそうだった。「読売新聞オンライン」は紙の新聞をとると、販売店から紫の封筒が家のポストにいれられる。そこにあるパスワードをいれると、使えるようになる。

ようは「紙」あっての「デジタル」。ＮＨＫの場合も、まずＮＨＫとの受信契約があるかどうかを確認してから葉書を送ってくるので、「放送」あっての「デジタル」なのである。

その証拠に、テレビ受信機を持っていない人が、「ＮＨＫプラス」だけを契約しようと思ってもできない。

しかし、これはＮＨＫだけが悪いのではない。

ＮＨＫは日本新聞協会や日本民間放送連盟に度々きつい「お灸《きゅう》」を据えられて、「ネットは放送の補完」ということに追いやられてしまったのである。

放送法が２０１９年５月に改定されて、ＮＨＫはネット同時配信ができるようになったが、実は民放はそれ以前にもネット同時配信はできた。しかし、やらなかったのである。

その大きな理由に、ローカル局の経営問題がある。日本全国津々浦々にある民放のローカル局の自主制作率は10パーセントに届いていない。つまり9割はキー局、準キー局の番組を流し、その分配金で経営を成り立たせている。ネットでキー局、準キー局の番組が全国津々浦々見ることができるようになってしまえば、ローカル局はとたんに行き詰まる。

さらにNHKは、現在、「NHKニュース・防災アプリ」や「NHK NEWS WEB」に力をいれているが、これが新聞社の神経を逆撫《な》でしている。

日本新聞協会は、「一般分野のニュースを際限なく配信し、新聞・通信社のサービスを圧迫している」と批判声明を出している。さらに、NHKが子会社との随意契約で番組をつくっていることも問題視し、これを競争契約に変えて、番組制作費を700億円削減することまで提案している。

NHKはサンドバッグのように打たれているのである。

民放や新聞社にしてみれば、NHKの受信料制度は、法律に守られた「究極のサブスクモデル」だ。新聞社の経営が厳しくなっている今、神経質になるのは分かる。

しかし、私は、NHKが受信料制度という「公《おおやけ》」の制度によって成り立つからこそ、優れた番組や報道をしてきたと考えている。

NHKの人と話をすると、新聞社や民放と「競争をする」「生き残りをかける」といった表現をすることも多い。そうした時、私はこう言うようにしている。

「自分たちが生き残る、という言葉を発したとたんNHKは生き残れなくなる」

ＮＨＫは「新しい公共」をめざすべきだ。たとえば、７０００億円を超える受信料収入が毎年あるのだから、毎年１００億円を、地方のメディアに付与してはどうだろう。

英国のＢＢＣは、２０１７年から「ローカル・ニュース・パートナーシップ（ＬＮＰ）制度」を始めている。これは、地方メディア（新聞やラジオ、ネットメディア）で、地方政治など、民主主義の根幹に関わる取材を行う記者の給料をＢＢＣが肩代わりするというプログラムで、最大で年約11億円の予算を見込んでいる。

ＮＨＫは最近「公共放送」というかつての呼称を「公共メディア」と変えてきている。その「公共」を広く、民主主義を成り立たせるための報道をしている社を含む形に変えていくというのが私の提案だ。ここ二回連続してとりあげた「秋田魁《さきがけ》新報」や「十勝《とかち》毎日新聞」のような意欲的な報道をしている新聞社とともに「公」をになうという考えだ。

ＮＨＫ以上に「放送」という枠組みにこだわっている民放や「紙」にこだわる新聞社の心を溶かし、「放送」を基盤とする日本の「放送法」を「インターネット」も基盤にするものに変えていけるような気がする。

そうすることによってのみ「公共放送」ではなく、「公共メディア」への道を踏みだせるのだと思う。

２０２０　７・７

Afterwards

ＢＢＣの「ローカル・ニュース・パートナーシップ（ＬＮＰ）制度」は3年が終わった２０２０年の時点で、評価レポートをだしている。それによれば、イギリス各地の60弱の報道機関に、１４０人ほどのこの制度を利用した「ローカル・デモクラティック・レポーター」がいて、年間で5万本以上の原稿を執筆したという。カナダやニュージーランドでも公共放送の予算から、地域メディアに支援する同様の制度が始まったという。

20

ラジオはスマホで聴く　radikoを成功させた孤高の天才エンジニア

今教えている慶應のSFCで、紙の新聞をとっている人と手をあげさせると、30人のクラスで1人か2人しかいない（今年の場合は例外の年だったのか半数近くが手をあげたが）。テレビもあまり見ている様子はない。しかし、ラジオを聴いている人と聞くと半数以上が手をあげる。上智の新聞学科でも同じである。

先週、テレビ業界が、放送からインターネットへの移行がまったく進んでいないことを「NHKプラス」というネット同時配信のサービスのありかたから書いた。

ところがラジオでは、すでに放送からインターネットへの移行が進んでいる。学生も、ラジオの専用受信機でラジオを聴いているのではない。そもそもラジオの専用受信機を見たことのある学生がいない。スマホで聴いているのである。

ｒａｄｉｋｏ（ラジコ）というアプリをダウンロードしてポッドキャストやユーチューブと同じ感覚でラジオを聴いている。このｒａｄｉｋｏというアプリ、地上波のラジオを同時に流しているだけではなく、１週間以内に放送された番組であれば、いつでも聴くことができる。

さらに、月３５０円（税別）を払えば、北は北海道から南は沖縄まで１００局に及ぶラジオ局を「エリアフリー」で聴くことができる。

学生の多くは、350円を支払って、これまでだったらば東京では絶対聴くことのできなかった地方のラジオ局のお気に入りのパーソナリティーの番組を聴いたりしている。

大阪と東京の数局が集まったサービス開始は、2010年。

電通の「日本の広告費」によれば、スマートフォンが爆発的に普及する2012年以降、新聞、雑誌は、広告売上を大きく減らした。新聞は27%減。雑誌は34%減。テレビも減らす中、旧マス4媒体の中で売上を維持しているのはラジオだけだ（1%増）。

これは、コンテンツを作る側が、ヤフーやグーグルなどのプラットフォームに預けず、独自にプラットフォームをつくり成功した、今のところ唯一の例と言っていいだろう。

たとえば、読売、朝日、日経の3強がヤフーに対抗し、2008年1月につくった独自のニ

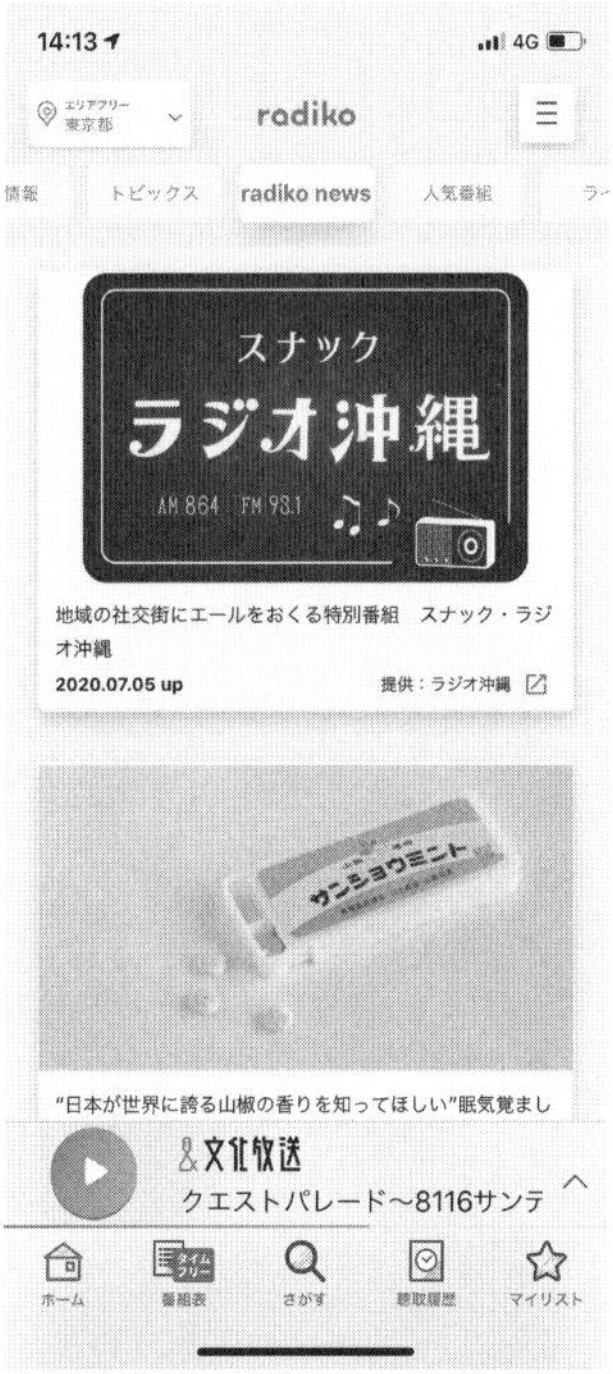

radiko のアプリ。月350円のプレミアム会員になれば、全国のラジオ局の番組が「エリアフリー」で聴ける。有料会員の数は60万人以上。

ユースプラットフォーム「あらたにす」は、ＰＶが伸びずわずか４年余でサービスを停止している。共同通信が、地方紙をまとめた「47ＮＥＷＳ」もうまくいっていない。

なぜ、ラジオでは、「放送」から「インターネット」への移行がうまくいき、コンテンツを供給している側がつくったプラットフォームが成功したのだろうか？

香取啓志。「radiko はサービス開始が2010年。移動体通信の方式が3G から4G になりスマホの普及が一気に進んだことが追い風になった」

朝日新聞から「あらたにす」の立ち上げに参加した田仲拓二《たなかたくじ》が、大阪の朝日放送でラジオ担当の取締役になったのが、２００９年３月のこと。

技術局に一人の天才エンジニアがいた。

香取啓志《かんどりけいし》。

１９７２年に朝日放送に入社したこの男は一匹狼だった。当時の肩書は「技師長」。といえば聞こえはいいが、ラインの職ではない。いわば「編集委員」と同じで、スタッフ。部下はいない。

香取は、１９８５年から86年に、マサチューセッツ工科大学のメディアラボに客員研究員として滞在した。慶應ＳＦＣの村井純などとも80年代から親交があり、ネットが社会の基盤になっていくことを予感していた。

その香取が朝日放送で2000年代から懸命にとりくんでいたのが、地上波のインターネット化だった。が、朝日放送の他の社員はほとんどネットには見向きもしなかった。「放送」こそが王者であり、ネットは控えおろう、ということだ。香取は社内で理解をえられず、孤独、いや孤高だった。

が、朝日新聞から着任した田仲は「あらたにす」で、ヤフーにしてやられた過去があるために、ネットへの移行の重要性を肌身でわかっていた。

当時、朝日放送のラジオ局の電波は、大阪府高石市にある電波塔から放射されていた。その電波塔に行って田仲は腰をぬかしそうになる。なにしろ面積が野球場ほどもある広い敷地に高い高い電波塔がたっているのだ。放送とはなんという巨大装置産業なのだ。

次に家電量販店に行ってラジオの売り場を探した。しかし、そもそもみつけられない。ラジオの専用の受信機の売り場は畳一畳もない。あのような巨大装置を使ってもそれを受信する機械がそもそも売られていないじゃないか。

田仲が香取を「発見」し、香取は電通とも連絡をとりながら、ｒａｄｉｋｏの基盤をつくりあげていく。

「〝あらたにす〟が朝日、日経、読売という三社にかぎったことが失敗だったという意識があった。だから、できるだけ多くの社に声をかけることを心がけた」（田仲）

田仲は、2013年6月に朝日放送を退社するが、参加する局は増え続けた。ＮＨＫも2018年からｒａｄｉｋｏに参加、ＮＨＫラジオ第一、第二、ＦＭなども聴くことができるようになり、プラットフォームとしての地位は盤石なものとなった。

ヤフーという巨大なプラットフォーマーがこの分野に出なかったのは、「売上がテレビのように大きくなかったので、正直ノーマークだった。失敗した」とは、ヤフー内部の声だ。

香取は、ｒａｄｉｋｏのプラットフォームを利用した次のビジネスを考える（株）メディアプラットフォームラボの所長として、現在もｒａｄｉｋｏにかかわっている。

2020　7・14

21

大統領選挙まぢか
米大手出版社はバイデン本を用意しない

「そういえば」という感じで、サイモン・アンド・シュスター社の版権担当ポール・オハロランが透明のファイルから出してきたのが、1枚のeメールのプリントアウトだった。

2016年4月1日、ニューヨークマンハッタンのワールドトレードセンター近くにある寿司屋でのランチ。

私がまだ、文藝春秋の編集者だったころの話。

翻訳のノンフィクションは、企画の段階で、権利を買うことも多い。ロンドンやニューヨーク、フランクフルトなどに出張をし、各出版社の版権担当、エージェントと会って、情報を仕入れる。

ポールが見せたのは社内eメールで、サイモン・アンド・シュスターが権利を取得したばかりのタイトルのことが書いてあった。ワシントン・ポストの取材班が、トランプについての本を書くという。

が、このとき、トランプはまだ大統領ではない。共和党の予備選を戦う候補のひとりにしかすぎない。予想に反して、予備選の代議員獲得数でトップを走っていたが、7月に行われる共

ポール・オハロラン。「編集者にならなかったので、読まなくてもいい原稿を読むこともない。様々なタイトルをめぐって世界の優秀な編集者と話ができる。いい仕事だよ」

和党大会では、2位、3位の候補者が連合して、共和党の候補になれない可能性も十分にあった。

仮に共和党の候補になったとしても、11月の本選では、ヒラリーが勝つと誰もが考えていた。

日本の他の出版社は、ヒラリーが勝つことを前提にヒラリー本を準備していた。

トランプの本を買ったとしても、11月の大統領選挙を境に、それどころか7月の共和党大会を境に、クズになってしまう。

しかし、そのときポールの説明を聞いているうちに、ざわざわした予感としかいえないものがわきあがってきた。

ポールも本の中身については知らない。なぜなら、原稿はまだできていないからだ。

が、ポールは、自分の息子が通う大学と中西部の「空気」について話をしたのだった。ワシントンに対する怒りをエリートメディアは無視している。この怒りが、大学ではバーニー・サンダース、中西部のラストベルトと呼ばれる地帯ではトランプに対する抑えようもないうねりとして結実しようとしている。

「共和党大会で、2位、3位連合ができる可能性はある。が、そうなったらば、トランプは独立系候補として大統領選に出るというのが、ポスト紙の見方だ」

後に「ポピュリズム」とメディアを賑《にぎ》わすこの動きは、フィリピンやヨーロッパの各国にも広がっている、「その象徴がトランプだ」といった説明をした。

その前日の夜、左派を代表する独立系の出版社セブン・ストーリーズ・プレスのダン・サイモンと飲んだ時に、サイモンがヒラリーを口をきわめて罵《ののし》り、仮にトランプが共和党の大統領候補になり、ヒラリーがサンダースをやぶって民主党の候補になったらば、「自分はトランプに投票する」と言ってたことを思い出した。

『トランプ』は訳者５人で突貫工事でつくった。『米中もし戦わば』の訳者は赤根洋子。ピーター・ナヴァロはトランプ当選後、大統領補佐官になり、米中対立の政策の基礎をつくる。

プリントアウトされた紙をよく見ると、取材班の中にボブ・ウッドワードの名前があった。

勘としか言いようもない衝動に突き動かされて、私は、その日のうちにこの本の権利を買ってしまったのだ。それどころか、他の権利者からトランプの選挙チームの政治アドバイザーをしているピーター・ナヴァロの本の権利もおさえた。

その当時この話をすれば、「下山さんはちょっとおかしくなっちゃったんだね」と誰もが言っただろう。

が、歴史は、このふたつのタイトルに大きな風を吹かせた。大統領選挙にあわせて出版した『トランプ』と『米中もし戦わば』は、よく売れた。

ヒラリーが当選すると思ってヒラリー本を出版

しようとしていた社は出版を中止、あるいは出しても大惨敗した。

さて、では２０２０年の大統領選は？

サイモン・アンド・シュスターは、ボルトン前大統領補佐官やトランプの姪メアリー・トランプの手記を出版差止めの訴訟をくぐり抜けて出し、ベストセラーリストを賑わしている。が、２０２１年のリストにバイデンの本はない。ポールに理由を聞いた。

「サイモン・アンド・シュスターだけでなく、他の版元もバイデンの本に対しては慎重だ。リストにまったく出てこない。バイデンは、安全な候補だが、30代で上院議員に当選、ワシントンに50年近くいるエスタブリシュメントだ。ＣＯＶＩＤ－19とブラック・ライブズ・マターで、国民の怒りは燃え盛っている。そうした時にバイデンなのか、という迷いが版元の側にはある」

ＣＯＶＩＤ－19は、版権担当の仕事と生活もすっかり変えたという。３月13日に突然オフィスがクローズされてから、マンハッタンのオフィスには行っていない。

「あのとき、トランプの本に行きついたのは、ランチの中の雑談があったからなんだ。編集者と議論をしているうちにふと可能性が開ける。それがメールだけでは難しい」

ＣＯＶＩＤ－19関連の本の予定についても聞いたが、それはまた別の話、別の機会にすることにしよう。

２０２０　７・21

22

「ナタの大久保」日本テレビV字回復の秘密

「紙」から「インターネット」への流れは止めようもない。では「放送」から「インターネット」への動きはどうだろうか？

ＮＨＫの回（第19回）やｒａｄｉｋｏの回（第20回）でテレビが依然圧倒的に地上波に支配されていることについて触れた。現在、電波塔からの電波を個別受信機のテレビ受像機で受け取って放送されているテレビ番組は、インターネットでも放映できる。スイスのように地上波を停波しテレビ局が完全にインターネットに移行した国もある。

日本の場合、それが難しい理由のひとつにローカル局の経営問題がある。ローカル局の自主制作率は平均で10％以下。あとはキー局や準キー局の番組を流している。これが、ネットで日本全国どこでもキー局の番組を見ることができるようになってしまえば、とたんに経営に行き詰まる。そして、ローカル局は、日本テレビ系列であれば、読売新聞社と日本テレビおよび日本テレビ小鳩文化事業団などがしっかり株をおさえている。

では、民放の雄、日本テレビ自体は、どうだろうか？　インターネットへの対応をしているだろうか？

日本テレビは、2005年3月決算では、3576億円あった売上が、地上波の広告の減収によって、年々下がり、2010年3月には2969億円と、わずか5年間で607億円もの売上が蒸発していた。

このどん底の日本テレビに2010年6月に読売新聞から送り込まれたのが、大久保好男《よしお》である。

読売新聞グループ本社社長の山口寿一を「カミソリのような人物」とすれば、大久保は「ナタのような人物」と評した読売新聞社員がいた。

大久保は、2003年に政治部長、2005年に編集局次長を務めた後、2008年6月に読売新聞でデジタルと放送を統括するメディア戦略局の局長になる。

このメディア戦略局で大久保は、「10年、1割、300億円」の大号令をかけてデジタルに携わる社員にはっぱをかけていた。2007年度の読売新聞東京本社の売上が、3165億円。その1割300億円の売上をメディア戦略局であげよう、という狼煙《のろし》だった。

「紙」が主体の読売新聞社において、そのような号令をかける局長は初めてだったし、何よりも、それまでの局長が、放送局に出て行く前の待機ポストにいるだけの顔のない官僚だったのに対して、大久保ははっきりとデジタル戦略を見据えていた。

当時新聞社との交渉をしていたヤフーのメディア部門の責任者だった川邊《かわべ》健太郎（現代表取締役社長）が、覚えている読売新聞のメディア戦略局長は大久保しかいない。

この時期は、ｒａｄｉｋｏの回でもふれた読売、朝日、日経のニュースサイト「あらたにす」をめぐって、読売がヤフーへの配信をやめるかどうかの瀬戸際の時期でもあった。その交

日本テレビ売上推移

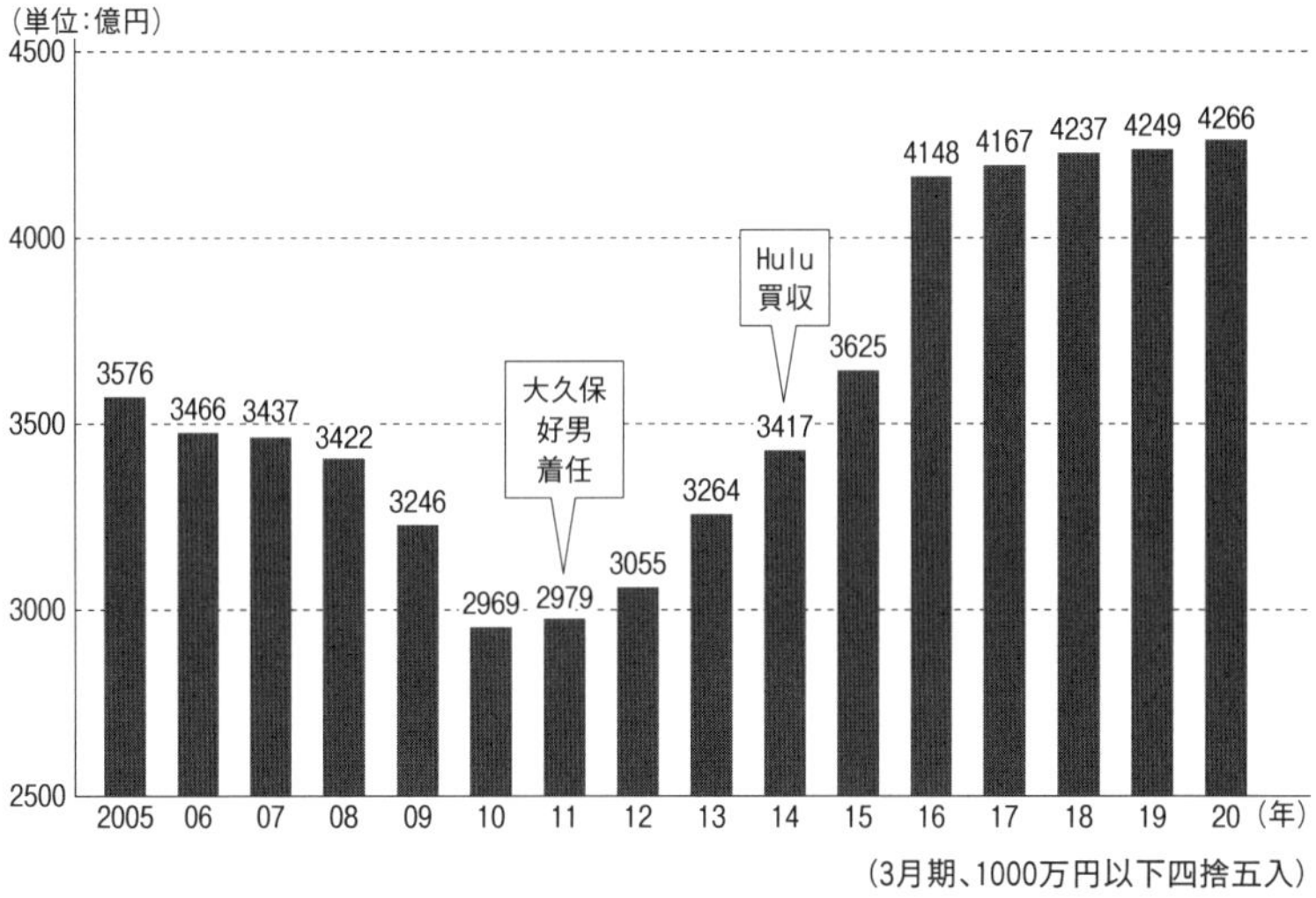

渉を、「二股かけてるってことはこんな有利なことはないんだ。うちはやめたっていいんだ」とメディア戦略局で差配したのも大久保である。

その大久保は、日本テレビに着任して１年後の２０１１年６月に代表取締役社長に就任する。そして翌年に発表した中期経営計画で、「５００億円を原資とした新規事業投資」を決め、２０１４年にＨｕｌｕを中核的事業として買収、民放初のインターネットでの有料型動画配信サービスに参入したのだった。

しかもＨｕｌｕをホールディングスの子会社にするのではなく、日本テレビの子会社とすることで、グリップをきかせた。これによって後に、スピンオフや違う結末などのコンテンツを用意することで、地上波で宣伝しＨｕｌｕに導入するという流れをつくることができた。２０１９年３月には会員数202万8000人となり、月額1026円のHuluの収入が母体の「コンテンツ販売収入」は、2020年3月期で680億円を超えるようになる。

日本テレビの2020年3月の売上が4266億円だから、大久保が社長になってから日本テレビは、1200億円以上もの売上を増やすV字回復だ。

そして大久保は読売新聞ではできなかったデジタルでの売上1割を、日本テレビではHuluをてこにして達成したことになる。「コンテンツ販売収入」の売上は、社の15％を超えている。

大久保はローカル局の問題を抱えるネット同時配信ではなく、有料サブスクモデルに集中投資をすることで、「放送」という新聞の「紙」に相当する分野の衰退を「ネット」でカバーしたということになる。その手腕は、日経が、有料電子版の成功で、「紙」の衰退をカバーして売上を維持しているのと似ている。

大久保は隠れた才能を発掘するのもうまい。読売新聞の編集局次長時代、都内版の連載記事を書いていた清水純一を発見し「清水にはコラムを書かせよう」と言ったのも大久保だ。清水は後に読売新聞の1面コラム「編集手帳」を書く有数のコラムニストになる。日本テレビでもそうした才能の発掘をしたと聞く。

大久保は、現在日本民間放送連盟の会長も務め日テレの代表取締役会長でもある。今回私の取材の申しこみに対して、直《じか》に丁寧な手紙を書いて断ってきた。

今は過去を振り返っている状況でも、そういう立場でもないのだ、と言う。

「いましばらく取材はご勘弁いただきたい」

その日が来ることを楽しみにして、今回は筆を擱《お》くことにしよう。

2020・7・28

23

SNSから現場を特定 第三の通信社目指す「JX」の野望

「通信社のコアコンピタンスは速報性にあるから」

共同通信デジタルの伊地知晋一《いじちしんいち》にそう言われた時、米重克洋《よねしげかつひろ》は、ぱっと霧が晴れたような気がした。2014年のことである。

米重は、中学生のころから起業をしたいと考えていた。聖光学院という横浜の中高一貫の進学校にいながら、勉強よりも、自分の好きな航空業界のニュースを書いて発信するニュースサイトの運営に夢中になっていた。が、ホームページビルダーとブログの投稿機能でつくったこのニュースサイトで、入ってくる収入はアフィリエイト経由のわずか月1000円から1200円。

これでは、自分の好きな『月刊エアライン』も買えない。

東大に進学していく級友を尻目に、学習院大学の経済学部に進学。進学するとアルバイトをして50万円ほどをため、友人と一緒に1年生のうちに、JX通信社を設立した。2008年1月のことだ。

といっても、登記は、自宅の江東区のマンションにした。ジェフ・ベゾスも最初は自宅のガレージでアマゾンを起業した。自宅で何が悪い？

大学4年のころに、後に会社のチーフテクノロジーオフィサーになる柳《やなぎ》佳音《かいん》や他のエンジニアと知り合い、エンジニアリングを中心とした会社にしていくが、出したニュースアプリは、あまりにプロ向けで、スマートニュースやグノシーにあっと言う間に抜き去られていってしまった。そんなときに、伊地知に声をかけられて、ＳＮＳから事件の現場を特定するシステムの構築を依頼されるのである。

ヤフーの内定を蹴って、まだ社員30人強のＪＸ通信社に「面白そうだから」と入ってきた細野雄紀をエンジニアとして、「ＦＡＳＴＡＬＥＲＴ（ファストアラート）」が完成する。国内外のＳＮＳをさらって事件の発生をいち早く察知する自動システムだ。

そのベータ版を使ってみると、共同通信のカイロ支局よりも早く、「イスラム国」（ＩＳ）による後藤健二さん殺害のビデオを検知していたことがわかった。

共同通信は、すぐさま採用を決め、ＪＸ通信社にも出資することになる。

米重克洋と、「FASTALERT」の画面。SNSからAIが事件発生を探知し、場所までも告げる。

現在「FASTALERT」はNHKと民放の全キー局に入っている。ローカル局もFNNとTXNを除く全ての系列局が契約し、新聞も30万部以上の地方紙の7割が、「FASTALERT」を使っている。

たとえば、2018年6月9日の夜に下りの新幹線「のぞみ」車内で起きた3人の殺傷事件。「FASTALERT」が、車内乗客のSNSから、事件の発生を告げたのは、午後9時50分すぎ。共同通信は、「FASTALERT」を基に、横浜支局が取材、確認して速報した。神奈川県警の広報がこのことをクラブ加盟各社に報せるのは、そのかなりあとのことだ。

つまりこの「FASTALERT」で、これまで警察や消防にたよっていた各社の事件事故報道が、独自取材によってできるようになったのだ。

「FASTALERTができる前は、人が、SNSとにらめっこしながら検索で、事件の発生をおいかけていたんです。実際に伊地知さんに頼まれた時、共同通信でそうしたことをやっている人たちの作業を見せてもらいました。しかし、これは機械でできることです。機械にやらせて、人間は調査報道なりもっと創造的な活動に従事したほうがいい」(米重)

米重は、JX通信社を、共同通信、時事通信に続く日本で第三の通信社にしたいと考えている。が、通信社とは言っても、記者も編集者もいない通信社だ。

「あくまでも、テクノロジーの力、AIや機械学習によっておきかえられる部分をおきかえて、人間でなくてはできないことにメディアがフォーカスするためのお手伝いをする、そういう通信社なんです」

「FASTALERT」の他にも、世論調査・選挙情勢調査にもとりくんでいる。メディア各社は人力にたよった世論調査に莫大《ばくだい》な費用をかけているが、これを、自動音声のロボットが電話をかける方式にかえることで、費用は4分の1から10分の1で済む。

選挙情勢調査では、2017年の都議選で自民党の惨敗、共産党の告示後の伸びなどを正確に予測し、記者にたよった他社の選挙情勢調査を出し抜いて、あっと言わせた。

JX通信社は、現在も社員は42名ほどだ。このうちエンジニアが半分。

神保町にある本社を訪ねると、「FASTALERT」が映し出されるモニターが掲げられているのとは別の場所に、社員用の本棚があった。その本棚に、10冊ほど同じタイトルの本が並べられているのに気がついた。

1997年に出されたその翻訳本は、マイケル・ブルームバーグの手記だ。1981年債券の価格を報ずる通信社をゼロから立ち上げ、1990年にニュース部門に参入、現在全世界180拠点に1万9000人の社員を擁する一大情報帝国を築き上げたブルームバーグの手記を高校生だった米重はむさぼるように読んだのだった。

金融情報に特化したブルームバーグも、テクノロジーを軸にして発展した通信社だ。

米重の野望は、第三の通信社などというものではなく、もっともっと大きいのかもしれない。

2020　8・4

マイケル・ブルームバーグ。もともとはソロモンブラザーズのトレーダーだった。2002年から2013年までニューヨーク市長も務めた。ブルームバーグの手記は、JX 通信社社員の必読書。

24

『新潟日報』最後の角栄番

「同じ大正生まれの俺は角さんの言うことがわかる。日本の地方は貧しいんだ。地元にいかに金をひっぱってくるか、それが政治家の仕事だ」

新潟の県紙、「新潟日報」の記者である小田敏三《としぞう》は、田中派の代議士の一人、梶山静六がそう言うのを聞いて虚を突かれた思いだった。

田中角栄が、ロッキード事件で逮捕され、刑事事件の被告として裁判を戦いながら、必死にその権力の座を守ろうとしていたころの話である。

「最後の角栄番」と後に称されることになる小田は、別に田中に媚《こ》びへつらったわけではない。もともと、新潟日報に藤崎匡史《ただし》あり、と言われた名報道部長に、「東京で角栄裁判をみてこい」と言われてロッキード裁判の傍聴を始めたのがきっかけだった。サツネタをそれまで追ってきた事件記者だった。県警担当時代、捜査二課が追っていた収賄事件が、政治家の圧力で揉《も》み消されていくのをまのあたりにしていたから、むしろ政治家は嫌いだった。

地方紙には、社会部も政治部もない、報道部としてなんでもやらされる。報道部長からは、裁判傍聴記を毎週書くことだけでなく、「角栄の実像を追え」というオファーもきている。

ロッキード裁判
記者席
判決文に目くれず

（写真左）小田敏三。新潟日報社で。1974年に新潟日報に入社し、本社報道部長、編集局長などを務めて2014年３月から社長。
（写真右）小田が書いていたロッキード裁判の傍聴記。公判は水曜日にあり、毎週木曜日の朝刊に掲載された。

だから、目白の角栄邸に毎朝通った。全国紙のようにハイヤーが使えるわけではなく、電車を使って目白駅までいき、歩いて角栄邸に毎朝7時30分にはいくのである。

しかし、ロッキードの裁判を傍聴し、傍聴記を書いている小田は、全国紙の政治部の田中番からは完全に排除された。小田がいると、「わが派からは出ていってもらおう」と懇談にも出してもらえなかった。

全国紙は政治部と社会部ははっきりわかれており、裁判の傍聴をして記事を書くのは社会部の記者の仕事。その社会部の記者がやっていることをやっている小田は、「わが派」の敵というわけである。

小田は、今でいう調査報道の手法で、田中の終戦直後の経歴の中での嘘を見抜き、そのすべてを知っているはずの星野一也を探し歩く。星野は、終戦時、理研ピストンリングの柏崎工場長で、土建業を営んでいた角栄に朝鮮での仕事を与えた恩人だ。角栄が選挙に立候補してからは、後援者として支援した。探し出した自宅は千葉。その千葉の自宅にもおらず、パーキンソン病を患って下田のサナトリウムにいた。

田中角栄は、論告求刑を前にして一番苦しい時期だった。小田が訪ねると、「角栄はつらいな」と言って一通の手紙をしたため、それを角栄に渡してほしいと言った。

小田は、田中角栄に直接その手紙を渡すことができた。

角栄はその場で手紙をじーっと読んでいた。そのあとから、目白邸にいくと昼には、「おい飯くってけ」と声がかかるようになった。

このようにして目白邸に通いながら、裁判の傍聴も続けるという唯一の記者となり、大きな仕事もいくつかした。

が、師事していた藤崎が社内抗争でつぶされ、子分と見られていた小田は、東京から新潟にかえってきた時には、整理部に飛ばされてしまう。うつ病になっていた藤崎は、「すまんなあ、小田君」と謝るばかりだった。小田はもくもくと見出しをつけ続けた。

そして2年半。

もう会社を辞めようと思っていたときに、後に社長(2008年~2014年)になる高橋道映《みちえい》から、小田はある飲み屋に呼び出される。

その席には、小田を飛ばした社内の実力者がいた。高橋からは、「今日は何も言わず、整理部は勉強になりましたと言え」とふくめられていた。案の定、その実力者は、「君は整理部にいるのが面白くないそうじゃないか。俺を恨んでいるのか」と挑発をしてきた。

「いやそんなことないですけど、こういう先輩が早くいなくなればいいと思うことはありますよ」という言葉がつい出てしまった。その実力者の顔色がさっと変わった。

「俺のことかっ」

横山秀夫の小説であれば、ここで、小田のキャリアは終わり、一生を通信部で終えるということになる。が、歴史はそうはならなかった。

次の異動で、市政番に戻る。社会党委員長土井たか子のマドンナブームが吹き荒れるなか、権力の空白が生じた新潟の政界を、保守革新ともに取材できるのは、小田しかいないということになり、八面六臂《ろっぴ》の活躍をすることになるのである。

小田は今、新潟日報の社長である（２０１４年〜）。

政治家は、梶山の言うような貧困を知った世代から、小沢一郎のような日本の成長期に育った世代、そしてさらにその下のふわふわと実態の伴わない言葉遊びをしている世代へと変わっている。新潟選出の代議士に、かつての田中や小沢辰男、桜井新のような個性のある政治家はいない。

小田は、それはしかたのないことだと思っている。

政治家に期待ができなければ、市民の側が政策を提言し、それを新潟日報が手伝おう。そう考えて、各地域ごとに市民の代表が10年後を見据えた地域の政策を考え、首長に提言していく「未来のチカラ」という紙面連動型の事業を始めた。

２０１９年5月から始まったその事業は、上越、魚沼、長岡の三地域を終えた。２０２０年夏まで新潟の20市6町4村の新しい地域の形を市民と一緒につくりあげていく。

2020・8・18

Afterwards

新潟日報は電子有料版の取り組みは遅れているが、新潟日報自体が地域のビジネスのプラットフォームになるという独特の経営で成功をしている。「未来のチカラ」もそのひとつだが、産官学が連携した「地域創生プラットフォーム　SDGsにいがた」やクラウドファンディングの「にいがた、いっぽ」、本社ビルのメディアシップを利用した市民対象の「新潟日報　みらい大学」など多彩だ。ようは、新潟県の情報がほしい人は、新潟日報にかかわらないとやっていけない仕組みづくりともいえ、そうしたユニークな経営方針には、小田の好奇心旺盛な個性が反映している。

25

リテラリー・エージェント　出版界の黒子が輝く時

１９９４年、コーネル大学のＭＢＡの卒業を控えた山内《やまのうち》美穂子はニューヨーク・ロックフェラーセンターの脇にある紀伊國屋書店の雑誌コーナーで、一冊のムックを熱心に読んでいた。『海外就職事典』と書かれたそのムックは山内のような、海外で学ぶ学生のための就職ガイドだった。

アメリカの大統領がビル・クリントンだった時代の話。

山内はそのうち一社の説明に吸いよせられた。

〈本が好きな人、人と話すのが好きな人、求む〉

これは自分のことじゃないか！

山内は、１９８５年津田塾大学を出たあと、富士通に勤めたが、その富士通をやめて退路を断って自費留学でアメリカにきた。当時はやっていた企業派遣の留学のように、帰って席が用意されているわけではなく、自分で職を探さなくてはならない。

山内が「ここ」と思って応募した日本ユニ・エージェンシーというその会社は日本で「リテラリー・エージェント」というものをやっているらしかった。

リテラリー・エージェント。編集者は黒子と呼ばれるが、リテラリー・エージェントはさらに黒子、日本のマスコミで長く働いている人ですら、その存在を知っている人は少ない。

が、少なくとも欧米では、リテラリー・エージェントなしに出版界は動かない。

たとえば、この連載の第12回でとりあげた『サイロ・エフェクト』を書いたジリアン・テット。そのエージェントであるアマンダ・アーバン、通称ビンキー。

ビンキーは、レイモンド・カーヴァーという作家のエージェントでもある。あるとき、カーヴァーの日本語版が飛び抜けて売れていることに気がついた。その訳者が村上春樹だった。そのことがきっかけとなって村上を知り契約、村上春樹は世界の出版社に紹介されることになる。

日本のエージェントは、サブエージェントと言って、英語のできない日本の編集者がニューヨークやロンドンのリテラリー・エージェントと交渉する際、その手伝いをすることから発展してきた。

応募すると最初は「女の子はいらない」とすげなく断られるが、なんとか面接にこぎつける。すると、社長の武富義夫から「近々オフィスを引っ越しするけれどあなた段ボール担《かつ》げますか？」と聞かれた。1週間後、せっせと段ボールを担いで入社が決まった。

しかし、好きだったフィクションの担当ではなく最初の7年はコンピューター書の担当をさせられた。新卒で富士通に勤めていたからだった。

7年たったある日、武富に「コンピューター以外担当させてくれないんですか？」と聞いた。すると、小学館から独立して飛鳥新社を起こした土《ど》井《い》尚道《なおみち》のニューヨーク出張のアテンドを命じられた。土井について、マンハッタン中のリテラリー・エージェントを回るのである。

山内は初めて、「編集者とはこういうものなのか」と実感することになる。

ノンフィクションはプロポーザルという企画書をもとに、買い付けをする。プロポーザルにはチャプターアウトラインという各章の要約があるページがあり、そこで全体像がわかるようになっている。それを口頭で訳して聞かせると土井は、すぐさまにニューヨークのエージェントに対して、なぜ○○の章はないのか？　プロローグはエピローグと逆にしたほうがいいのではないか？　と構成についてつっこむのだった。

なるほど、もうすでに、アウトラインの段階で、土井は編集者として本としての完成形が見えて、どう売るかまで考えているんだ、そこから逆算して質問をしている！

飛鳥新社が日本ユニ・エージェンシーから紹介されてヒット作にした翻訳書は、『ホット・ゾーン』（累計64万部）、『おやすみ、ロジャー』（累計100万部）を始め、数多い。

山内美穂子。「どんなトラブルもいずれはおさまる」が出版社、著者の間をつないできた山内の信条。

ニューヨークのエージェントたちが、必ず山内に聞く質問に「Who to watch?」という言葉がある。日本の出版社の編集者のなかで誰に注目すべきか、という問いかけだ。個人としての考えをしっかり持ち、自分のクライアントである作家の作品を大きく売ってくれる編集者は誰かということだ。土井はまちがいなくその一人だった。

山内は2009年9月に日本ユニ・エー

ジェンシーの社長になる。社長となった現在も、エージェントとして様々な本を日本の版元に紹介している。

第21回でサイモン・アンド・シュスター社のポール・オハロランが、昼食のあと当時文藝春秋の編集者だった私に、ワシントン・ポストのトランプ本を紹介した話を書いた。トランプが大統領に当選し、大当たりとなったわけだが、ポールは「なにげなく」その企画を紹介したわけでなかったことが今回山内に話を聞いてわかった。

ポールは昼食の前に山内に電話をして「この企画をシム（私の通称）に言おうと思うがどうか？」と相談していたのだと言う。日本の出版社に一斉にまわすのではなく、特定の編集者に企画を紹介する、それもエージェントの腕の見せ所だ。

山内は、「ベストの選択だ」と背中をおしてくれたのだという。

エージェントは、けっしてその姿を見られたり、その言葉が聞かれることはない。作家こそが、輝くべき存在だと信じているからだ。

リテラリー・エージェント、その出版界の黒子が光輝く時を私は確かに見たのだった。

2020・8・25

26

沢木耕太郎と中島敦
天才たちのセッションは問いかける

沢木耕太郎さんの「セッションズ」が完結した。沢木さんのこれまでの「対談」を沢木さんが選んでまとめたもの。全四巻。「対談集」とはせず、「セッションズ」としたのは、ジャズの「セッション」のように、臨機応変に聴き手にもなり、話し手にもなっている、インタビューでもない、そんな感じを出したかったのだという。

第一巻の『達人、かく語りき』から楽しく読んだが、なんと言っても温かな気持ちになったのが、同業の書き手との「セッション」をまとめた最終巻の『星をつなぐために』だ。

沢木さんは、どんな書き手にも面白いものは面白い、自分だったらこうしてみるということを率直に言うのだけれど、たとえば柳田邦男さんとの「セッション」などを読んでいるとドキドキしてくる。

対談は、柳田さんが次男洋二郎さんの自死のことについて書いた『犠牲（サクリファイス）』（文藝春秋　1995年刊）が出た直後に行われている。沢木さんはのっけから柳田さんにこんなふうに言うのだ。

〈で、あえて失礼なことを言わせていただくと、柳田さんの作品の中で『犠牲』は完成度の低

沢木耕太郎。1947年生まれ。23歳の時「防人のブルース」（1970年）でデビュー。『テロルの決算』（1978年）で大宅壮一ノンフィクション賞。『セッションズ』全４巻は岩波書店から刊行。

い作品だと思うんです〉

　これまでの作品のような緻密な構造があるわけではない、いわば「ゆるやか」な構造の作品だ、そう切り込んでおいて、なぜ、そうなったのかを柳田さんに聞いていく。こう畳みかけながら、黒沼克史さんというノンフィクション作家の話を出す。生まれてくる自分の子どもが障害をもっているとわかり、結局死産になった。その体験を書こうと一瞬思ったが、黒沼さんは結局書かなかった。

　なぜ柳田さんは『犠牲』を書いたのかと問う。

　それらのやりとりの中で、『犠牲』という作品は柳田邦男が自分のことを書いている作品なのだ、だから画期的な高みまで到達したのだ、ということが、読者に伝わってくるのだ。

　しかも、柳田さんは、そう引き出されるのをリラックスして楽しんでいるように（少なくとも私には）読める。

　あるいは猪瀬直樹さんとの１９８８年『翻訳の世界』誌上での「セッション」。

　まだ二人とも40代前半。

　猪瀬さんは、テレビ局の人や一般の人からはしかめっつらの怖い人という印象だけれど、この「セッション」では猪瀬さん本来の淡々とした気負わないところがよく出ている。

猪瀬さんがこんなふうに沢木さんに語りかける。

〈僕はこの業界では「遅れてきた青年」という意識があるんだけれど、このごろやっと自分の出し方がわかってきた。あなたはわりと早くからそういうのわかってたのね。アマチュア的なスタイルをとりながらそのあたりはプロ的なのね。そこのところがなかなかだと思うんだ。見通しがすごくいいんだよ。その都度迷っていたとしてもね〉

猪瀬さんはこの「セッション」の中で学生運動を卒業したあと、資本論を自分で訳そうと思って実際にやってみたこと。しかし、言葉に囚《とら》われていた20代は袋小路だったこと。30になるころに、フリーのライターとして、編集部からふられた仕事を職人的に否応なくやったことで、地平が開けてきたことを話す。

沢木さんはそれをやらなかった。

沢木「不可抗力的に何かやらざるを得ないということがなかったから、それがもったいなかったね」

猪瀬「その排除していくところ、意思が強いんだろうと思うけど……。それでずっと来たよね」

この第4巻の「セッション」の素晴らしいところは、違う才能を互いがそれぞれ認めている、深い尊敬が感じられることだ。沢木さんにも、柳田さんにも、猪瀬さんにも。

この「セッションズ」を読みながら、私は中島敦の「山月記」をなぜだか思い出していた。詩家を志しながらも、文名があがらず、ある日発狂し、人食い虎になってしまった李徴《りちょう》。そ

中島敦。1909年生まれ。横浜の女学校で教師をしながら、小説家を志す。「山月記」は32歳の時に書いた。「文學界」の編集部に送るが、一年近く原稿が寝かされたうえで掲載。その年のうちに喘息のため死去。

の李徴が、かつての数少ない友であった袁傪《えんさん》に山奥で会うことでいっとき人間の心をとり戻す。そして自分がかつて作った詩を記憶する限り歌わせてくれ、と頼むシーンがある。

〈袁傪は部下に命じ、筆を執って叢中《そうちゅう》の声に随《したが》って書きとらせた。李徴の声は叢《くさむら》の中から朗々と響いた。長短およそ三十篇、格調高雅、意趣卓逸、一読して作者の才の非凡を思わせるものばかりである。しかし、袁傪は感嘆しながらも漠然と次のように感じていた。なるほど、作者の素質が第一流に属するものであることは疑いない。しかし、このままでは、第一流の作品となるのには、どこか（非常に微妙な点において）欠けるところがあるのではないか、と〉

第一級の作品となるには、どこかが、足りない。

才能というのは残酷だ。が、この小説にも書かれているとおり、その差を努力することによって埋め、世に出る者もいる。そしてそうした人々は、自分が世に出たいと思う自然な欲求とともに、他者の才能に対する無条件の尊敬の念があるように思う。

そうできずに李徴のような暗闇に囚われる人もいる。

が、そうではいけないのだ。

そんなことを考えながら、沢木さんと数々のきら星のような才能との「セッションズ」を読んだ。

2020 9・1

27

NYTと静岡新聞
イノベーションリポート　何が違うのか

静岡新聞社が今、日本全国の地元紙から注目をあびている。

同社が8月13日に発表した「イノベーションリポート」のためだ。

「イノベーションリポート」という言葉でピンとくる人は、相当のメディア業界通。ニューヨーク・タイムズの社員有志10名が2014年に社内向けに出した調査リポートのこと。「タイムズがなぜうまくいっていないのか」ということについて、社内外500名余を徹底取材したうえで、その原因を、タイムズがいまだに紙の新聞を発行することを前提とした組織形態になっていることに求めた。

この「イノベーションリポート」は結果的にタイムズのデジタルトランスフォーメーションを推し進めることになった。現在、ニューヨーク・タイムズは439万人の電子有料版の購読者数を持ち、2020年度第2四半期の決算では、デジタルからの収入が紙の収入を上回った。起点となった97ページの社内調査文書は「メディア史上の最重要文書」（ニーマン財団のジョシュア・ベントン）と呼ばれている。

その静岡新聞版を社内有志がやった、というふれこみだった。私もインタビューをうけている。

しかし、できあがった「静岡新聞社イノベーションリポート」を読んでみると、タイムズの「イノベーションリポート」とは似て非なるものであることがわかる。

タイムズのリポートは調査も執筆もタイムズの社員によってのみ行われた。が、静岡新聞は違うのだ。ＷｉＬというシリコンバレーに拠点をおく日本のベンチャーキャピタルの「協力」をうけながら書かれたものだ。文章もカタカナ英語の多いコンサル調だ。

ＷｉＬは鹿島建設、いすゞ自動車、みずほ銀行や江崎グリコといった有名企業が出資するベンチャーキャピタルでその運用高は１０００億円を超えている。

静岡新聞は１９４１年県内6紙を統合してできた新聞社。初代社長の大石光之助以来、大石一族が経営するオーナー会社で、現在の社長大石剛《ごう》は光之助の孫。電通の新聞局で１９９２年から6年仕事をしたあと静岡新聞に入社、編集局長などをへて２０１２年から社長をしている。

大石剛。執務の服装もシリコンバレー風。スーツではない。イノベーションリポートには大石の一文が巻末に寄せられ、そこでは、「役職定年とそれに伴う給与の引き下げ」も改革の一環として実行すると書かれている。

その大石剛が、２０１７年8月にシリコンバレーを視察した際に、静岡銀行の当時の頭取中西勝則に、ＷｉＬ・ＣＥＯの伊佐山元《げん》を紹介され、ほれ込んだところから話が始まっている。

2018年3月には、大石はWiLの第二次のファンド募集に一口（何十億という金だ）出資することを決めている。

このWiLという会社が変わっているところは、出資している企業には、出資している会社の社員がうけられるシリコンバレーでの一週間の「ブートキャンプ」という研修を用意しているところだ。つまり出資元の企業のコンサルに近いこともやっている。

大石社長によれば、「うちから送ったその二期生が飲み会で、ニューヨーク・タイムズのイノベーションリポートを静岡新聞でもやろう、と盛り上がって始まった」のだという。

しかし、静岡新聞版リポートには、のっけから次のような文章が出てきて、私はずっこけてしまった。

〈「紙かデジタルか」という話をするつもりはありません。私たちは「デジタルファースト」になるのではない。「ユーザーファースト」になるのです〉

この「ユーザーファースト」を達成するための方法が「共感インタビュー」なる方法なのだと言って、その説明が延々と書いてあったが正直よくわからなかった。

社長の大石にその疑問を率直に質《ただ》した。

「ようはユーザーにインタビューする際に、こちらから先に結論を決めないで感情面までも掘り下げていくということです。これまで新聞社は自分がつくったものをつくりっぱなしで、意見を聞かなかった。そのインタビューをすることでどこにギャップがあるかを社員が気がついていこう、ということです」

しかし、いくら読者に聞いても、まだ存在していないサービスについて読者はわからない、言いようがない。混乱するだけだし、無意味なのでは？

「新しいサービスをはじめる時は独創によってつくる。それを出してみて、ユーザーの意見を聞き修正していく、そのプロセスが大事だと言っているんです」

静岡新聞版イノベーションリポートには、具体的にどんなサービスをはじめるのか、社をどういう方向に持っていくのかということについては、実は書いていない。

「それは、今策定中の三カ年計画等で具体化されていく」のだそうだ。

静岡新聞は、全国紙より1000円以上も安い2000円台の朝夕刊セット料金で部数を伸ばした。しかも、専売店を持たず、他の全国紙の新聞販売店に紙をあずけて売るというユニークなやりかたで、2006年には75万部の部数を誇った。

専売店を持たないというのは日経と同じ。販売店の反対をうけにくいので、実は電子有料版を始めやすいのだが、静岡新聞はまだ始めていない（インタビューで大石は「いずれ始めるつもり」と答えたが）。

また地元の静岡放送の株を静岡新聞およびその関連会社、社員関係者で過半数をもっている。このような新聞社は県紙では他にない。本当は、その強固な資本関係をいかして、日本テレビが子会社のＨｕｌｕのサブスクモデルに地上波の客を誘導したように（第22回参照）、静岡放送の番組を使って電子有料版に誘導するという政策もとりうると私は考えていたが、そのことには気がついていなかった。

静岡新聞の最新の紙の部数は51万部まで落ち込んでいる。特にこの2年半は、10万部以上の部数を失った。決算は直近二期連続の赤字決算。「イノベーション」は確かにまったなしに見える。リポートは議論の出発点となるか。

２０２０・９・８

Afterwards

実はこの原稿の掲載号が出たあとに、何人かの地方紙の友人から「下山さん、厳しいですね」という感想をもらった。前のサンデー毎日の編集長の隈元浩彦さんにまでそう言われた。

しかし、静岡新聞のイノベーションリポートそれ自体をきちんと読んでいれば、そうした感想はありえない、と当時思っていた。この原稿で書いたとおり、カタカナ語がやたらに多く、何を言っているかわからない、抽象的なリポートだったからだ。

そして、そうしたリポートを前面に押し出して広報をしていることに、危うさを感じた。

この仕事の基本は、原典にあたる、ということだと思う。ニューヨーク・タイムズのイノベーションリポートも、実は、調査をしたのが、２０１３年、発表が２０１４年だったために、バズフィードやハフィントンポストなどの無料広告モデルを競争相手として分析している。日本ではその部分を拡大して紹介しているリポートもあったが、それでは間違える。

なぜなら、その後、ニューヨーク・タイムズは、無料広告モデルには見切りをつけ、有料デジタルに社の資源を集中させることが、生き残る道だとしたからだ。そのことは、２０１７年にタイムズが発表した調査リポート「The Report of the 2020 Group」にはっきりと書いてある。

〈我々は、有料講読第一のビジネスの上になりたっている。クリックの数を稼ぎ、低いマージンの広告料金をとるのではない。ページビューレースにも参加はしない。強いジャーナリズムを提供することで数百万人の世界中の人が、お金を払おうとすること、そのことにこそ、ニューヨーク・タイムズの合理的なビジネス戦略はあるのだ〉

静岡新聞は、その後、2021年3月15日に有料電子版「あなたの静岡新聞」を始めた。ただし、リリースが最悪のタイミングとなってしまったことは、この後の第54回（265ページ）を読むとわかる。

28

映画『はりぼて』敏腕キャスターはなぜ辞めたのか

ドキュメンタリー映画『はりぼて』を見た。1990年に開局した富山県のJNN系列のローカル局チューリップテレビが、富山市議会の政務活動費の不正を、情報公開条例をつかって、どんどん明るみにだしていくその4年の軌跡をまとめたものだ。

香川県選出の代議士小川淳也《じゅんや》をおったドキュメンタリー『なぜ君は総理大臣になれないのか』が、その内容が見る前から予想ができたのに対して、こちらのほうはまったく予想できず。なんせ、議員報酬を月10万円あげる案を主導した（年収で1160万円を超える）市議会のボス（自民党）が、「議員報酬引き上げの必要性」をとうとうと説くインタビューをとっておいたあとに、そのボスの政務活動費を情報公開請求して、その不正取得を明らかにしてしまうのである。そうした不正をしている議員たちと一線を画していたかにみえた「良識派」の自民党市議が実は同じことをやっていたことがわかれば、それをカメラをいれてひざづめで追及したりする。で、そのときの元「正義派」のなんとも言えない表情、これぞ映像の力だ。

そうした不正を指摘されながらも辞めない自民党市議らに対して若手の元日本維新の会の市議が、「犯罪だけはしちゃいけない」と断腸の表情で糾弾する映像が流れる。そのあとに、その市議が、議会事務局の複数の女性職員の机を深夜早朝に漁《あさ》っていたことが明るみにでる。「好意をよせる職員の机を漁ったのか」と追及され、汗を流しながら「それだけではない」と答える元維新の市議。結局議員は建造物侵入で略式起訴されるが、辞職勧告決議にもめげずそれでもなお「辞めない」と強弁するシーンを見せたりする。

はい、何を言いたいかというと、小さな「正義」で固まっていないんですね。事実をもとにして、市民の税金をどう使うかその一点において妥協をしない。そして、なによりも発見がある。これは、従軍慰安婦問題を扱ったドキュメンタリー映画『主戦場』を見た時にも思ったんだけど、ドキュメンタリーには発見がなければ駄目（『主戦場』にはあったという意味です）。

それを支えているのは、証拠を固めてから本人に直にあたる不意打ちの取材だ。たとえば、最初の市議会ボスの政務活動費の不正は、公民館をまわって実際に市政報告会が開かれていないとわかったら、その市議のボスの家に朝駆けをして、カメラをまわしながら直にあてるのである。

しかし、よくわからなかったのがラスト3分のシーンだ。

こうした赫々《かくかく》たる調査報道の成果をあげてきた取材陣の筆頭であるキャスターの五百旗頭幸男《いおきべゆきお》の「退社報告」のシーンがいきなり入るのである。会議室で五百旗頭は泣きながら同僚たちにこう訴えるのだ。

「今の会社が向かっている方向というのは、報道が目指す方向とは、皮肉にも4年前を境に逆になってしまっていると思います。報道機関としてまともな方向に戻ってもらいたい。それだけです」

そして次に、度々登場した報道制作局にあるチューリップテレビの巨大ポスターが、取り払われるシーンが映される。そのポスターに登場する群像のトップに写っているのが、五百旗頭幸男。「正々報道。」の文字が白抜きで映えるそのポスターは丸めてしまわれてしまう。

ええ？　現在のチューリップテレビは「正々報道。」の旗をおろし、「まともな報道を目指す」テレビ局ではなくなってしまったの？

映画では、チューリップテレビにどんな「まともでない」ことが起こったのかは、まったく説明がない。パンフレット等を読んでも思わせぶりなことしか書いていない。

が、ますますわからなくなるのはエンドロールの最後に、「制作著作チューリップテレビ」という文字がせりあがってくることだ。

？？？

五百旗頭幸男（左）と取材陣の一人でありもう一人の監督でもある砂沢智史（右）。

この映画の監督でもある五百旗頭幸男本人に、こちらも不意打ちの取材をしてみた。

五百旗頭は、2020年3月にチューリップテレビを退社し、石川県の石川テレビに転職している。

4年前の話を映画にしようと言い出したのは、五百旗頭だそうだ。そこで、五百旗頭は映画の配給元に「テレビの報道とは違うんだから、記者個人がどう思ったか感じたかというドラマがほしい」と言われたという。だからあのシーンは必要だったのだ、と語った。

「番組が潰されたとか、自民党から圧力があったとか、そういうことではありません。もっと複合的なことです。ただそれを明らかにしてしまうと、そもそも映画の公開ができなくなってしまう。そういう意味で、私たちも組織に忖度《そんたく》をする『はりぼて』なんです」

チューリップテレビの社員何人かに、人を介していったい何が起こったのかを聞いてもらったが、「その件については話したくない」という冷ややかな反応だった。チューリップテレビでは、現在までのところ自社の番組で、この映画のことは一度もとりあげていない。

この映画のプロデューサーの服部寿人は、これら市議の不正報道の際の報道制作局長（取締役）だったが、2019年6月に社長室長兼メディア戦略局長（取締役）に変わっている。そのことで、五百旗頭は理解者を失ったため辞めたと解説する人もいたが、本人にあてても「それは違う。もっと複合的な理由」ということを繰り返すのみだった。

元上司だったプロデューサーの服部はギリギリここまで語ってくれた。

「経営と現場はどうやったって考えることは異なる。ボタンが掛け違ってニュースにならないということはそりゃありますよね。それが退社までいっちゃうかどうかっていうのも本人の考え方だし」

最後のシーンについては、当然議論もあったが、この表現でいくことにしたのだと、いう。

社長も試写でこのシーンを見たうえで、公開を決断したのだという。

2020　9・15

29

「次」を生むテーマ持て　ベストセラー編集者　企画発想の秘密

日本の編集者に版権を売るアメリカのリテラリー・エージェントが、日本のサブ・エージェントに聞く言葉に「Who to watch?」という言葉があることは、第25回に書いた。日経BP社の中川ヒロミが「Who to watch?」の答えの一人であることは間違いがない。『FACTFULNESS（ファクトフルネス）』を92万部売った日経BP社の稼ぎ頭で単行本の編集長。

その彼女が編集した『LEGEND（レジェンド）』を楽しく読んだ。マイケル・オービッツという1990年代には映画界を牛耳ることになるハリウッドのエージェントが書いた本である。

米国ではエージェントは作家を顧客にするだけではない。映画の俳優の渉外業務を請け負うエージェント業もさかんだ。この本は、マイケル・オービッツが、クリエイティブ・アーティスツ・エージェンシー（CAA）を起業し、エンタテイメント産業の押しも押されぬエージェンシーに育てあげる一代記だ。

エージェントと俳優の関係は編集者と作家の関係に似ている。合気道をたしなむオービッツはこのように書く。

〈合気道は、間違った方向にエネルギーを使っているクライアントをより生産的なほうに誘導するエージェントの仕事と共通する部分がある〉

たとえば、ショーン・コネリー。往年の007俳優は、行き場を失い崖っぷちにたっていた。作品を選び、もっと渋い役にシフトする必要をオービッツは感じていた。そこに「アンタッチャブル」の話が入ってくる。「アンタッチャブル」はブライアン・デ・パルマが監督をつとめ、アル・カポネを逮捕までもっていく主役の連邦捜査官エリオット・ネスに当時若手のケビン・コスナーが決まっていた。

コネリーに提示されたのは、地元の老警官役だ。コスナーのメンターになるが途中で死ぬ。オービッツはこの役をうけるべきだと考えて、コネリーを必死に説得する。

「でも主演じゃない」「それに映画の途中で死ぬ」と様々な理由をつけてコネリーは断る。オービッツは、コネリーが単に年老いたメンター役を演じるのが嫌だということを見抜いていた。

「この役を演じる必要があります。かつらも外して。時がきたのです」

コネリーは渋い脇役にまわり、映画は成功、コネリーも生涯唯一のオスカーを助演男優賞で受賞する。

しかし、オービッツの忠告を聞き入れない俳優もいる。

スティーブン・セガールはオービッツによって見いだされアクション俳優として成功する。が、セガールは満足しない。自分はダスティン・ホフマンやロバート・デ・ニーロと同じくらい優秀なアーティストだと信じている。「次の映画は自分で監督し、アカデミー賞を取りたい。

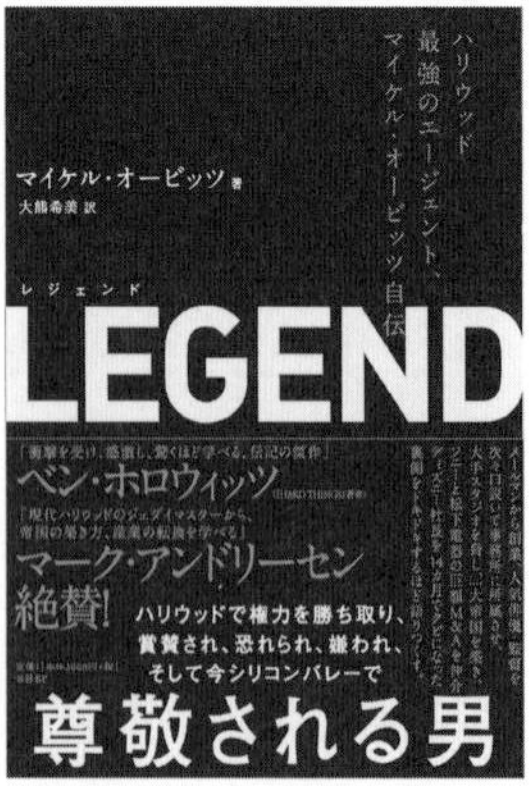

（写真左）中川ヒロミ。ジョブスへの興味は『スティーブ・ジョブズ驚異のプレゼン』（2010年）で結実。最初のヒットになる。

（写真右）『LEGEND』。アメリカの権利元はビジネス書専門のポートフォリオ。ポートフォリオを持つペンギンのCEOが、オービッツと知り合いだったことから、企画が持ち込まれた。

手を貸してほしい」とオービッツに頼む。首をたてにふらなかったオービッツのもとをセガールは去り、映画「沈黙の要塞」を自ら監督する。が、失敗に終わった。

　他にも、役者、監督、プロデューサーがばんばん実名で登場して飽きさせないのだが、私が不思議だったのはなぜ、中川さんがこの本の版権をとったか、だった。作者は無名、裏方であるエージェントが主役の話なので、売り方にはそうとう工夫が必要だ。

　中川ヒロミは、青山学院大理工学部機械工学科出身。１９９６年に入社、最初は「日経コミュニケーション」という雑誌で、記者として通信を担当した。当時はドコモやａｕなどキャリア全盛の時代。それを、２００８年に発売されたアイフォンがひっくり返す様を目の当たりにした。書籍編集に移動した中川は、アップルとジョブズの本を作ろうと決意する。それがシリコンバレーとの出会いだった。

　中川はそのテーマを広げる形で、ＴＥＤトークの本を作り、その中で公衆衛生学者でもあるハンス・ロスリングのトークに強い印象をうけたことから、彼の本を探し『ＦＡＣＴＦＵＬＮ

ESS』に行き着いた。

『LEGEND』も、シリコンバレーのベンチャーキャピタリスト、ベン・ホロウィッツの本『HARD THINGS』から到達した。6000部から始まった同書は、10万部を超えるヒットになるが、この本の中で、ハリウッドからきたメンターとしてオービッツが紹介されていたのだ。

慶應SFCや上智の新聞学科で学生を教えている際に「テーマをいくつか持っていること」の重要性をいつも言っている。ただ、漫然と過ごしているよりも、テーマを持っているとそれに引き寄せられるようにして、人や本や映画や記事がやってくる。それが次の展開になる。

私自身もメディア、遺伝子工学、アルツハイマー病、教育、組織と個人、数学、中国がなぜ台頭したのか等々、様々なテーマを自分で持つようにしてきた。すると、ある日運命的な人や本と出会い、次の作品の地平が開ける。

そして編集者も書き手も、サーフィンのようにテーマを乗り換えていく必要がある。ショーン・コネリーが自身も007の残像の中で行き詰まったように、人間はどうしても過去自分が成功したジャンルにとどまってしまう。しかし、サーフィンの波と同じで、その波はやがて凪《な》ぐ。だから、次の波に飛び移っていかなければならないのだ。

次号では、その波を乗り移ったある書き手の話から始めよう。

2020・9・19

30

ホームレスとなっても編むことが私を救った ある女性作家の転身

『イスラム国』『人質の経済学』を書いたロレッタ・ナポリオーニが、「ベトナムの友人に会う途上なので」と東京に私を訪ねてきたのは、昨年夏のことだった。

ロレッタ・ナポリオーニのことを知ったのは、私がまだ編集者だった頃の話。

２０１４年秋のフランクフルト・ブックフェアだった。

中東で何かが起きる、という予感が強くあった。日本でイスラム国のことが紹介され始めたばかりの頃だったが、この新勢力を中心に大きな事件が起こる。そう考えて、イスラム国関連の企画をフェアでは探した。

フランクフルトでは、四つ「イスラム国」関連の企画の版権が売り出されていた。

欧米の大手メディアの記者が書いた原稿よりも、圧倒的に面白かったのが、ナポリオーニの原稿だった。そもそも大手メディアの記者の原稿は、欧米の自由主義の価値観を疑うことなく受け入れて書かれてあるもので、現象面で細かな取材はしていても、なぜ中東でこのような変化が起きているのか、その根本がわからなかった。

それに対してナポリオーニの原稿は、イスラム国の本質を、イスラエルの建国と比較しながら描いていた。

〈「イスラム国」の主目的はスンニ派の国家建設である。ちょうどユダヤ人がイスラエルの建国をめざしたように、「イスラム国」もかつての土地の権利を現代に主張している〉

欧米のメインストリームのメディアにとって、イスラエルとイスラム国を比較すること自体タブーだが、ナポリオーニのその原稿は、自由自在に、「国家」とは何かを、徹底的な相対主義でえぐりだしていた。

フランクフルトで版権を取得、超特急で翻訳し1月の初旬には、日本の店頭に並べた。その1週間後に、後藤健二さんの「イスラム国」による処刑ビデオが流れ、日本でこの本は7万部を超えるベストセラーとなった。

イタリアの裕福な家庭に生まれ、ロンドン・スクール・オブ・エコノミクスに学んだ才媛。ハンガリーの国営銀行で、ハンガリー通貨の兌換《だかん》化のスキームをつくった後、書き手として頭角を現した。

それだけの作品を書きながら、作品傾向が、欧米のメインストリームのありかたとあまりにかけ離れているために、ペンギンやサイモン・アンド・シュスターなどの五大出版社からの著作はなく、新左翼系のセブン・ストーリーズ・プレスから本を出していた。

「五大出版社は世界をよく理解していない」とは彼女がニューヨークで私に言った言葉だ。

さて、久しぶりに会うナポリオーニは、ずいぶん穏やかな顔をしていた。作品が作品だけに、激しい気性をもった女性で、私ともよくぶつかった。しかしこの時の彼女は、なんというかつきぬけた感じがした。

東京ではメディアの人々が集まる勉強会でセミナーをやってくれたりしたのだが、ベトナムに行く前日、食事をした後のタクシーの中で、次の作品についての話になった。

「編み物についての本を書くの」

最初聞き間違えたか、何かの比喩で言っているのかと思った。硬派のナポリオーニが「編み物について本を書く」ことがうまくイメージできなかった。

「書くことと、編み物をすることがずっと子どものころから得意だったから。辛《つら》い時にはこの二つにいつも救われた」

タクシーの中でそうつぶやくように言った数カ月後、原稿が送られてきた。

「The Power of Knitting；Stitching Together a Fractured World（編む力　ばらばらの世界を編み合わせる）」

読んでみて感動した。

原稿を読んで初めて知ったのだが、ナポリオーニは、内緒で投機に手を出した「夫に裏切られ」破産の危機に陥っていた。離婚をし、それまで米国とイタリアの両方にもっていた家も売って手放していた。

夏に東京によったのは、1年に及ぶ傷心のソウルサーチングの途上だったのだ。世界周遊の航空チケットを買って、ロスをたった時、彼女はホームレス。スーツケースふたつ（一つは夏物、一つは冬物をいれている）だけを持って。スーツケースの中には、毛糸玉が数個と一組のかぎ針があった。

祖母に習った編み物が、彼女を救った。旅ではその地の子どもたちに編み物を教えたりもした。編み物をすることで彼女の心も落ち着き、次への希望が湧いてきたという。

64歳の彼女のその原稿は、彼女自身の再生の物語を書きながら、編み物が彼女だけでなく、反戦運動や女性解放運動など様々な社会運動にもとりいれられ多くの人を救ったこと、トポロジーなどの数学上の難問を解くうえでも利用されてきたことなども綴る「編み物のナチュラルヒストリー」でもあった。

〈編み物は、正気を保つ糸だった。編むことは癒しにもなり、迷いをたつことができた〉

ロレッタ・ナポリオーニは、見事にサーフィンの波を乗り換えた。作家として新たな境地を開拓したのである。自らの危機を乗り越えることで。

その原稿は、米国ではこの10月に出版される。

版元は、それまではどんなに頑張っても望み得なかったあのペンギンである。

2020・9・29

（写真左）ロレッタ・ナポリオーニ。「今はロンドンでアパートを借りて住んでいる」
（写真右）米国版はペンギン・ランダムハウスグループから10月13日に出版される。日本の版元は未定。

31

沢木耕太郎の「私」 猪瀬直樹の「公」 時代を超える作品群

「沢木さんの『深夜特急』を繰り返し読んだから」

アジアの国々へたびたび一人旅をする教え子がいたので、「なんでアジアなの？」と聞くとそう答えた。

ああ、なんという作品の寿命の長さなのか。

自分がまさに20代の時、香港、そしてデリーからロンドンまで乗合バスで移動をしようというこの旅行記、沢木耕太郎の『深夜特急』の第一便と第二便が出て、むさぼるように何度も読んだのだった。

第一便と第二便が新潮社から出たのが、１９８６年の5月だから、34年以上も、若い人たちに読み継がれていることになる。

今回はノンフィクションにおける作品の射程の長さについての話。

沢木さんが１９７０年代、80年代に書いた作品は、『敗れざる者たち』にしろ『人の砂漠』にしろ、今も版が生きた状態で読むことができる。とにかく寿命が長い。

これは、沢木さんのノンフィクションが、対象を書きながら、実は優れた「私小説」であり、だからこそ時代を超える普遍的なものがある、というのが私の仮説。

では「公」を書くことで、時代を超越しようとした書き手は誰だろうか？

こんなことを考えたのは、猪瀬直樹さんが『公《おおやけ》』という新刊を送ってきてくれたからだ。

猪瀬さんのこの本は、ノンフィクション作家としての猪瀬さんの、クロニクルのようなものだ。作品別に作家としての軌跡を書いている。

原点は信州大学の全共闘の議長になったことにある。が、当時から決して左翼ではなかったと書く。リーダーとして組織を差配するそのマネジメントが面白かった。思想ではないから、無理はしない。安田講堂攻防戦でも、どうせ負けるとわかっている。人を出すにあたって、逮捕されても、少年法で不起訴処分となる19歳の学生を送り込む。

大衆団交をした相手の教授たちがいつも判で押したように「それは私の考えじゃない、教授会で決めたことです」を繰り返し埒《らち》があかないことから、いつか日本型組織の意思決定過程をテーマにしようと考える。

そうして生まれたのが『昭和16年夏の敗戦』（1983年）だった。

これは、太平洋戦争が始まる一年以上前に、内閣総理大臣の直轄の機関として生まれた総力戦研究所の机上演習と、実際に戦争に突入していく東條内閣の意思決定プロセスを対比して描いたノンフィクションだ。

20代、30代の若手官僚や民間人の俊英を集めて作られたその研究所では、模擬内閣をつくり、日米間を想定した机上演習を行う。その結果は、「日本必敗」の結論。というより、そもそも戦争をすべきではないというのが、模擬内閣の意見だった。石油がない。かりにインドネシア

（写真左）猪瀬直樹「文学やノンフィクションというジャンルを取り払いたかった」
（写真右）1983年は『天皇の影法師』と『昭和16年夏の敗戦』が出た猪瀬直樹デビューの年。『天皇の影法師』は国民金融公庫から100万円を借りて、それを取材費にして書き上げた。

の油田を押えたとしても、シーレーンを確保できず、敵の潜水艦にタンカーを沈められる。よって8割をアメリカからの石油によってまかなう日本が戦争をすることは不可能。

この研究生らの意見を東條首相も聞くが、日本は戦争の道を選ぶ。実際の政府の意思決定過程を、総力戦研究所の若き俊英のシミュレーションと比較しながらうきぼりにしていく。

圧巻は太平洋戦争時に、石油の見積もりを政府で試算した人々への直接取材だ。成田に隠棲《いんせい》する93歳の老人に、鋭く質問していく。その老人は、大日本帝国が米国との戦争を決めた時、物資の見積もりをした企画院の総裁だった。

そのインタビューの結果から猪瀬はこう書く。

〈「やる」という勢いが先行していたとしても、「やれる」という見通しがあったわけではなかった。そこで、みな数字にすがったが、その数字は、つじつま合わせの数字だった。いわば、全員一致という儀式をとり行うにあたり、その道具が求められていたにすぎない。決断の内容より〝全員一致〟のほうが大切だったとみるほかなく、これがいま欧米で注目されている日本的意思決定システムの内実であることを忘れてはならない〉

猪瀬本人はベストセラーになると思って出した本だったが、当時は話題にならず、賞の候補にすらならなかった。1979年にエズラ・ヴォーゲルの『ジャパン・アズ・ナンバーワン』が出てベストセラーになったばかりのころで、日本人は、日本型システムこそが最強なのだと勘違いをしていた時代だった。

しかし、バブルが崩壊し、日本型システムの限界が見えだすと、人々はこの本を手にとり始める。東日本大震災の際にも、今回のコロナ禍でも、今の政府の意思決定の失敗と重ね合わせる形で、人々はこの本を読んだ。2020年の夏だけで、6万5000部を売ったという。

沢木耕太郎の「私《わたくし》」も、猪瀬直樹の「公《おおやけ》」もどちらも、時代を超越する力を持ったということだ。

猪瀬さんは、新刊『公』のなかで、後半、政治の世界に巻き込まれていった経緯について書いている。道路公団の民営化委員会の委員から都知事まで。それを、対象を書くことから、自ら提案をする「ソリューションジャーナリズム」への移行として位置づけているが、書き手が当事者になることの是非については、私には異論がある。

が、これはまた別の話、別の機会にすることにしよう。

2020・10・6

32

未来の需要を感じ取れ
組織全体に「熱量」届ける伝説の書籍営業マン

山本喜由《きよし》は、1982年に、新卒で教科書出版の営業職になって以来、38年間ずっと現場で走り続けていた。教科書出版から、文藝春秋の中途採用試験をうけて一般書の営業に転じたのが、1990年7月。

その営業の山本さんに私が遭遇したのが、2002年4月に出した『本当の学力をつける本』でのことだった。

当時私は、ノンフィクションのある単行本で大きな失敗をした直後のことだった。新しく赴任した局長のもとで、起死回生の一打として、塾もないやまあいの小学校で、「百ます計算」などの反復学習をくりかえして、大きな成果をあげている小学校教師に注目。その人の本をつくった。

が、4月刊のラインアップで、社が期待する目玉の商品は、他社でベストセラーを出している他の著者のものだった。私が担当したその本は、ひっそりと1万部でスタートした。

が、山本さんは、本が出る前から「(目玉となっている本ではなく) この本のほうが可能性がある」と言ってくれていた。

２００２年４月から学習内容を３割削減する「ゆとり教育」が始まる。自ら学ぶ調査学習にこそ子どもの伸びる道がある、だから「総合学習」だ――と言っていた時代。そんなことはないだろう。イチローだってキャッチボールから始めてあそこまでなった。ドリルによる反復学習でまずは「できる」ようになること。そんな孤高の学習指導を続けているその教師の本に、山本さんは何かを感じてくれていたのだ。

　配本日からすぐに、１万部の重版が決まった。これは10割重版といって、データを積み上げて前例から重版を決めている営業の定石からいうと、やってはいけないこととされていた手だ。事実、山本さんは、データをみている同僚から「そうすると営業の初版部数設定がそもそも間違えていることを編集に報せることになる」と厭味《いやみ》を言われたりした。

が、さらに３万部の重版をかけ、次いで５万部の重版と一気に戦線を広げた。

山本喜由。伊勢の漁師町の出身。文藝春秋、伝説の営業マンだった。

　各書店からのＰＯＳデータが10倍といった感じで跳ね上がった。

　営業というのはこういうふうにするのかと震えた。

　つまり、過去のデータではなく、これはいけるという独特のカンをおいかける形で、潜在的な需要を掘り起こしたことがよくわかった。

　この手法を迷いなくとれるようになったのは、その前年３月に出た『盲導犬クイールの一生』の

『盲導犬クイールの一生』。現在手に入るのは文庫の新装版。

経験があってのことだったのだというのは、今回山本さんに聞いて初めてわかったことだ。

　教科書出版から一般書の営業にうつってきた山本さんは、どう一般書を売っていったらいいのかがわからず、長く苦しんでいたのだという。教科書副読本の場合、学校ごとに採用してもらうよう教員に働きかける。それでOKになればよい。しかし、一般書は、見えない広い読者を相手にしなくてはならない。

『盲導犬クイールの一生』の初版は6000部。担当編集者の藤田淑子《よしこ》が、盲導犬の誕生からその死までを撮り続けた秋元良平の写真に感動してつくった本だ。

　見本日に山本は手にとって読み始めたが、泣けてしかたなかった。ふとみると営業部長も読みながら目をぬぐっている。

「山本、小学校の時に読んだ『フランダースの犬』以来だな」

　これはいけると思ったが、臆病風に吹かれた。データからいえば、重版は2000部が妥当だ。最初は、2000部、3000部の重版を重ねていた。まだ前例を踏襲する営業の軛《くびき》を逃れるだけの勇気がなかった。しかし、刊行から1年たった頃、部長が「山本、勝負だ」と言った。一気に5万部（この時点で22刷）をかけて、新聞の全5段の広告を打つという。出版の取締役、局長と連携してのことだった。担当の女性の営業が、小学生でも読めるようにもっとルビをふってはどうかというアイデアを出して編集の藤田もそれをうけいれた。

これがあたった。『盲導犬クイールの一生』は最終的に82万2700部を売ることになる。その興奮さめやらぬ時に出たのが陰山英男の『本当の学力をつける本』だったのだ。『本当の学力をつける本』は累計で48万5000部を売った。

以来、私は山本さんのこの営業スタイルに何度となく助けられた。山本さんはよく言っていた。

「多くの営業や編集は、過去のデータから仕事をする。ごく一握りの営業や編集が、未来の需要を感じ取って仕事をする」

そうした未来の需要を感じ取った人間が組織全体に熱量を届けることができた時に、部の垣根を越えた大きな仕事ができるのだという。

これは、出版社だけでなく、新聞、テレビ、すべてのメディアに共通することだろう。

山本は、今年8月に長年勤めた文藝春秋を退いた。

埼玉県川越に住む山本は、今は払暁から入間川の支流である小畔《こあぜ》川沿いを歩く。一日3時間。スマートフォンの万歩計で2万歩になる。

こんなふうに歩くようになったのは、会社を離れてからだ。歩いていると、脳裏にあの本のこと、この本のこと。一緒に仕事をした仲間との熱い記憶がよみがえってくる。

泣いた。笑った。楽しかった。

わが営業人生に悔いなし。

2020
10・13

33

ノーベル化学賞受賞　ダウドナ博士と私

過去は共鳴する

「過去は共鳴する」とは、スティーヴン・キングの小説『11／22／63』に度々出てくる一文だ。何かをしようとすると、非常によく似た、でも少しずつ違う何かが起きるというシチュエーションをこのようにキングは表現していた。

今回は、自分がかつて編集した本の著者が、自分が会社を辞めたあとに、ノーベル賞を受賞した、その「共鳴」についての話。

遺伝子編集技術ＣＲＩＳＰＲ《クリスパー》－Ｃａｓ９《キャスナイン》を開発したジェニファー・ダウドナ博士の書いた『ＣＲＩＳＰＲ　究極の遺伝子編集技術の発見』という本にまつわる話である。

実はここ数カ月偶然にもずっとこのＣＲＩＳＰＲのことを考えていた。それは、今私が書き手として取材をしている次の本で、遺伝性の疾患をとりあげており、ＣＲＩＳＰＲ－Ｃａｓ９を使えば、この病気が治せるのではないか、すくなくとも、その遺伝子変異を受け継がせないようにはできるのではないかと考えていたからだ。

ＣＲＩＳＰＲ－Ｃａｓ９という技術を使えば、ヒトゲノムを構成する32億文字の中から、たった1文字の誤りを探しだし、修正するという離れ業ができる。細胞のウイルスへの感染の防御のシステムにヒントをえて、カリフォルニア大学のジェニファー・ダウドナとスウェーデンのウメオ大学のエマニュエル・シャルパンティエがこの編集技術のことを、「サイエンス」誌に発表したのが、2012年6月。

私がダウドナの書くというその本の企画を一枚紙の企画書でみつけて、版権を取得したのが、2016年のフランクフルト。本の出版は2017年10月だった。

そして先週の夜。新宿区・中井の妙正寺川ぞいの居酒屋で、日本酒に舌鼓をうっていたときに、スマホにメールがきた。タイトルには一言

「ダウドナ!!」

この本を出した時、ダウドナのインタビューをしてもらったNHKのプロデューサーからのメールだった。

ジェニファー・ダウドナがついにノーベル化学賞を受賞したのだった。

ダウドナ博士は、努力する人に対しては、きちんと評価する人だった。NHKのインタビューの際も、最初は「とてもではないが時間がとれない」と助手を通じて断ってきた。しかし、「30分ですべてを済ませるので」とダメモトでもう一度頼むとOKしてくれた。

だが、なんといっても感謝しているのは、日本版のタイトルについてだ。

米国版の原題は『A CRACK IN CREATION』。「創造の火花」とでも訳せるだろうか、ようするに、細胞がウイルスを撃退する際の火花と、開発のひらめき等をかけているのだろうが、これではなんだかわからない。

しかし、版権の契約書には、〈タイトルは原題どおりにする〉という厳しいお言葉が。うう

（写真左）ジェニファー・ダウドナ博士。ノーベル化学賞を今年受賞した。本は3年早かったことになる。写真　Keegan Houser
（写真右）『CRISPR 究極の遺伝子編集技術の発見』（ジェニファー・ダウドナ著　櫻井祐子訳　須田桃子解説）

む困った。

　そこで、ダウドナ博士に手紙を書いてみた。

　――何よりも本が、一般の人にもわかるように書かれてあるのがよかった。あなたの専門のＲＮＡの研究をいかに免疫機能に結びつけたか。限られた人員スタッフの中でこの未知の領域にいかにあなたのラボの資源をさく決断をしたか。興味深いところは多々あったが、なんといってもスリリングだったのは、この新しい技術が悪用されるかもしれないと、あなた自身が不安に陥ったことを正直に告白した最後の章だ。だからこそ、科学者は専門の領域にとじこもるのではなく、研究室の外に出て、科学と社会をどうバランスさせていくかを議論しなければならないとした結論は素晴らしい――。

　そう原稿の感想を述べたあとで、乾坤一擲《けんこんいってき》こうお願いしたのである。

〈本はノーベル賞の発表される期間に刊行されるので、タイトルに、「ＣＲＩＳＰＲ」はどうしても必要なのです。ニュースメディアは、「CRISPR」という単語を繰り返し報道することでしょう。そして「発見」という言葉も重要です。なぜならば、CRISPR－Cas9が遺伝子編集技術として利用できると最初に発表したのは、あなただからです〉

今手紙を読み直してみると、まるで「ノーベル賞」をとることを前提のように私は書いており、これはもらったほうも面食らったろうなあ、と冷や汗ものだった。

が、ダウドナ博士からなんとその日のうちにOKの返事が来た。

「ノーベル賞最有力」の文字を帯にでかでかと入れて出した。しかし、その年の受賞はなかった。

営業の女性も頑張ってくれたが、当時文藝春秋はゴタゴタしており、満足に売れなかった。私はその1年半後には社を辞めることになる。

今年になって、自分が書き手としてとりくんでいる仕事に、CRISPR－Cas9が関係していたことも、そのために、この本を再度ひっぱりだして読んでいたことも、何か不思議な予兆のようなものだった気がする。

「CRISPR」の文字は、新聞やテレビに幾度も繰り返された。文藝春秋は、大増刷を翌日には決めた。

そして私はCRISPR－Cas9の遺伝病への応用を、来年1月に出す次の本で書いている。

過去は確かに共鳴したのだ。

Afterwards

最後に書いてある「来年1月に出す次の本」というのが、第44回で書くことになる『アルツハイマー征服』のことだった。本の後半部、遺伝性のアルツハイマー病の今日での対処法のひとつとして「着床前診断」の話が出てくる。この話を書くことになったのは、CRISPR-Cas9を使って、精子か卵子から突然変異の部分を直すことができれば、次世代に病気をうけつがせずにすむのではないか、という疑問をワシントン大学のランディ・ベーツマンにぶつけたその答えからだった。

2020・10・20

34

神は細部にやどる 国家機密漏洩を描く本当の報道映画

映画『オフィシャル・シークレット』を見た。

実話をもとにしたジャーナリズムの映画でもある。

２００３年イラク戦争の開戦前夜に、英国政府通信本部（ＧＣＨＱ）へアメリカの国家安全保障局（ＮＳＡ）から送られてきた1通のメール。それは国連決議を必要としたアメリカのために、各国の代表への盗聴・傍受活動を要請するものだった。

中国語に関する傍受を担当していたキャサリン・ガンは「戦争を止めるため」にそのメールをプリントアウトし、友人の反戦活動家に預ける。問題のプリントアウトは、「オブザーバー」紙の国内担当デスク、マーチン・ブライトに持ち込まれる。

公開館数が多くないせいだろうか、あまり話題になっていない映画だが、よくできている。新聞社を舞台にした映画は時々つくられるが、欧米の映画で感心するのは『ペンタゴン・ペーパーズ』にしても、この『オフィシャル・シークレット』にしても、大事なところで「事実」をないがしろにせず、しかも映画として素晴らしい出来になっているところだ。はっとするようなディテイルに嘘がない。

たとえば、この『オフィシャル・シークレット』でも、開戦の2週間前に放ったオブザーバー紙のスクープが、「ドラッジ・レポート」というワシントンの政治情報ウェブサイトの指摘で揺らぐことが描かれる。

「ドラッジ・レポート」は記事に写真付で掲載された問題のメールを分析し、「favourable」「recognise」「emphasise」の単語があることを指摘、これらはイギリス英語であり、アメリカのNSAの人間が書くのであれば、それぞれ「favorable」「recognize」「emphasize」となるはずであり、したがってメールはそもそも英国人による捏造《ねつぞう》ではと示唆した。

映画では、記事を執筆したマーチン・ブライトが、オリジナルのメールを確かめ、自分の書いた原稿を確かめ、確かにアメリカ英語になっていることが確認される。「いったい誰が変えたんだ」と編集局で叫ぶと、ニコルという名のインターンがおずおずと手をあげて「私がスペルチェックをして変えた」と泣き崩れる。

これは実際にあった話で、モデルになったニコル・モウブレイ（現在はフリーランス）によるとこういうことだった。

マーチン・ブライトからくだんのメールを渡され、タイプしてデータ化するように言われたが、どんな意味を持つメールかといった説明は一切なかったと言う。ただ「正確にミスしないように」とだけ言われた。ニコルは当時24歳。オブザーバー紙の外信部で働きたくてしかたなかった。ようやくいとめたアシスタントの座に座ってまだ2週間目のことだった。間違いがないかどうかダブルチェックして、〝ミススペル〟も直して、送った。

日曜日にくだんの記事が1面のトップに掲載されているのを見て、自分もチームの一員のよ

2003年３月２日 オブザーバー紙は、持ち込まれたメールのプリントアウトを真正とした。NSA（アメリカ国家安全保障局）の「汚いトリック」として、国連加盟国代表への盗聴疑惑を報道。ところが、すぐさまワシントンの情報サイト「ドラッジ・レポート」が、オブザーバー紙のスクープには、くだんのアメリカの政府機関のメールに英国式のスペルがある、と「偽物」説を報道。映画のDVDはTCエンタテインメントより発売中。
Nick Wall © Official Secrets Holdings, LLC

うな気がして誇らしかったという。自分がスペルを直したことも、記事の完成度を高めたと思っていた。が、それが大事になることを知ったのは月曜日に、「君のやったことが、世界的なニュースになっている」という電話が編集局からかかってきた時のことだ。

火曜日にオフィスに行った時、自分の机にたどりつく前から泣いていた（これは本当だ）。そしてマーチン・ブライトから呼び出され、何があったのかを説明した。

というのが実際の話である。

映画ではこの話を若干の省略をしながら入れているわけだが、私はこのエピソードを見ながら、本当にこの監督はジャーナリズムのことをよくわかっているなと思ったものだった。

スクープは、それが価値が高ければ高いほど、機密保持を気にするあまり、思い込みや単純なミスが発見されにくい。このオブザーバー紙のスクープは、後にメールを持ち出したキャサリン・ガンが逮捕されることで「真実」だとわかるが、たとえば朝日新聞の吉田調書報道は、朝日新聞が記事を取り消すことになった。

そうしたギリギリの現場をよく伝えるエピソードで映画は「ジャーナリズムの本質」に迫っている。

この映画に好感を持ったのは、昨年公開された日本映画『新聞記者』があまりにも荒唐無稽《むけい》だったことにがっかりしたせいもある。

たとえばキャリア官僚らがパソコンがずらりと並んでいる暗い部屋で、「謀略情報」をせっせとネットに書き込んでいるなんてことはない。また、そもそも主人公の父親（記者である）が消されることになったスクープが「政府への銀行融資が数十倍になっている」ということを報道したことだという。が、そもそも通貨発行権者である日本政府が民間銀行の融資をうけることは、ありえない。意味がわからない。にもかかわらず、映画は、東京新聞記者の望月衣塑子と元文部科学事務次官の前川喜平らの座談会フィルムやデモの実写フィルムを交えることで、それらがあたかも現実に起きているかのように、観客を錯覚させる。

安倍政権を批判するのであれば、もっと別の方法があった。これでは批判されている側も、痛くも痒《かゆ》くもないと思った。

日本でも日航機事故を追った地方紙を舞台にした横山秀夫の『クライマーズ・ハイ』やNHKによるそのドラマ化など、「ジャーナリズムの本質」に迫ったフィクションはある。

朝日新聞の森友・加計《かけ》報道や、元NHK記者の相澤冬樹による赤木俊夫さんの遺書の発掘といった安倍政権にとって本当の意味で痛かった報道。それらの報道で政権と対峙《たいじ》したジャーナリストたちを主人公にした「ジャーナリズムの本質」に迫る映画をいつか観てみたい。

2020・10・26

35

世界が違って見えてくる
MMT理論イデオローグ衝撃の出版

世の中のパラダイムを変えるような本に出会うことがある。

たとえば、2017年に読んだリンダ・グラットンの『ライフ・シフト　100年時代の人生戦略』はそうした本だった。

人生を教育期、就労期、引退期のみっつにわけて、65歳になれば定年で引退、というのは、実は一世代前の人間の寿命をもとにつくられたもの。1967年の生まれの場合、平均寿命は92〜96歳になる。だから、人生の第4ステージを会社にとらわれずに準備しよう――。という主張に当時の私は衝撃をうけた。文藝春秋を辞めた理由のひとつにこの本と出会ったことがあった。

さて、今週は、久々に出会った、コペルニクス的思考の転換を強いる別の本の話。

『財政赤字の神話　MMTと国民のための経済の誕生』という本だ。著者はバーニー・サンダースの政策顧問も務めるエコノミスト、ステファニー・ケルトンだ。

MMTというと、政府はいくらお金を使っても大丈夫、破産することはない、という一見突拍子もない主張からトンデモ理論と考える人が多いと思う。私もそうだった。

（写真左）ステファニー・ケルトン。2015年の米上院予算委員会で民主党のチーフエコノミストを、2016年、2020年の大統領選予備選でバーニー・サンダースの政策顧問を務めた。写真 Alex Trebus
（写真右）『財政赤字の神話』は土方奈美がわかりやすく訳出している。版権自体は早川浩社長みずからが取得した。

しかし、この本を読むと、天動説を信じていたものが、地動説を理解するような衝撃がある。

多くの人は、政府の財政を、家計のようなものと考えているだろう。借金をしたらば将来の負担になり、返さなければならない。それがいやならば収入にみあうよう支出を絞っていかなくてはならない。

それが間違いだ、とこの本は言っているのだ。

企業や家庭は確かに収支をあわせなければ、いつかは破産する。しかし、お金の価値をつくることのできる通貨主権国の場合は違う、とケルトンは主張するのだ。

税金は予算のために徴収するのではない。たとえば、リーマン・ショックのあとの金融危機、アメリカ政府は金融機関救済のために４４１０億ドルを支出した。これに対して納税者の金が銀行救済に使われていると批判されたが、実際はＦＲＢのベン・バーナンキ議長が言ったように「銀行の口座は連邦準備銀行にある。コンピューターを使ってその残高を増やしただけだ」。

では税はなんのためにあるのか？ それは、資金を調達するためではなく、人々を働かせるためか、特定の政策を達成するためにある、という。税金を課せば、人々は働いてお金を稼ぎ税金を払わなければならない。あるいは、タバコにかかる税金のように、タバコを吸っていることが、本人にも周囲の人にも健康の害になるとわかっている場合は、税収がゼロになることが目的だ。

米国債も、債券（＝借金）という言葉を使うから人々は勘違いする。これは借金ではない。現金と違う「貨幣」を政府が発行しているのだ。つまりドルも米国債も政府が自由に発行できて、お金を市中に供給することができる。

だから、リーマン・ショックがあって、あれだけの資金を拠出しているにもかかわらず米国は破産しないし、国債残高が1000兆円超えという天文学的数字になっている日本も破産せず、国債も金利はむしろ低下し、価格は暴落していない。

このコロナ禍で、米国も日本も莫大《ばくだい》な額の財政出動、つまりお金をばらまいているが、両国とも破産することはない。株価は順調だ。それも米国、日本、オーストラリア、イギリスといった国は通貨主権国だからだ。財政赤字という言葉は家計的なものの見方で、ようは政府が国民のために通貨を発行して、支出しているということを現すにすぎない。

収支をあわせていかなくてはならないのは、地方自治体や、通貨主権を持たない国の場合だ。ユーロという通貨の下にあるヨーロッパの国々は通貨主権を持たない。だからリーマン・ショックのあと、ギリシャを筆頭とする欧州の国々は2010年に債務危機に陥った。ギリシャ国債を発行して、ギリシャはこの危機をのりきろうとしたが、国債は金利が暴騰し、価格が暴落した。これはギリシャがドラクマを発行している通貨主権国家だったらば起こらなかったことだった。

私は、2002年に出した『勝負の分かれ目』という本で、金本位制《きん》だったアメリカが、金《きん》とドルとの兌換をやめたニクソンショックの時のことを取材していただけに、ケルトンの主張がすっと自分に入ってきた。

確かにあのとき世界は変わったのだった。

金本位制で、アメリカ政府は1ドルを35分の1オンスの金と交換すると宣言していた。この時代は、財政収支をあわせる必要があった。米国政府は兌換のための金を準備しているが、この金がなくなってしまえば、国家が破綻するからだ。そのつながりを断ったのが、1971年のニクソンショックで、以降米国政府は好きなだけ貨幣を刷ることができるようになったのである。日本も同じだ。

財政収支をあわせなければならないとする日本の財務省のような考えに、人々が疑いなくしたがっているのは、1971年以前の世界観から抜け出していないからだ、とケルトンは主張するのだ。

この本は通貨というものの不思議さを考えるよい機会にもなる。新聞はオピニオン面でわかりやすくケルトンの主張をとりあげ、それに対する反論を財政均衡主義をとる財務省の官僚に書かせてみてはどうだろうか？

私は読んでみたい。

2020　11・2

36
LGBT報道 地方紙だからこそ挑む

秋田魁新報のくらし班の編集長である三浦美和子は、十数年以上前から、外見上の性と実際の性が一致しないトランスジェンダーの人々のことに興味を持っていた。

まだ、そうした人々が「性同一性障害」という言葉でくくられ「障害」だと考えられていたころからの話。

支援グループともつきあってきたが、秋田は保守的な土地だ。編集局でそうした人々の権利を、と声高に話ができるような空気ではないと考え、ましてや、そうした人たちの記事を、社会面のトップや一面で書くことなど、できないと自主規制していた。

それが自分の中で変わったのは、ここ数年のことだ。秋田県の自治体では、東京の渋谷区にあるような性的少数者へ条例にもとづいてパートナーシップ証明書を出している自治体はない。そもそも、ひっそりと暮らしている人が多い。そうした土壌を嫌って東京に出ていってしまう人もいる、ということを知った時、「書かなくては変わらない」と考えるようになった。

支援グループの代表は、もともと三浦が、2008年にこの問題を最初にとりあげた時の当事者だ。その彼から、こんなビラが配られたとラインがあった。

三浦美和子。秋田出身。津田塾大学国際関係学科卒。秋田魁への入社は1997年。3人の子供の母でもある。

「一夫一婦の婚姻制度と子供の未来を守るために 過激な『同性婚合法化』運動に気を付けよう！」と題されたカラーのビラが民家に戸別に投げ込まれていたという。

ビラを投げ込まれた家のひとりが、性的なマイノリティーの当事者であったために、支援グループに相談してきたのだという。

秋田魁新報には、新聞協会賞や菊池寛賞を受賞した、地上イージスの報道をした松川敦志が社会地域報道部長をしている。松川は秋田魁から朝日新聞に移り、その後実家の関係で秋田魁に出戻ってきた。中央の感覚と地方の感覚の両方を持っている。

松川に相談をすると、「3割が理解者、3割が無関心、3割がヘイトだとすれば、無関心の3割に届くような記事にすれば」という答えだった。

ビラに、「家族のあり方と子供の未来を考える秋田市民の会」の代表としてメールアドレスが記載されている人物への取材は必須ともアドバイスされた。

ひるんだが、やろうと思った。

ビラには、「同性愛者、トランスジェンダーは人口の1％前後」とあったが、そもそも自分たちが書かないから見えない。見えないから、そうである人も、差別を気にして本来の自分として振る舞っていない、のではないか。地方は保守的だからなおさらそうなのではないか。そしてそうした保守的な県の地方紙だからこそ、そうした問題を積極的にとりあげる必要があるのではないか。

配布されたとおぼしき地域をまわり、自宅にビラを投げ込まれた性的マイノリティーの当事者の声を聞いた。会の代表を名乗る人物には対面の取材を申し込んだ。が、「(報道によって)中傷や攻撃を受けるリスクを感じる」と断られた。女性の名前で寄せられたメールでの回答をそのまま掲載した。

〈(1)傷ついた方がおられたと聞き、胸が痛い。ただ、意見の相違で不快に思う方がいることは理解できるが、当事者を攻撃する意図はなく、実際に脅迫・揶揄《やゆ》的な文言は用いていない。(2)建設的な議論や相互理解のため、当事者の方には「運動に対する懐疑的な意見」が、必ずしも「当事者への攻撃」ではないことを理解してほしい〉(秋田魁新報　２０２０年10月13日付紙面より)

報道のあと、なぜか県外から「このビラのどこが人権を傷つけているのか」と抗議の電話が数件あり、それに応える意味で、10月24日の紙面では、「性的少数者巡るビラの問題点は何か、読者の反響を基にあらためて考える」と題する記事を出した。ここでは、秋田県内の様々な人の意見を紹介し、そもそも、子供たちも、性的マイノリティーが障害でも病気でもないということを知らなければ、差別はなくならない、とする専門家の意見も掲載した。

三浦は客観報道のスタンスをとらなかった。このようなビラがまかれることは問題だと認識し、なぜ問題なのかを丁寧に読者に説明しようとした。

「ハンセン病でも、原爆の被害者でも、報道することで差別はなくなっていった。保守的な土

『The Race Beat』 ジーン・ロバーツ、ハンク・クリバノフ著の同書は、2007年のピューリッツアー賞を歴史部門で受賞している。ジーン・ロバーツは、NYTで公民権運動をカバーした。筆者（下山）と交流がある。

壊だから報道しない、のではなく『だからこそ』報道しなくてはならないと思って……」

東京にいると、地方の空気は本当にわからない。私は第14回でニューヨーク・タイムズがコロナによる死者の名前で一面をうめた話を書き、日本のメディアがなぜ同じことをやらないのか、と書いた。が、地方の感染者に対する差別が想像もできないほど厳しいことも今回知った。東京に引っ越しの手伝いに行ったというだけで、会社でハラスメントをうけ退職せざるをえなかった男性の話も、三浦は書いている。

三浦の仕事を聞きながら、私は『The Race Beat』という本のことを思い出していた。ジーン・ロバーツという元ニューヨーク・タイムズの編集長が書いたこの本は、アメリカが人種問題に目覚めることになった1960年代の公民権運動の報道について書いた本だ。この本が優れているのは、リベラルな東部の新聞だけではなく、南部の地方紙の少数の編集者たちが、いかに人種隔離政策に抗して記事を書いたか丁寧に記している点だ。

そうして「進歩」は訪れた。

中央でLGBT問題に取り組むよりもはるかに難易度の高い仕事に挑んでいる三浦のような地方紙の記者たちも、そうした「進歩」をめざして闘っている。

2020・11・10

37

バイデン政権下で右派メディアが急伸する
米大手出版社が予測

7月21日に掲載されたこの連載の第21回（8月2日号）で米国の大手出版社サイモン・アンド・シュスターの版権担当ポール・オハロランは米大手出版社はバイデン本を準備していないとし、その理由をこんなふうに述べていた。

「バイデンは、安全な候補だが、30代で上院議員に当選、ワシントンに50年近くいるエスタブリシュメントだ。ＣＯＶＩＤ－19とブラック・ライブズ・マターで、国民の怒りは燃え盛っている。そうした時にバイデンなのか、という迷いが版元の側にはある」

当時、世論調査でバイデンは、トランプよりも10ポイントも高い評価をうけていた。にもかかわらず、当選後を見越した本をまだ準備していないと言うのだった。

今回の開票結果を追いながら、アメリカの出版社の編集者たちの動物的なカンに、舌をまく思いだった。このような接戦になるとは、世論調査をもとにしたアメリカのどのメディアの事前予測にもなかった。

大統領選の勝者がようやく決まった後の11月9日、ポール・オハロランとＺｏｏｍをつなぎ、今回の結果とアメリカのメディアの今後について語ってもらった。

ポール・オハロラン。「仕事はあいかわらず全てリモートでこなしている。3月にオフィスが閉鎖されてから荷物を一度とりに行ったきりマンハッタンには行っていない」

オハロランの同僚の編集者が、バイデンの勝利を見ながらこんなことを言ったそうだ。

「トランプの時代、政治本の多くは、左の人たちの情熱によって生まれていた。それが、こんどは右翼の側に変わっていくだろう」

オハロランは、同僚の言うことは部分的に正しいが、重要な点を見落としていると感じていた。

サイモン・アンド・シュスターは20のインプリントを持つ巨大な出版社だ。インプリントとは出版物のレーベルのことで、編集部は独立している。元は別の版元だったものを吸収したケースも多い。

サイモン・アンド・シュスターは、スレッショルドエディションズという右派のインプリントを持っており、そのスレッショルドは、ずっと好調だ。スレッショルドは、リベラルから「悪の枢機卿」と嫌われたディック・チェイニーや、黒人に差別的な言動をふりまくラッシュ・リンボーを著者としてベストセラーを出している。

典型的な東部リベラルの同僚は、そうした出版物にふれてこなかっただけで、実は右派メディアは独自のエコシステムの中でずっと繁栄してきた。

しかし、バイデンの時代になれば、それが中道の人々にも影響を及ぼすようになるだろうと、オハロランは考えている。

「ニューヨーク・タイムズやＣＮＮがトランプの時代に急速に伸びたのは、中立性をかなぐり捨てた反トランプの姿勢にあった」

トランプが当選する前の２０１５年の時点のニューヨーク・タイムズの有料電子版の契約者数は、１０９万４０００。それが、最新の２０２０年第３四半期には４７０万に急伸している。

「今度はその逆が起こるというわけだ」（オハロラン）

実際、バイデンの勝利がみえてくると、アプリケーションストアで、ＺｏｏｍやＴｉｋＴｏｋを抜いてダウンロード１位の座を占めるようになったのがＰａｒｌｅｒ（パーラー）というＳＮＳだ。Ｔｗｉｔｔｅｒは、差別的な言辞や、事実に基づかない煽動のツイートを、注釈をつけて拡散をさせないようにしているが、Ｐａｒｌｅｒは「フリースピーチＳＮＳ」をうたい、そうした発言をしても、プラットフォームがアカウントを凍結したりする措置をとらない。Ｐａｒｌｅｒは、デンバー大学でエンジニアリングを専攻した２人によって２０１８年８月に始められた。トランプのサポーターたちに愛用され、一気に広まった。トランプに敗北を認めず法廷闘争を続けるように勧めている弁護士のルドルフ・ジュリアーニなど右派の大物たちが使っている。

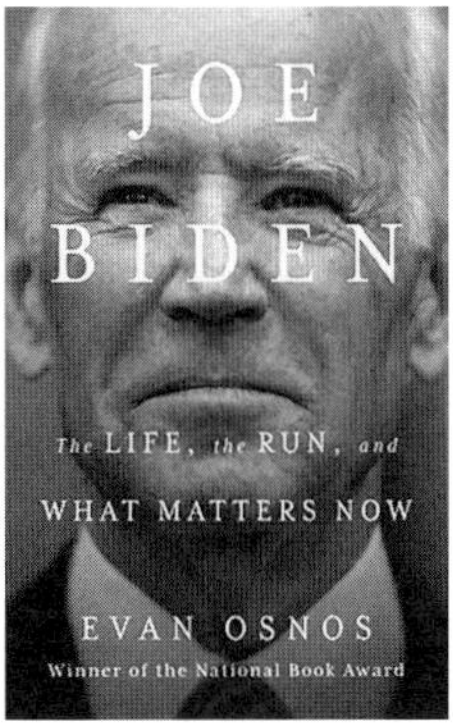

Joe Biden ; The Life, the Run, and What Matters Now By Evan Osnos　著者は2008年からニューヨーカー誌のスタッフライター。

「そうしたなかで、メインストリームのメディアはますます中立的な位置で言論を展開していくのが難しくなるだろう」

ニューヨーク・タイムズでも、社説・オピニオン欄編集長ジェイムズ・ベネットが、社内のリベラル派のターゲットにされ、退社に追い込まれたり、昨年8月に掲載された8本の特集「1619プロジェクト」をめぐって社内に内紛が起きている。ベネットは、ブラック・ライブズ・マターの鎮静化のために軍隊の導入を呼びかけた論説を掲載し、社内の左派から激しい攻撃をうけた。「1619プロジェクト」は、アフリカから最初の奴隷がつれられてきた1619年をアメリカの真の建国の年だとする、歴史の読み替えで、ブラック・ライブズ・マターの理論的支柱となった。が、その事実見解や解釈は、右派のみならずリベラルな歴史学者からも激しい非難を浴び物議をかもしている。

当初は「多様な意見」を載せることが新聞であると主張していた社主のアーサー・サルツバーガーも、ベネットの辞任をうけいれるなど、社内の左派のTwitterなどを使った激しい抗議におされているようにみえる。

さて、バイデン本であるが、サイモン・アンド・シュスターはニューヨーカー誌に掲載されたバイデンの評伝をそのまま本にする形で、10月27日に駆け込みで出版をした。

「バイデンが当選したが、売上はいまひとつ」

ポール・オハロランは、右派メディアのバイデン政権下での伸長とともに、トランプが引き続き共和党内でも強い影響力をもち「キングメーカー」になると予測し、トランプに関する本は今後も出版されていくだろう、とした。

2020・11・17

Afterwards

Ｐａｒｌｅｒはこのあと、２０２１年1月のトランプ支持者による議事堂襲撃の煽動、相談に使われたことが問題視され、アップル、グーグル、アマゾンの各プラットフォームから排除され、一時は完全なオフラインになった。３カ月ほどの空白の後、下院と上院の反トラスト委員会の共和党議員の働きかけで、４月19日、アップルのアプストアで復活することになった。

サイモン・アンド・シュスター社は、このコラムが掲載された直後の２０２０年11月25日、ランダムハウスに買収されることが発表された。アメリカの出版社は、ランダムハウスとペンギンが合併し、さらにサイモン・アンド・シュスター社が吸収されるという寡占化の道をたどっているが、これは、アマゾンという強すぎる販売業者にすこしでも対抗するためと言われている。

ポール・オハロランは、２０２１年5月2日には2度目のワクチン接種を受け、家族も全員5月の第2週までには2度のワクチン接種を終えている。ただし、オフィスに戻るかについては、ペンギン・ランダムハウスのＣＥＯマデリン・マッキントッシュが従業員に宛てたメールを引用してきた。それによれば、２０２１年9月に、一部のオフィスをあけることにしているが、広義にはリモートを基本にしたいとしている。「つまり、家で仕事をしたいという従業員はそのまま家で仕事をしてもらって結構だということだ」

38

半歩先の道標になる読売「人生案内」が切り開いた長い道

前著『2050年のメディア』を書こうと決めてからもう3年ちかく、読売新聞の宅配をうけている。毎朝、いつも感心して読んでいるのが「人生案内」という生活面のコーナーだ。毎日「くらし家庭面」に掲載され、読者から寄せられる様々な悩みについて、出口治明、出久根達郎、樋口恵子、最相葉月、海原純子などの11名の回答者が、絶妙の答をだしていく。その回答には読んでいるほうがはっとすることがある。

わずか400字の相談と回答を自分に引きつけながら読んでいる人は多いと思う。

前著で、政治部、社会部については、それぞれの部が社としての読売に与えた影響について深く考えたが、読売には生活面という〝傍流〟だが、読売を読売たらしめる紙面の系譜が脈々とあることに気がついた。

読売新聞は、1914年4月に日本の新聞で初めて1ページを女性向けの紙面にすることにして、5月から「身の上相談」を始める。当初は記者が紙面で答える他にも、社屋を訪ねてきた読者の相談に回答することもあったという。

戦前は「家」に縛られる女性の悩みが数多く寄せられた。

当時の民法は、娘の場合は25歳になるまで、息子の場合は30歳になるまで、親が子供の結婚を許諾する権利があるとしていた。

人生案内の回答者だった教育者の河崎ナツは、旧民法が規定する「家制度」を女性の不幸の根源だと考え、戦後の民法改正案の審議の場でそのことを強く訴えた。

しかし、なんといっても歴代の回答者の中で、今読んでも心を強くうつのは、１９８４年から２００７年まで23年間にわたって回答者を務めた落合恵子の回答だ。

民法は改正され、１９８６年に男女雇用機会均等法が施行されても、職場で家庭で、意に背いて体を触られ、暴言をはかれ、暴力を振るわれている女性たちがいた。

彼女たちの悲痛な相談に対して、初めて「セクシュアルハラスメント」「ドメスティックバイオレンス」という言葉を与え、それは「違法行為であり、人権への侵害である」（落合）ことをはっきり書いた。

性的少数者に対しても同じだった。

現在の「人生案内」のロゴ。100年目にあたった2015年には『きょうも誰かが悩んでる』の著作が、読売新聞生活部を著者として出版されている。本稿でも参考にした。

「同性愛」についての悩みは、戦後、数多く寄せられた。１９６７年3月16日の紙面では、「治ゆの見込みのないものなのでしょうか」と相談する高校生に、同性愛は病気であるという前提の回答が掲載されている。また１９７５年

落合恵子。「人生案内」の回答を始めたのは、文化放送のアナウンサーをやめたまだ30代後半のころだった。落合の「人生案内」の回答は、岩波新書にまとまっている。

12月8日掲載の紙面では、「同性愛にふける妹」について相談する女性に対して、精神科医の答は「たしかに、いまの妹さんの『性愛』の仕方は異常です」と回答していた。

それを大きく変えたのが、落合恵子だった。

１９９４年12月7日の相談は、16歳の男子高校生から。小学校からの親友と学校の寮で同室。2年半前にその親友から「好きだ」と告白され、自分の気持ちに気がつく。

「同じ部屋なので、週に一、二回はセックスもしています」「彼は家を捨て、僕と暮らすことを望んでいます。僕も本当に彼のことを愛していて、離れたくないのですが、今別れた方が彼のためなのでは、と悩んでいます」

落合は、回答の冒頭にはっきりとこう書いたのだった。

〈異性愛者が異性を愛するように、同性を愛する人がいる事実を、否定したり非難する権利はだれにもありません〉

その前年、ＷＨＯが国際疾病分類（第10版）で、同性愛を治療の対象からはずしたとはいえ、そうした知見の進歩による新しい常識を、落合が言葉にしたことは大きな力となった。世田谷区と渋谷区が、同性カップルに対して、二人のパートナーシップが婚姻と同等であると承認し、自治体独自の証明書を発行するパートナーシップ制度を始めたのが、２０１５年。

時に回答者は、自分をさらけ出すことがある。落合のその回答は今読んでも感動的だ。

「未婚で産んだ子に、将来父親がいないことをどう説明すればいいかわからない」という21歳の女性の相談に、落合はこう応えている。

〈わたしもあなたのお子さんと同じ生まれです。

昔、母は言いました。「お母さんはあなたが欲しくてならなかった。早く出ておいで、一緒に暮らそうよと毎日、声をかけていたの」

「欲しがられ、待たれ、望まれた子なのだ」という言葉は、小さなわたしに安堵《あんど》感と自信を植えつけてくれました〉（１９９９年12月24日付紙面）

現生活部長の田渕英治《ひではる》によれば、「人生案内」は一人の記者が３６５日担当をする。２０００通にも及ぶ相談をよりわけ、適切だと考える回答者に渡し、その回答をうけとる。必ずしも文章がかける人が相談を寄せるわけではないので、ポイントをおさえた読ませる質問にするのも担当の腕だ。２０１０年11月から約2年この欄を自らも担当した田渕は「担当になると他の仕事はとてもできなかった」という。

前回、サイモン・アンド・シュスターのポール・オハロランの証言を紹介しながら、「中道」のメディアが存在することの難しさを書いた。読売新聞は、いわゆる「左派」の人やメディアから「右派」として批判攻撃されることが90年代以降多くなったと思う。

しかし、読売は「右派」だろうか？

その紙面を丁寧に見ていくと、そうではない多様な一面が見えてくる。かつては「婦人面」

と呼ばれた読売新聞の「生活面」は、時に葛藤しつつ、社会の半歩先を歩き「進歩」の道標になろうとしていたことが、過去の「人生案内」をくっていくとわかる。

2020・11・24

39

部数を伸ばし続ける唯一の週刊誌
英『エコノミスト』の秘密

週刊誌は世界的に退潮を続けている。

私がコロンビア大学のジャーナリズム・スクールに留学していた1993年には、アメリカには3つのニュース週刊誌が毎週しのぎをけずっていた。

が、このうち『USニューズ・アンド・ワールド・レポート』は2011年に、紙の雑誌の発行をやめた。ワシントン・ポスト社が発行していた『ニューズウィーク』は、2007年には300万あった部数が、2011年には半分になり、ポスト社はたった1ドルでシドニー・ハーマンという実業家に売却を決める。その後オーナーが転々とし、2018年には、当時所有していたIBTメディアがマンハッタンの検事局から不正経理で捜査をうけたという体たらくだ。王者『タイム』も部数を維持できず、2018年には刷り部数を300万部から一気に200万部に減らすというおおなたをふるっている。

日本の週刊誌もまったく同様で、この『サンデー毎日』ももちろん例外ではない。

そうした世界的な週刊誌の退潮のなかで、唯一部数を伸ばし続けている週刊誌がある。

それが英国で発行されグローバルに読まれている英『エコノミスト』誌だ。

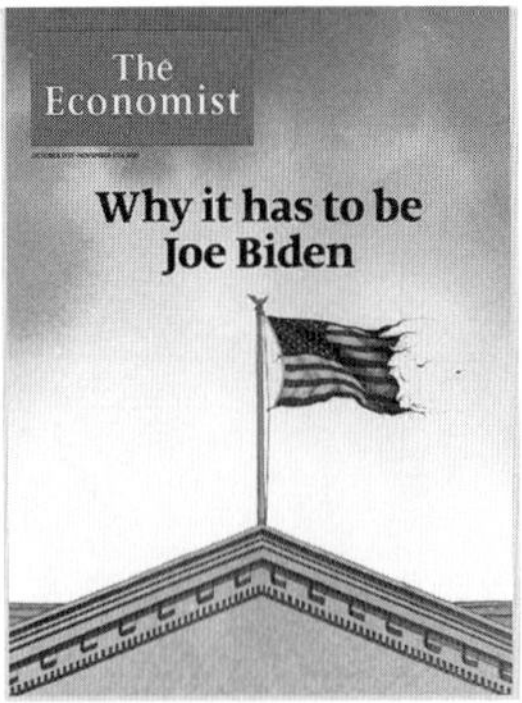

米大統領選挙の直前にでた11月6日号の表紙。「なぜバイデンでなければならないのか」。ボロボロになったアメリカ国旗の端にトランプの顔が浮きでてくるだまし絵を使った表紙。

１９９６年には50万部だった部数は、２００１年には76万部、最新の２０２０年の数字では、１０３万２０００部を数えるまでになっている。

何が違うのだろうか？

私は、かつて勤めていた文藝春秋で、英『エコノミスト』編集部が著者となる3冊の本を編集している（『２０５０年の世界　英「エコノミスト」誌は予測する』『通貨の未来　円・ドル・元』『２０５０年の技術　英「エコノミスト」誌は予測する』）。

また、エコノミストと文藝春秋の提携交渉にも携わった（残念ながら、これは当時の文藝春秋の役員会で過半数の同意が得られず実現しなかった）。

そうした中で、この雑誌が現在も部数を伸ばし続けている理由を、同誌が、ニュースを報道する雑誌（これはネットに代替されてしまう）ではなく、世の中に起こっている事柄を「分析」し、その意味を「解釈」し、そして将来を「予測」する雑誌だからだと考えるにいたった。

一例をあげよう。たとえば、２０１７年8月12日号のカバーストーリーは、「内燃機関の死」(The death of the internal combustion engine) だった。これは、ガソリンの内燃機関によって造られた車が、電気自動車（ＥＶ）へ大きく変わろうとしていること。それによって、自動車産業だけでなくその周辺の産業、石油産業、さらには中東情勢にまで、変化がおころうとしていることを予測するカバーストーリーだった。

日々のニュースからではわからない、目に見えない大きな変化（メガチェンジ）をさぐりだし、それを読者に提示する。これは同誌の得意とするところで、1962年には「驚くべき日本（Considering Japan）」の大特集で、日本がその後、世界の先進国として台頭することを予測した。高度成長は始まっていたとはいえ、まだ敗戦国に毛の生えたような存在だった日本に、世界は一気に注目する。

エコノミスト誌が扱っている話題は、経済だけではない、テクノロジー、科学、国際情勢、文化、LGBT、ジャーナリズム、政治とあらゆる分野にわたる。

ようはこの雑誌を読んでいると、日々、ネットで流れているタダ（無料）のニュースの意味するところがよくわかってくるのだ。

エコノミスト誌はヤフーやグーグルなどのプラットフォームにタダで記事を出すということは一切していない。記事のばら売りも英語圏に関するかぎりしていない。紙かデジタル、もしくは、両方ついているバンドルの3つの有料定期購読がすべてである。

エコノミスト誌の収益の構造を見ると、全体の73パーセントが有料デジタル版による収入であり、読者は、5大陸に

ダニエル・フランクリン。エコノミスト誌エグゼクティブ・エディター。エコノミストは毎年年初にその年の様々な分野の予測をのせる『The World In』という年刊誌を出しているが、その編集長を2003年から2019年まで務めた。

ちらばっている。

そしてこのエコノミスト誌は編集者が主導するジャーナリズムなのだ。同誌は記者の署名がない。署名がないのは、ロンドンの編集者が記事の方向性について書き手とぞんぶんに議論して、記事が書かれているためだ。

11月20日に、Ｚｏｏｍで行った上智の授業で同誌のエグゼクティブ・エディターのダニエル・フランクリンに登場してもらっている。１９８３年に同誌に入社したダニエルはこんなことを言っていた。

「新しいメディアのスタートアップが、デジタルで始めることは比較的容易だ。しかし、紙で一定の地位を築いたメディアがデジタルに出て行くには途方もない苦労がいる。紙とデジタルの編集部をわけて失敗するなどの経験をへて、今私たちは、紙の雑誌も、ポッドキャストもＳＮＳも、大統領選の予測モデルも、ひとつの編集部がやっている。週に1回の締め切りがあった昔とはまったく違う」

毎週月曜日の編集会議以外に月に1度、長期的なトレンドをブレーンストーミングする会議があり、そこから、毎週のカバーストーリーができることも多いのだという。それが、週刊誌からデジタルへ３６０度展開しながら、エコノミスト誌が長期的見通しに基づいた記事を出し続けている秘訣《ひけつ》でもあるそうだ。

エコノミスト誌についてはそのユニークな表紙の作り方など、今後もこのコラムでとりあげていく。

２０２０　12・1

40

船橋洋一は考える
シンクタンクとジャーナリズム

２０１２年の夏休み。近所のスーパーで買物をしていると、携帯（まだガラケー）がなった。表示を見ると「通知不可能」。

海外からの電話だ。とってみると、朗々とした声が響いてきた。

「船橋です。下山さん、一冊の本で限界の原稿枚数ってどれくらい？」

２０１０年12月に朝日を主筆で退社した船橋洋一さんからだった。船橋さんは、朝日退社後、福島第一原発事故の調査を、自分でシンクタンクを立ち上げる形でやり、その報告書を出していた。

ワシントンからに違いない。そしてきっと、シンクタンクでやった調査を、その後も一人で続けているに違いない。今、船橋さんが言っている原稿とはそのことだ。

そう、どきどきしながら、考え、こんなことを自分は言っていた。

「船橋さんが書くのであれば、上下巻で出してもかまいません。１５００枚まで大丈夫」

そうしてやってきた原稿が、２０１２年12月に刊行した『カウントダウン・メルトダウン』。

結果的に上下で7万部以上売れ、翌年の大宅壮一ノンフィクション賞を受賞する。

コロナ対応についても、3・11の時と同様に、船橋版の本を書くのかとの問いには、「やればヒューマンストーリーが出てくる。が、きついかもしれない」と。

こんな10年近く前の出来事を書いているのは、船橋さんが理事長を務めるシンクタンク、アジア・パシフィック・イニシアティブが、新型コロナ対応・民間臨時調査会を立ち上げ、10月23日に報告書を出版したからだ。

厚労省などの現場で働いた人々から匿名の証言をつみあげ、安倍前総理を始めとする政府の高官には実名のオンレコードで事実確認をしていくという手法で、今回も危機の際の政府の対応プロセスを浮き彫りにしていた。

「権力取材は魔物を取材するようなもので、下手すると、蟻《あり》地獄のようにとりこまれて身動きがとれなくなってしまう。しかし、外から見てるだけ、批判しているだけではわからない。国民が判断する材料を中に入って掘り出してきて過程の段階で提示する、それが役割だと思う。どう投票行動につなげていくかは、国民の判断にまかせる。材料をフェアに提示していくことが、信用につながり、権力へのアクセスも保証する」(船橋)

今回、現場が、聞き取りに応じたのも、10年近く前の福島第一原発の民間事故調の仕事をよく覚えていたからだと、いう。そしてシンクタンクの場合、調査による事実の提示のあとに、「提言」をする。今回も、報告書の最後は、「総括と提言」になっており、「紙ベース」の情報の伝達が、対応への障害となったことから、「数百人単位のエンジニアの内政化」などの具体的施策を提言している。

こうしたシンクタンクの仕事とジャーナリズムの仕事はどう違い、有機的に結びついているのだろうか？

「シンクタンクの調査では、事実認定に主眼がある。しかし、そのときにその当事者がどう感じたのか。どう思ったのか、そのドラマに興味があった。だから、報告書を出したあとも取材を続け、本を書いた」

私に電話をしてきたあの夏は、ワシントンで、報告書にはない、米国内の海軍と国務省の事故対応をめぐる対立についてまさに取材していたのだ、という。

船橋さんは、40代前半だった１９８７年に、まだできたばかりの独立系シンクタンク米国際経済研究所（ＩＩＥ）で、９カ月間、プラザ合意からルーブル合意にいたる、各国の政策決定のプロセスを調査研究した。これは英語の論文として１９８８年に出版されるが、その日本語版が『通貨烈烈』になった。

シンクタンクとジャーナリズムを有機的に結びつけながら仕事をするというスタイルは、そのとき以来のものでもある。

実は、船橋さんが、自分でシンクタンクを立ち上げた理由は、原発事故の調査をしたいと、それとなく新聞社に聞いたが、色よい返事をもらえなかったためだった。そんなとき、シンクタンク「国際危機グループ」（ＩＣＧ）の同僚理事ジェシカ・マシューズに、自分でシンクタンクを創ってしまうことを勧められたのだという。一番自由だし、付加価値がでる、と。

シンクタンクは新聞社にとって重要だ。

昨年出た『シンクタンクとは何か』（中公新書）は、シンクタンクを基軸にしたジャーナリズムの展開について考えるためにも、必読の良書。シンクタンクに対する認識も一変する。

たとえば、日本経済新聞は1980年代に、総合情報化路線という革新的な経営の転換で、「新聞も出していた」会社への脱皮を始めるが、この総合情報化路線を担ったのが、1958年に社内につくられたシンクタンク、経済研究室につどった若手の記者たちだった。かれらはその研究所で、「所得倍増計画」の理論的支柱であった下村治、「もはや戦後ではない」のフレーズで有名になった経済白書を書いた後藤誉之助ら各界のエコノミストの若手と何時間でも議論をした。

ようは、記者クラブにいて、官僚や検察官からの情報を貰って、前うちをしていることに血道をあげているだけでは、鳥瞰する視点で「解釈」をするような記事は書けないし、そうしたメディアにはなれない、ということだ。そしてそうした「解釈」の力がないメディアや記者は淘汰されていっていることは、前回、英『エコノミスト』誌の回で書いたとおりだ。

朝日新聞は、2020年度の決算が、創業以来の約170億円の大赤字になると報じられ、社内が混乱していると聞く。

朝日が再生するために必要なのは、SNSによる政権批判でもなく、角度をつける報道でもない。船橋洋一のような、シンクタンクとジャーナリズムを行き来する思考の大記者をもう一度時間がかかっても育てることだ。

2020・12・8

41

オリンピック中止
第三波の今こそこの問題に向き合え

東日本大震災の際、地元紙『河北新報』の報道部長の武田真一が、事前に災害の被害を減らす「防災」のための報道をしていなかったのではないか、との後悔から、その後、河北新報に防災・教育室を立ち上げ、退社後の今も大学の教壇で防災と報道についての活動をしている話は第2回で書いた。

メディアは、災害が予期される場合に、それについて正面から向き合う必要がある。

こんなことを書いているのは、今、日本で、夏のオリンピックの開催の是非について正面から取り組んでいるメディアがひとつもないからだ。

それどころか、オリンピックを開催することを前提とした「前うち報道」のオンパレードになっている。

12月2日の日本経済新聞は、一面トップで、政府はオリンピックの際に、ワクチン接種を入国時の条件にはせず、交通機関の利用にも制限をかけない、と報道。リードに、「新型コロナウイルス対策をとりながら」という一文が入っているのは、そこも強調してほしい、とソースに言われているからか。だが、記事をよく読んでみると、その感染対策は、「ＣＯＣＯＡ」という接触確認アプリを使ってくれと要請することぐらいだ。

　同じ一面の下に、「東京発着　高齢者ら自粛　ＧｏＴｏ　首相・都知事要請へ合意」の記事があるのを見ると、ブラック・ジョークなのかと異様な気分になる。新型コロナ対策分科会が、「ステージ3」相当とした23区を含む東京都も、北海道・大阪に続きＧｏＴｏから実質上外れることになったのだ。国内の移動で、様々な「新型コロナ対策をとった」にもかかわらず、日本は第三波に見舞われＧｏＴｏ自体も危うくなっている。

　国内の移動をともなう景気浮揚策ですら、わずかな期間でこうなのだ。これが海外の深刻なアウトブレイクに見舞われている国からも入国自由ということになれば、どうなるか。あと半年あまりでやってくるオリンピックが可能なのか、という問いは、今まさになされていなくてはならない。

　ところが、各紙ともに、オピニオン面や特集で、この問題を正面から扱っていない。

　朝日新聞の「耕論」という、識者がひとつのイシューについて意見を戦わせるコーナーがある。ここで議論しているかもと思って、電子版を検索してみたが、一度もこの問題にはふれていなかった。

　朝日について言えば、わずかに11月20日付の社説で、「コロナと五輪　会長来日　残った違和感」と書いているのみだ。この社説は国際オリンピック委員会（ＩＯＣ）のバッハ会長の来日について、「残っ

日本経済新聞
12月2日
水曜日
五輪 外国人客を大規模に
感染対策 アプリ活用
政府検討
移動の自由を重視
東京発着 高齢者ら自粛
GoTo 首相・都知事 要請へ合意
ドンキ前社長 強制捜査へ
高砂熱学
手数料徴収も視野
「対面中心」3割

2020年12月２日の日本経済新聞一面。

たのは言いようのない違和感」「政権の維持・浮揚に五輪を利用したい首相の思惑や、来春にIOC会長選を控え、撤退の選択肢はないバッハ氏の事情が見え隠れするやり取りだった」と出だしは思い切って書いている。ただ、結論は、「感染対策に取り組む考えと中身を詰め、認識を共有していくことだ」と腰砕けだ。

ここまで書くのであれば、開催の是非そのものに、社をあげて踏み込んでほしい。そもそも社説を読んでいる人は少ない。今の新聞の弱点は、官邸、各省庁、警察、検察とたてわりの記者クラブに所属しながら、そこから情報をとってくることに組織がビルトインされている点だ。

たとえば、前回でとりあげた船橋洋一が理事長をつとめるアジア・パシフィック・イニシアティブと組んで「東京五輪をやるべきか」というテーマについて、科学部、政治部、経済部横断のチームが、短期間で調査、提言を含めて、何度でも報道をするというのはどうだろうか。

英国でファイザーのワクチンが承認され接種が始まったが、はたしてそのワクチンが世界に行き届くにはどれくらいの期間がかかるのか？　そもそも、政府が「ワクチン接種を条件にはしない」という方針をリークしているのは、ワクチンが東京五輪までに間に合わないということを、わかっているからではないか？　中止となった場合の経済的な損失はどれくらいが見込まれるのか？　このまま今の政府方針で強行した場合、どんな最悪のシナリオがあり、その場合の、人命損失、経済的損失はどのくらいになるのか？

こうした調査をすることは、組織力のある独立したメディアでなくてはできない。そして調査のうえにたつ「提言」を事前に何度でもすることだ。

船橋洋一が言うように、事がおこる前に材料を提示して、国民の決断を促す。

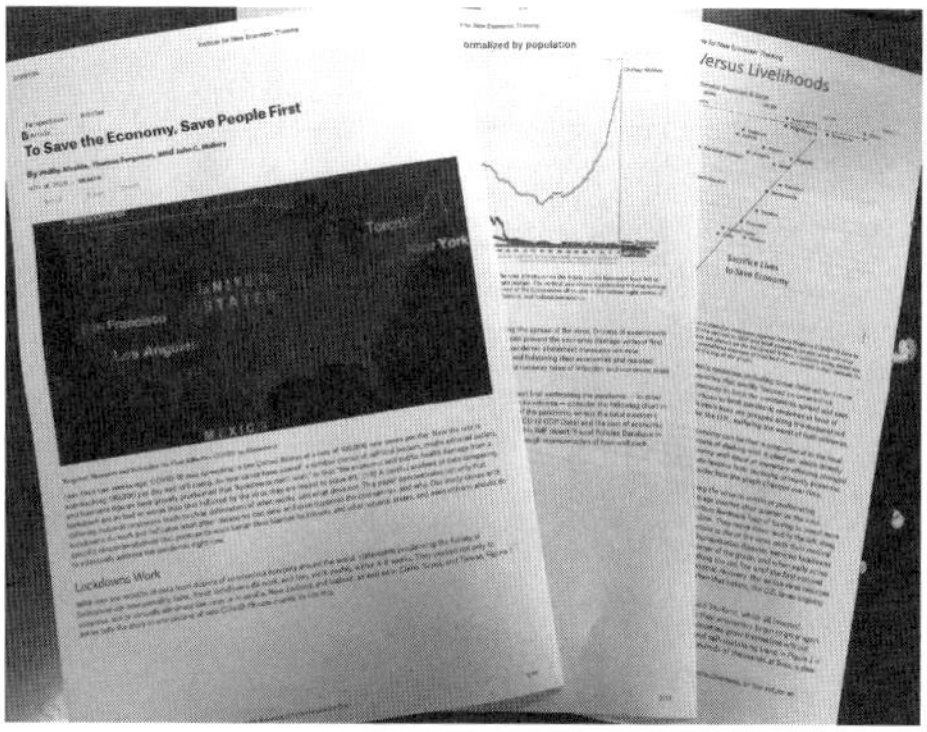

FT紙のマーティン・ウルフが引用した新経済思考研究所のペーパー「経済を救いたければ、まず人々を救え」。ウイルスを封じ込めたオーストラリア、アイスランド、ニュージーランド、中国、韓国、台湾といった国と経済優先だった米国の経済損失を比較。

冒頭に紹介した12月2日の日本経済新聞には、6面のオピニオン面に、フィナンシャル・タイムズのマーティン・ウルフの論考が掲載されている。ウルフはその中で、米シンクタンクの新経済思考研究所の論文をひき、「人命重視が経済も救う」と訴えている。

〈論文では、各国の新型コロナ対策は2つに分かれたことを示している。ウイルスを抑制するか、あるいは経済のために一定の死者数を許すかだ。大まかに、前者の方が経済、死者のいずれにおいても被害が少なかった。一方、人命を犠牲にした国は大抵、多くの死者と大きな経済的被害を出している〉

ウルフの論文は、オリンピックの文字は一言も出てこない。各国の新型コロナウイルスと経済対策の関係について、ウルフの意見を言っているだけだ。

が、オリンピックが7月に予定されている国に住む読者として、ウルフが東京オリンピックと日本政府に対して警告を与えているように読んだのは私だけではあるまい。

2020　12・15

このあと12月28日にはＧｏＴｏトラベルは中止になった。政府は再開を探ったが、3月には日本は感染の第四波に突入してしまう。

また、このとき日経が「前うち」で書いたオリンピックでの感染対策としての「ＣＯＣＯＡ」だが、そもそも9月から4カ月以上にわたって、アンドロイド上では不具合によって濃厚接触があっても通知されていなかったことが２０２１年2月に発覚した。厚生労働省の発表によれば、その不具合は、アプリをアップデートした後、実際の動作確認をしていない、というずさんな管理によるものだった。

ちなみにこの記事は、五輪中止について正面からとりあげた、商業紙・誌のなかでもっとも早い記事だったと思う。この時期に、新聞やテレビが正面から議論をしていれば、２０２１年夏の緊急事態宣言下での五輪はなかったかもしれない。

42

検察と政治
「伝説の検察記者」は記者クラブに所属せず

証拠があって法律がある。それを起訴、立件する検察がある。

検察には、それだけではない力があることを知ったのは、村山治がまだ毎日新聞の若手記者だったころの話。１９７９年、京都支局の亀岡駐在だった村山は、京都支局の先輩記者の応援で、京都地検が捜査をしている背任事件を手伝うことになる。ある土地をめぐっての事件なのだが、それには東本願寺、真宗大谷派の内紛が背景にあった。

検察は、大谷派の法主大谷家で、皇太子（当時）のいとこにあたる人物の家宅捜索をかける。それが大きく報道されることで、10年来燃え盛っていた、法主をかつぐ派と、教団執行部との争いが、鎮火する様を村山は目撃するのである。

昭和天皇にもつながる人物の逮捕もありうる、仮に被告となると、天皇家の権威を傷つける。法主側と執行部側に仲介が入り、執行部側は告訴・告発を取り下げた。それをうけて、地検は法主らを起訴猶予処分としたのだった。京都地検は宮内庁とも連絡をとり、この事件の落としどころを探っていたと知ったのは後のことだ。検察の捜査というのが、証拠と法律だけではない、きわめて政治性のともなうものであることを、村山は学ぶのである。

村山治。1973年毎日新聞入社。91年に朝日新聞に移籍した。2017年朝日新聞退社。以降はフリーランスとして活動。

「伝説の検察記者」、村山のことを人はそう呼ぶが、実は村山が司法記者クラブにいた期間は大阪で1年、東京で1年だけだ。1991年に村山は朝日新聞に移籍するが、村山が朝日移籍の際に、朝日側につけた条件は「出世はいいから、現場においてほしい」ということ。

つまり、記者クラブのサブキャップやキャップをやって社会部長、編集局長、役員というコースを最初から拒否していた。その理由を村山は「自分は前うち報道ではなく、検察をふくんだ構造のほうに興味があったから」だという。

司法記者クラブの記者たちは、検事の自宅を夜討ち朝駆けして、情報をとり、捜査がどの方向に進むかということについて報道をする。どの事件をどう捜査するか。逮捕するか否か。逮捕の要件はなにか、そのあと事件をどの法律をつかってどう起訴までもっていくのか。そのことを「命を削って」（村山）取材をしている。それはそれでいい。

ただ、自分はそれだけをやっているのは、たまらないと考えた。

東本願寺の案件をみてもわかるように、検察それ自体が、大きな政策を遂行するために動いている、そのことを「鳥瞰《ちょうかん》」してみたいと考えたのだった。だから村山はその記者人生のほとんどを社会部の遊軍や編集委員として過ごしている。

私が村山と知り合ったのは、日本経済新聞記者の永野健二らが中心になって１９９０年代に立ち上げた勉強会でのことだった。その勉強会は、経済記者と出版の編集者が集まって始まり、後には元日本マイクロソフト社長の成《なる》毛《け》眞《まこと》や、杉並区の民間人校長藤原和博なども参加、広範囲な問題を講師を呼んで議論する朝会だった。

今、考えてみるとそうした勉強会を村山が永野らと立ち上げたのも、物事を検察担当の目だけでみるのではなく、経済記者や出版の編集者など広い目で見るということに興味があったということなのだろう。

検察と言えば、「巨悪を剔抉《てっけつ》する」正義の味方という見方がもっぱらだった90年代にすでに村山は、「検察は日本の官僚機構を守るための装置なのではないか」という問題意識をもっていた。私はそうした問題意識にもとづく本をつくれば面白いと考えた。日米構造協議などにかかわり、先の言葉を発した伊藤栄《しげ》樹《き》が検事総長だった時代に、中堅の法務官僚だった3人の検事が、検察と司法のシステムを経済のグローバル化にあわせた形に大きく変えていく様を『市場検察』（２００８年　文藝春秋）として村山は書く。

その村山が67歳になって朝日の肩書が全て外れたのが２０１７年。以降は「ジャーナリスト」という肩書で自宅の住所と電話番号を刷った名刺で取材を続け、このほど『安倍・菅政権vs.検察庁』を上梓《じょうし》した。２０２０年に起こった、黒川弘務の検事総長就任問題について書いたものだが、なるほどこの本を読むと、なぜこういったことが起こったのかが、よくわかる。

そもそも検事総長の人事は、検察庁法15条によれば、内閣が行うものだ。それをそれまで政治家が介入をせずに、検察に人事のことはまかせてきたのは〈政治腐敗を許さない世論を頼みにしてかろうじて成立してきた〉微妙なバランスでのことだったと村山は書く。それが崩れてしまったとどめの出来事が、2010年9月に朝日のスクープによって明るみに出た大阪地検特捜部によるフロッピー書き換え事件だった。厚生労働省の無実の官僚を陥れるために、証拠を改竄《かいざん》していたことが明るみに出たとき、検察に対する国民の信頼は地に堕《お》ち、政治が介入できる余地をつくったのだと今度の本で村山は指摘している。

検察の人事をめぐる話をエピソードを交えて書いているのは、黒川ら当事者たちに直接話を聞けているからだ。

村山はさらに重要な指摘をこの本のあとがきで書いている。

〈この本で記したのは、あくまで法務・検察を足場とする筆者が、取材で得た証言などをもとにした政治と検察の関係の記録である。官邸や政権与党などを足場とする記者には、違った風景が見えているのかもしれない。本書がきっかけとなり、それらが世に出ることを期待している〉

これはまさに今の新聞がやらなくてはならないことだ。政治部や警察担当の社会部記者、検

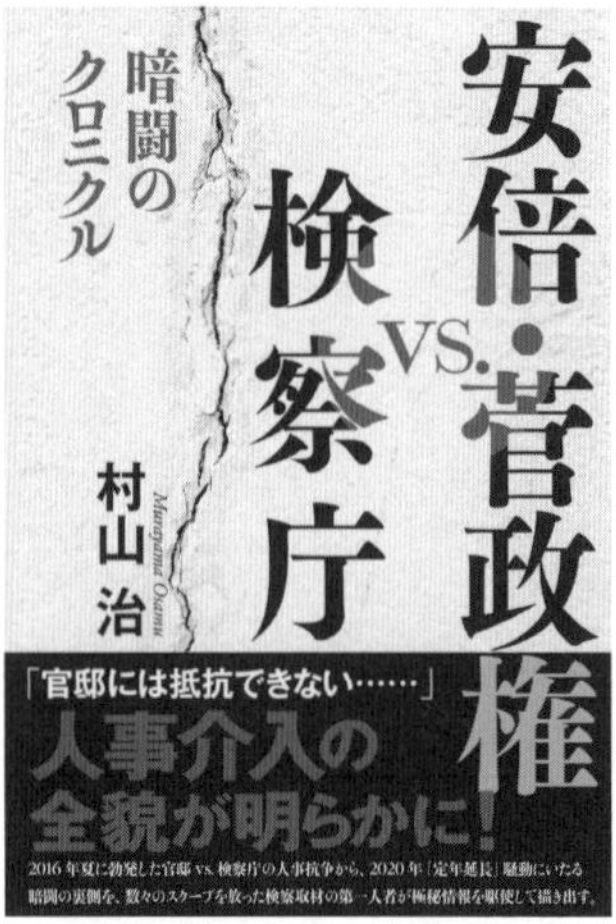

『安倍・菅政権 VS. 検察庁』（村山治著、文藝春秋）。通常は早い段階で絞り込む検事総長候補を、黒川弘務（35期）、林眞琴（35期）の二人で絞りきれなかったことにも政治介入の原因があったと書く。

察担当の司法記者が垣根を越えて一体となってチーム取材をしてその「大きな構図」を描け。
それこそが新聞だけができる唯一無二の価値だ。

2020・12・22

43

旧メディアは90年代の金融業の時代にいる

慶應ＳＦＣや上智で行っている「２０５０年のメディア」の講義では、全14回のうちに必ず「製造業・金融業・メディア」という回をもうけている。

それまで学生は、紙や地上波からインターネットへという大きな流れのなかで、各メディアがどう適応しようとしているか、あるいは適応していないかを、調査し学んでいる。

「製造業・金融業・メディア」の回で、初めて他の業界と比較して、メディアのことを見るわけだ。

最初に「１９８６年の就活」の風景を話すことからこの回を始めている。当時私の友人がこんな相談をしてきたことを学生に話すのだ。

「朝日新聞と富士銀行の両方受かった。生涯賃金を計算してみたらほぼ同じ。下山、どっちにしたらいいと思う？」

当時学生の間では、こんなことがよく言われていた。「金融とマスコミは給料がいい。メーカーは薄給だ」。実際に１９８６年の各業界の給与水準はそうだった。

現在の時点での知識で、その後30年を考えることの馬鹿らしさを伝えるためにいつもこのエピソードを話している。

金融とマスコミの給与がいいのは、「優秀な人たちが行くからだ」と当時私はおめでたくも信じていた。友人もそうだった。

だが、金融やマスコミの給与がよかったのは、優秀な人たちが行っていたからではない、規制に守られていたからだと知ったのは、ずっと後のこと、90年代後半のことだった。

90年代の後半に金融の規制が次々に緩和されることで、起こった業界の激変をまのあたりにしたからだった。

それまでは、大蔵省が、各都市銀行、地銀、信用組合にいたるまでいちばん弱いものにあわせて、様々な規制をしいて守っていた。出店、金利、金融商品。

日本の金融は銀行からの間接金融が圧倒的で、企業は海外のように市場の直接金融で資金を集めるということをしていなかった。そして土地は永遠にあがっていくかのように人々は錯覚していた。金融機関は、土地を担保にすれば、いくらでも金を貸した。

それがバブルがはじけて逆ざやになり、一気に不良債権として積みあがった。そうしたさなかに、各種手数料の自由化、銀行・保険・証券分野の垣根を撤廃、ディスクロージャーの充実・徹底を軸とする金融ビッグバンすなわち金融業を「守って」いた規制の撤廃が、1996年から2002年にかけて行われた。

その結果、北海道拓殖銀行、日本長期信用銀行、日本債券信用銀行などが破綻、業界は激しい淘汰と再編がおき、13あった都市銀行は、3系列に整理される。証券でも三洋証券、山一證券が破綻し、その歴史を終えた。

そして、1986年に金融業に就職した私の友人で、入社時の銀行にいるものはいない。その人生は激しく転変している。

1986年、定年まで悠々と過ごせるかに見えたサラリーマン人生は、幻だったわけだ。

さて、メディアはどうか？

実はメディアに関していえば、1950年代に作られた規制はいまだ撤廃されていない。

たとえば新聞と出版は、独占禁止法の適用除外をうけ、小売りの価格を日本全国どこでも同じ値段にすることができる。新聞はさらに日刊新聞法によって、株の譲渡に制限がかけられる。いま日本新聞協会加盟の日本のほとんどの新聞社が、定款によって、株主を社員や新聞業にかかわるものとし、株の譲渡を制限している。

放送に関していえば免許制で、誰もが始められるわけではない。

そして日本語という非関税障壁があるから大丈夫と言われてきた。

これらは高い参入規制となって、海外や異業種からの参入を阻止してきた。だから、紙や地上波によって人が情報をえていた時代は、高い売上をあげ、社員の給与は人もうらやむものだったわけだ。

それがインターネットという技術革新によって崩れ去ろうとしているのが、今だ。ちょうど金融業の1990年代にメディアはいるというわけである。

いくら規制で守ろうとそれをやすやすと乗り越えて変化はやってきた。地上波を免許でとれなくてもいい、インターネットでは、自由にコンテンツを選んでサブスクリプションによって収入をえることができる（ネットフリックス）。紙の販売網などいらない。スマートフォンを

1986年元日の毎日新聞本紙一面。インターネットのない時代、人々は紙で情報を得るしかなかった。

通じて直接ニュースを届けることができる（ヤフー、スマートニュース、ニューズピックスなど）。

それにコロナ禍による広告料収入の急激なおちこみが、旧メディアにおいうちをかけている。

新聞各社は、売上にして25パーセント減という会社がざらだ。ローカル局も危機が表面化しつつある。

新聞社やローカル局は、フィルムが駄目になるとわかってデジタルカメラに転換、化粧品や薬品などの他分野にもでていった富士フイルムのように変身をとげ、変化に対応できるだろうか？　金融業や製造業などとの大きな違いは、いまだに規制がそのままであり、そのぬるま湯的体質を温存したまま、変化に対応しようとしている点だ。「甘え」と言えるような態度もまのあたりする。

この「２０５０年のメディア」は今年も、そうした激しい変化の波頭をとらえ、その中での創意工夫、ベストプラクティスをとりあげていきたい。

２０２１年、あけましておめでとうございます。

２０２１　１・４

44

テーマを変える『アルツハイマー征服』私はこう書いた

私の次の本『アルツハイマー征服』が先週出版された。

今週はこの本にまつわる話。そもそもなぜ、アルツハイマー病の研究の歴史について書いたのか。

話は2002年にまでさかのぼる。

当時私は出版社の編集者でいながら、メディアに関する最初の作品を2冊書いたばかりのころだった。

頭の中を去来していたのは、ノンフィクション作家の柳田邦男さんが社にきて、講演をされた時にした一つの挿話だった。

柳田さんはNHKの在職時に、航空機事故を描いた『マッハの恐怖』で世に出る。その時に新潮社の出版部長が言ったのは「次は飛行機のことを書いてはだめですよ」という言葉。飛行機のことを書けば、航空評論家という肩書をつけられるよ。あなたはノンフィクション作家になりたいんだろう？ NHKをやめることを決意して、書いた次の作品は『空白の天気図』という広島の原爆投下後に起こった台風による巨大災害を描いたもの、そういう話だった。

田崎博一。90年代初頭、東京の研究者と連携し、弘前大学医学部で、アルツハイマー病遺伝子の特定に800万塩基まで迫った。現在も、病院長として診療を続けている。

そうした時にいきあたったのが、アルツハイマー病だった。

アルツハイマー病には、遺伝性のものがある。アルツハイマー病全体の１パーセントに満たない数だが、アルツハイマー病の解明は実は、遺伝性のアルツハイマー病の人たちの献身によって進んできた。

優性遺伝で伝わるアルツハイマー病で、50パーセントの確率で遺伝し、その突然変異が受け継がれれば１００パーセント発症する。しかもその発症は若年。

その過酷な運命に取材をしながら言葉を失った。

東北地方のある家系は、90年代に、アルツハイマー病遺伝子の発見に協力した。

弘前大学医学部と東京の研究者の連携で、その特定に８００万塩基まで迫る。

この時の調査で、家系の人々を訪ね歩き、頭をさげて血液の提供を願ってまわったのが、当時弘前大学の医学部にいた若き医者田崎博一《たさきひろいち》だった。田崎は附属病院で、発症した家系の人々の主治医もしていた。

そして私が取材を始めた２０００年代初頭、サンフランシスコの医療ベンチャーにいた天才科学者が、想像を絶する方法を思いつき、アルツハイマー病研究の地平をまったく変えたのだった。

その科学者デール・シェンクは、アルツハイマー病をワクチンによって治そうとしていた。アルツハイマー病は、アミロイドβというタンパク質が凝集し、老人斑とよばれる脳細胞の外にできるしみのようなものが現れて起こるということが当時わかっていた。で、あれば、その最初のドミノの1枚である、老人斑をアミロイドβの抗体によって除去できないか、と考えたのだ。

弱毒化した病原体を人体に注射して、抗体をつくり、その抗体が新たに侵入する病原体をブロックする。

人体にアミロイドβそのものを注射すれば、抗体ができて、老人斑を除去するのではないか？

実際、アルツハイマー病の症状を呈するように遺伝子を改変したトランスジェニック・マウスに、アミロイドβそのものを注射すると、老人斑がきれいさっぱりと消えた。２００２年当時、アルツハイマー病は治る病気になる、という熱気が研究の現場にはあった。

しかし、この時は、うまく本にまとめることが自分にはできなかった。

第一にアルツハイマー病の治療法の開発というのが、それほど簡単なものではない、ということがわかったことが大きかった。シェンクのワクチン「ＡＮ－１７９２」はフェーズ2で急性髄膜脳炎という深刻な副作用を起こして開発中止、その第二世代の抗体薬も、どうなるかまったく視界不良となったこと。

第二に遺伝性のアルツハイマー病の問題があった。治療法が遠のくにしたがい、この人々の

ワクチン療法から抗体薬につながる流れの到達点である「アデュカヌマブ」は、まず米国で承認された。

運命もようとして知れなかった。

これら二つの問題の見通しがある程度ついてきたのが２０１８年ということになる。

２０００年代の取材ファイルをひとつひとつあけて、再取材を始めた。当時取材した様々な点が線となり、大きなうねりとなっていくことを感じた。

「今は希望がある」。そう14年ぶりに会った田﨑は言った。

天才科学者シェンクの始めたワクチン療法は、抗体薬のアプローチをとり、後に続くものたちが、「アデュカヌマブ」という病気の進行に直接働きかける疾患修飾薬の承認申請まで昨年後半にこぎつけたこと。日・米・欧で申請がなされ、その結果を世界は待っている状態だ。

そして国際的な遺伝性アルツハイマー病の研究ネットワークＤＩＡＮ（ダイアン）が米国から２０１７年に始まり、日本もそのＤＩＡＮに参加をしたこと。このＤＩＡＮによって初めて遺伝性アルツハイマー病の家系の人々も、アルツハイマー病治療薬の治験に入ることができるようになった。

そのようにして私は18年越しの本をまとめることができた。

田﨑は、今も診療の現場にたち、遺伝性のアルツハイマー病の解明と治療にとりくんでいる。

Afterwards

2021 1・12

２０２１年6月7日、ＦＤＡ（米食品医薬品局）はアデュカヌマブを承認した。ただし第三相で行ったふたつの治験のうち、ひとつしか臨床面での効果が見られなかったため、条件付き承認となった。すなわち、市販後も、第四相の治験を行い、その有効性が証明できなければ、「承認をとりけす場合もある」（ＦＤＡ）としたのだ。

有効性を議論した諮問委員会のメンバー11人のうちの3人がこの「承認」に抗議して辞任したこともあり、日米のメディアでは、その後、アデュカヌマブに対しては、否定的報道が続いている。

しかし、その病気に対する有効な治療法や治療薬がない場合に、ＦＤＡはこうした条件付き承認で、患者が薬にアクセスできるようにしたことはがんなどの他の分野でもあった。

ここで承認をされなければ、患者とその家族はあと4年は待たなければならなかった。

ＦＤＡは、がんでかつてやったように、条件付き承認をもって、治療法解明を次の段階に進めようとしているということでもある。

日本での申請の結果は２０２１年中には結論がでると見られている。

45

笠井信輔の矜持
僕はしゃべるためにがんになった

フジテレビのアナウンサーだった菊間千乃《きくまゆきの》が、フジをやめて退路をたって司法試験に挑んだことを書いた『私が弁護士になるまで』。

菊間のフジ退社の日、エレベーター前までかけつけ、涙を浮かべながら一人見送ってくれたのが、笠井信輔《しんすけ》だった。

この本は私が編集した。菊間からもらった原稿には、一回の不合格ののち、合格した日に笠井に電話をすると笠井が涙ぐむシーンも書かれている。

そんなことが縁となって、私もこの「とびきりいい奴《やつ》」の笠井信輔と友人になった。

その笠井が、フジテレビを退社しフリーになったというので菊間とともにお祝いの席をもうけたのが、2019年11月14日のこと。

麴町のイタリアンでおおいにもりあがった。まさかこの5日前に、笠井が、自らのがんを疑い、「生検」をうけていたとは思いもよらなかった。

その直後にメールをしてもまったく返信がなく、どうしたのか、と思っていたら、12月に入って笠井が悪性リンパ腫というがんになっていたことが発表された。

まもなく、本人がブログで自分の病状を刻一刻と報告をし始めた。古巣のフジテレビ「とくダネ！」が密着取材を始め、そのＶＴＲが流れだした。

その放送を見た時に、私は笠井が東日本大震災での取材体験を書いた『僕はしゃべるためにここ（被災地）へ来た』という本のことをすぐに思い出した。

この本のテーマはタイトルが雄弁に語っている。

震災直後の被災地に入った笠井は、まだ壊滅状態の現地で、救助活動を手伝ってほしいと言われたり、コンビニ強盗の現場を目撃したりする。その際に、笠井が救助活動を手伝うのか、あるいは強盗を止めるよう説得するのか、はたまた「報道する」ことに徹する、つまり「しゃべる」ことに徹するのか、そのぎりぎりの選択が書かれた本だ。

2020年12月に再会した時の笠井。笠井は、1987年フジテレビ入社。阪神淡路大震災、9・11、東日本大震災すべて発生直後の現場に入り「しゃべり」続けてきた。

笠井は、「しゃべる」ことに徹するのが、テレビマンだ、そう書きながら、そうはできなかったことを正直に書いている。たとえば、被災したホームセンターの倉庫から、おおぜいの人が両手に抱えきれないほどの食糧をもって出てきた場面に遭遇する。みな笑顔だ。子供もいる。「2日ぶりの食事なんです」そう言いながら食糧を運び出すその〝大量窃盗〟にカメラを回すことができなかった。

しかし、「救助を手伝ってほしい」という言葉を冷徹に振り切ったことも書いている。それをしだすときりがないからだ。自分たちは「しゃべるために」この現状を伝えるためにここにきた、からだ。

その本を読んでいたから、抗がん剤の副作用でかさかさになった肌をさらしながらテレビにうつる笠井を見ながら、今度は自分をその対象にしているのだ、と思った。が、これは結末のわからないことだ。もし死んだらどうするのだろう？

「実は、がんになったとわかった時に、そのことは決意していたんです。これは自分の最後の作品になる。逆に死んだら価値がでる、と」

6クールの抗がん剤投与というすさまじい治療のあと、がんが「完全寛解」し、生還をはたした笠井に再会をしたのが、先月のことだ。笠井は、この「生還の記録」を『生きる力』として出版した。

私は笠井に正直にこんな感想を告げた。

「活字の人間だったらば、すぐに本を書こうとは思わないでしょう。再発の可能性もある。ある著者は5年たってようやくその時のことを書けたりした。笠井さんの場合、ステージ4と診断されているのだから、最悪の結果も充分に考えられた」

そう言ったらば、「そのことは覚悟をしていた。というより、だから自分は『とくダネ！』にも密着取材をしてもらったんだ」と返し、死んだら価値がでると思っていた、と先の言葉で答えたのだった。

あるいは、自分がワイドショーという他人のプライバシーを散々「しゃべって」きたのだから、自分ががんになった時に、自分だけ例外になることは考えられなかった、とも。

今回笠井に入院中の手書きのメモを見せてもらった。これは見せることを予期して書いたものではなく、自分の備忘録のために書いたなぐり書きなので、そのときの笠井の本当の気持ちが書かれている。

ブログ開始の日のメモには、「いたみ」「いたい」というなぐり書きがあちこちに見られる。しかし、ブログでは、そうしたことは一言も書いていない。

自分の「がん」という現場でも、笠井は、「しゃべる」ことに徹しようとしたが、東日本大震災の現場と同じように迷い、「しゃべれなかった」こともあったのだ。

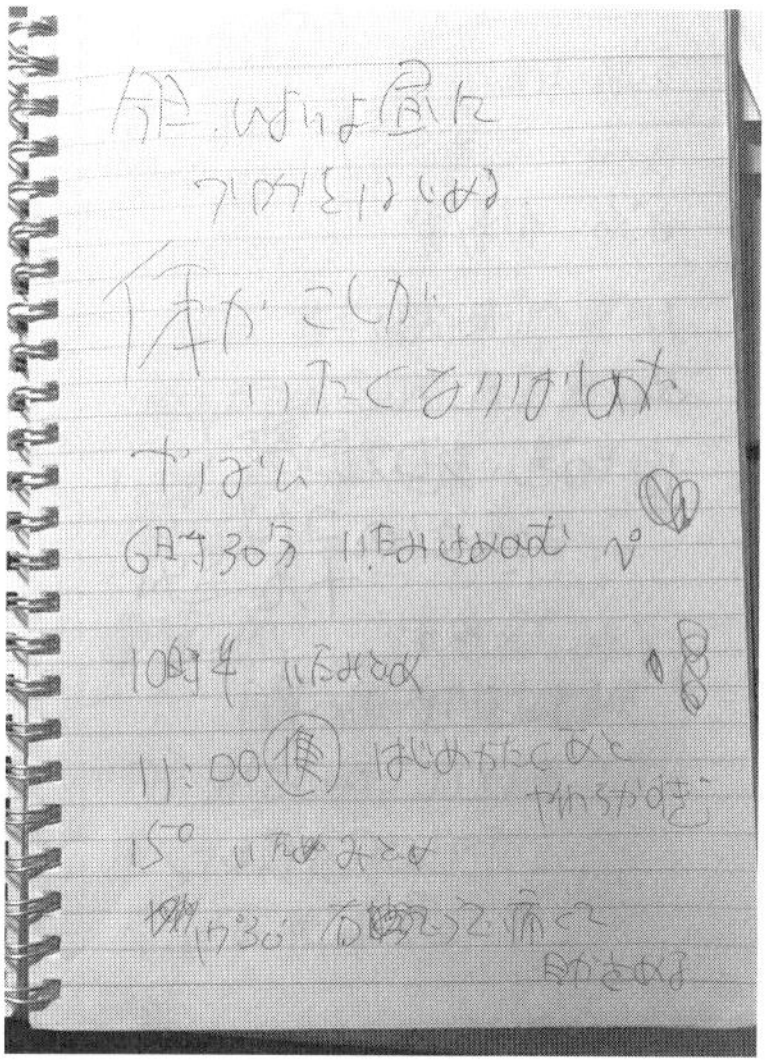

2019年12月22日。ブログを始めた日の「入院日誌」。体の本当の状態が書かれている。

「がんになったということは、自分の働き方、妻子をかまわず現場で走り回っていた働き方が全否定されたことだと思っているんです。だから今は、がんばりすぎず、ほどほどを楽しみながら仕事をしています」

それでいいと思う。「病気」になったからこそ、到達した「過去30年の働き方の否定」。それは、豊穣なる新境地を開く。そう私は思った。

2021・1・19

Afterwards

連載時、この原稿の始まりは「菊間は、フジ退社の日、誰にも告げることなく、社を去ろうとした。そもそも菊間が弁護士になろうと思ったのは、ある不幸な出来事で全番組を降板させられ、アナウンサーとしての未来を感じられなくなったからだった。社の同僚たちに遠慮し、距離をとったまま退社しようとした。」となっていた。

これは間違いだ。菊間さんの指摘で、気がついた。菊間さんがロースクールに通いだしたのは、「ある不幸な出来事」の前からだった。しかもこの点は笠井さんが『私が弁護士になるまで』の文庫版の解説に、皆、「勘違いしているのだが」と断って、菊間がロースクールに通ったのは事件の前からだった、と書いていたのに、私もそう思いこんでいたのだ。

ウェブ版はすぐに修正したが、紙版は修正できず、単行本収録の際に、ちゃんと訂正しておこうと思っていた。

46

2040年の成毛眞
過小評価されているものにチップを張る

書評ほど、書き手の力量が問われるジャンルはないだろう。編集者だった時代、自分が編集したこれはという本の書評を読み比べていた。この人は著者も気がつかないような本の持つ意味をとらえている、これは本が動く書評だ、等々。

90年代、書評は新聞であり、紙であった。

これが2000年代になると、ブログでレビューをする人が出てくる。極東ブログや小《こ》飼《がい》弾《だん》「404 Blog Not Found」など。

私がその人のことを知ったのは、彼がやっていた「はてなブログ」でだった。自分が編集した『ハチはなぜ大量死したのか』（ローワン・ジェイコブセン著）という少部数でスタートした本をいち早くとりあげてくれたのだった。しかもその書評がたいへん優れていた。

〈ブログ更新が遅れたのは、この本に手間取っていたからだ。読みにくかったわけではない。唖然とするほど内容が膨大で、理解しながら読むためには時間がかかったのだ。アメリカで蜂が大量に失踪していることを知ったのは一昨年2月のことだった〉

どう？　引き込まれるでしょう？

成毛眞と私。10年来の友人である。成毛は、2011年7月ノンフィクションの書評サイトHONZも立ち上げた。大手出版社が金を出すというのを断ってスタートしたのは、独立性がなければプラットフォームとして成長できないとわかっていたからだ。

ブログの主は、時に歌舞伎のことを書き、エコノミスト誌の記事のことも書く。ベーシックインカムが日本で成立するにはと計算したりする日もある。そして時々本のことをとりあげるのだ。

最初、この人はなんで手間をかけてこんなことをやっているのだろう？　原稿料も入らないのに。そう思ったが、次々となぜか私が編集した本をとりあげ、そのレビューのとぼけた味と実は裏にひめた角度のシャープさに舌をまいたのだった。

まだ2008年、スマホの前の時代の話。原稿は、雑誌で掲載し、それがたまれば本になり、文庫になるのが王道という幻想が残っていた時代の話。

なにしろ、『ハチはなぜ大量死したのか』だって、その当時なので彼のブログを読んでアマゾンをクリックした人の数は64人しかいなかった。

それが、私が成毛眞《なるけまこと》を意識した最初のことだ。この成毛のブログがきっかけとなり、首相官邸近くの蕎麦屋で彼と呑んだのが2009年だったか。

以降、勉強会で一緒だったこともあって、急速に仲良くなり、友人になった。友人というより、よき先輩といおうか。なにしろ、2011年に会社をやめようとした時、相談して引き止めてくれたのが彼だし（それは正解だった）、次に社をやめると決めた2018年は、何も言わず背中を押してくれたのも彼だった（それも正解だった）。

その成毛が、1月8日に『2040年の未来予測』という本を出版した。発売日にはすでに3刷が決まっているという売れ行きの本で、私も読んで様々な刺激があった。

たとえば学歴。日本以外の国では博士課程までいくと年収はぐっとあがる（学部卒の5割増）が、日本はせいぜい2割増程度。したがって、日本では今後学歴は、価値がなくなっていく、と書く。

〈これからは、親も子供に、それぞれが好きなことを見つけて、好きな仕事や自分の人生を創造する後押しをしてあげるべきだ〉

成毛はこの本で40冊目を超える著書になる。1月だけでも2冊新刊があった。その量産の秘密は、ブログ時代から連綿と続くウェブへの書き込みによる。今はフェイスブックがそのプラットフォームだ。

2040年の未来予測
2040
Makoto Naruke
成毛眞
元日本マイクロソフト社長
知っている人だけが悲劇を避けられる
あなたの20年後に関係あることを全部出しました！
日経BP

『2040年の未来予測』。日経 BP 社の担当は中野亜海。調査担当は成毛が主宰する書評サイト HONZ メンバーでもある栗下直也。

「まずここで書くことで、どんなことに大衆が興味があるかがわかる。いいねの数やだれがいいねを押しているか分析しているんだ」

成毛のフェイスブックは、はてな時代とは桁外れのフォロワーがいる。

自分が好きなことを掘り下げて書くと、いいねは少ないということもフェイスブックでわかった。難しくとられてしまうのだろう。広くリーチするためには、そこにいくまでに止めるということが必要だということもわかったという。

「だから、本は、編集者がフェイスブックを見て出してきた企画の切り口にのるだけ。フェイスブックがかつての雑誌みたいな役割をしているのよ」

成毛が、日本マイクロソフトの社長をやめたのが２０００年。

自分の書きたいものを書きたいということで、ブログを始めたそうだ。当初、まったくブログの読者がいなかった時代になんでせっせと毎日のように書いていたのか、という問いにこう答えた。

「たしかに読者は少なかったけど、誰もが目をつけていない段階で、あたらしく将来伸びそうなものに賭けること。しかも続けること、それが大事」

金融の言葉で言うと、過小評価されている現在の価値に賭けて、将来でそのさやをとる「アービトラージ」を20年かけて成毛はやったわけだ。

成毛のもうひとつの顔は投資家だ。「自分のお金だからそんなに大きな額ではない」と謙遜するが、これもフェイスブックで知り合った現在は過小評価されている人やアイデアに張るのだという。

『２０４０年の未来予測』も、成毛が将来価値の上がるものが何かを書いている、ということで人々は手にとっているのだろう。

そして私が成毛に惹《ひ》かれるのは、そう大衆のほうを見ながらも、実は、サイエンスやエジプト・ローマの歴史のロマンなど、「難しくて説明のしにくいもの」を追いかけているところなのだ。

2021・1・26

47

瀬戸内海をのぞむ地方紙の夕刊、その135年の生涯

1955年5月11日早朝、香川県高松市にある高松港を、多くの修学旅行生をのせて出港した紫雲丸は、視界50メートルという極端な濃霧の中を岡山県玉野にむけて進んでいた。午前6時56分、霧中汽笛音がなりひびくなか、紫雲丸は第三宇高丸と衝突、転覆する。四国、本州の四つの小中学校の修学旅行生100名が死亡する大惨事を岡山県民に最初に伝えたのが、岡山の県紙「山陽新聞」の夕刊だった。

山陽新聞が夕刊の発行を始めたのは、明治12年（1879年）創刊の6年後、1885年。地方紙としては初めてのことだった。

のちに、瀬戸大橋ができるきっかけとなったこの紫雲丸事故を始めとして、テレビの報道が弱かった時代には、大事件を次々と報せ、12万部に近い部数をほこった。

その夕刊編集部に、高見幸義《ゆきよし》が配属されたのは、入社2年目、瀬戸大橋が開通した1988年の6月のことだった。

たった6人の編集部だったが、自由があった。政治部や社会部をめざす同期には、傍流とみられた夕刊への配属で同情もされたが、本人は、むしろ喜んだ。

当時の夕刊編集部は、朝刊ではできない様々な実験的な試みをさせてくれるところだった。市政担当とか、司法担当とかいった担当もなく、自分でネタをみつけて書かなければならなかった。が、それが高見には楽しかった。

朝刊の場合は、編集会議でなんどもチェックされ、好きな話題を書こうと思ってもできない。小所帯だったが、朝刊なにするものぞという空気があり、様々な実験的なルポも掲載された。岡山、県内8ローカル線沿線の歴史や生活を伝える『ローカル線を行く』（85年2月〜12月）。香川県下の職人たちを追う『技』（86年1月〜11月）。高見自身が担当した『シネマのふるさと』（90年8月〜91年8月）。

山陽新聞 夕刊
紫雲丸 女木島沖で沈没
死者46 行方不明95人
第三宇高丸と衝突
四二二人乗船
中村船長行方不明
紫雲 急に左へ
船首 丁字型に突込む
視界は濃霧で百メー

紫雲丸事故を報じる1955年５月11日の山陽新聞の夕刊。四国と本州にかかる橋がない当時、人々は、香川県高松と岡山県玉野を国鉄の連絡船で渡るしかなかった。

が、なかでも、話題になったのが、歩き遍路のブームのきっかけを創った横田賢一の連載だった。

横田は、１９７４年の入社以来社会部にいたのは5年だけ。あとは、文化部や家庭面の担当で、92年からは、解説委員（今の編集委員）として、部下をもたず、一人で好きなことを書いてきた記者だった。会社側の第二組合から第一組合にわざわざうつった変わり者の記者でもあった。

1999年、四国霊場一番札所の霊山寺（徳島県鳴門市）に出かけて、四国霊場88箇所を回る「歩き遍路」がブームになりかかっているのを知り、これをルポする企画をたてる。しかも車で回って話を聞くのではない、自分でその88箇所の「歩き遍路」をするのだ。

99年4月に始まったその連載は夕刊の一面のほとんどを使ったド派手なレイアウトで始まり、大きな話題になった。

白装束に身を固め、金剛杖をつき霊場をひとつひとつまわった。毎日宿についた後の夕方5時に、解説委員室に電話をいれて、その日の報告をする。

お遍路ではいろいろな人に出会った。15歳の少女は、中学時代、半分しか登校できず、高校に進学するにあたって一年休学、「自分が何をやりたいのかみきわめるため」四国の路《みち》を黙々と歩いていた。

連載は話題になり、そのうちおっかけまで出てきた。車で待ち構えて「横田さんですか、連載楽しみに読んでいます」との人も。連載は本になり、5刷まで売れた。

横田は、のちに定年直前の2009年に同じ企画でお遍路をする『風と歩けば』を連載するが、そのころには、夕刊の力はがくんと落ちていた。99年の時と違ってパソコンをもってお遍路をし、ブログや動画もアップしたが、99年の時の反響には比べようもなかった。

2010年には、移動体通信の形式が3Gから4Gになり、スマートフォンの普及が一気に進む。2012年にはその普及率は約50パーセントに達した。

山陽新聞の夕刊は、2011年、発行エリアを県全域から岡山、倉敷、玉野市など岡山県南都市部に縮小したが、年々部数は減り、２０２０年には2万部台になった。

そして２０２０年11月30日を最後の発行とし、山陽新聞は夕刊を廃刊にする。実に１３５年の生涯を終えたのだった。

２０２０年は、山陽新聞以外にも、徳島新聞、高知新聞も夕刊の発行をやめ、これで中国四国地方で発行されている夕刊はなくなった。

私は山陽新聞の朝刊を12月中送ってもらっていた。が、朝刊は、一面は共同通信の記事、他の面も多くが発表もので埋められ、新聞を読んで面白いと感じることができなかった。

横田に、なぜ今の朝刊はかつての夕刊のような、野心的な企画がないのか、と聞くとこんな答えをした。

「本当は記事は、その記者がどんなことを感じたかということを自由に書くものだと思うのです。そういうことをやろうとする記者がいなくなってしまったのか」

山陽新聞は、デジタルへの移行に苦闘している。電子有料版のスタートは２０１４年と早い。だが、いまだに岡山

1　3版　第49392号

行きたい旅、見つかる。

tropics　岡山支店　086(226)3701　086(226)3702

夕

刊

売買システムの管理体制の強化といった再発防止策の徹底を求める。

システム「アローヘッド」の記憶装置が破損し、システムの設定ミスでバックア

金融庁は東証とJPXから提出を受けた報告書を精査した上で、10月23日から

が進めてきた調査の状況に関して清田氏が見解を表明する見通しだ。

夕刊ご愛読ありがとうございました

あすから朝刊刷新 さんデジも充実

山陽新聞社は、きょう11月30日をもって夕刊を休刊し、12月から朝刊紙面を刷新します。わが社の夕刊創刊は前身の山陽新報時代の1885（明治18）年で、全国で2番目、地方紙では初という古い歴史があります。何度か休刊することはありましたが、その日に起きた国内外のニュースや話題を提供してきました。これまでご愛読いただいた多くの皆様に心から感謝を申し上げます。

ネット社会を迎え、その日の出来事が瞬時に発信されるようになりました。朝刊を補完する意味での夕刊の意義が薄れる中で、伝えるべき重大な異変、事件、事故、災害が内外で多発しています。さらに新型コロナウイルス感染症が地球規模でまん延し、社会、経済活動の変革を迫っています。

そこで夕刊でお届けしていたニュースは会員制電子版「山陽新聞デジタル」（愛称・さんデジ）で速報するとともにエリア内のニュースを網羅。夕刊らしい娯楽性と文化性で好評の連載企画「映画漫談シネじいひとり旅」「読書三昧 近刊私の1冊」もさんデジに引き継ぎます。

新しい朝刊では、各界の方々に寄稿いただいている夕刊の随筆「一日一題」や夕刊独自の囲碁・将棋欄をそのまま移して、掲載します。高校生向けに、山陽新聞の記事を使った小論文対策のページなど、新たな企画も始めます。

より一層地域密着を深め、最適な朝刊と電子版づくりに日々、取り組みます。12月からの新しい朝刊と電子版にご期待ください。

◆

朝夕刊セットでご購読いただいている方には、12月からは、朝刊のみの月ぎめ購読料３４００円（税込み）となります。本紙とセットで購読できる電子版「山陽新聞デジタル」はプラス３８５円（同）です。

山陽新聞社

巨

セ・リーグ新人

山陽新聞は2020年11月30日で夕刊を廃刊にした。

県内の読者は、電子版をとるために紙の宅配もうけなくてはならない。現在はデジタル編集センター長になった高見幸義らは、それを変えていこうとしている。

しかし、ただ朝刊の紙面がデジタル版になっても、誰もそれを有料ではとらないだろう。デジタル版に必要なのはかつての夕刊編集部がやっていたような自由な発想の企画だ。そして記者の顔が見える記事だ。

2021・2・2

Afterwards

記事が出たあと、高知市内の南海中学の元教諭から連絡をもらった。1990年代に6年間、この中学に勤めたという。南海中学は1955年の紫雲丸事故の際、28人の3年生がなくなった。事故から30年以上たっていたが、毎年校庭内にたてられた遭難記念碑の前で集会があり、生徒とともに、事故の記憶を風化させないようにしていたのだという。2012年には南海中学は、校舎内の一教室に、「吾子たちの部屋」と看板の掲げられた「紫雲丸遭難事故学習資料展示室」をつくった。28名の生徒の写真の他、事故当時の記録が学習できるようになっている。

48

ワシントン・ポスト紙、伝説の編集局長の引退
編集者が新聞を変える

ワシントン・ポストの編集局長（Executive Editor）、マーティン・バロンが2月いっぱいで引退すると発表した。

この連載の第21回で、誰もがヒラリーが次期大統領になると考えていた2016年4月に、ワシントン・ポストの取材班がトランプを調査するという本の版権を買い付けた話を書いた。そう即決したのは、ワシントン・ポストの編集局長が彼だったからだ。

バロンがポストに来たのは2013年1月だったが、その前にいたボストン・グローブ紙で、調査報道の金字塔ともいうべき仕事をしている。

バロンはマイアミ・ヘラルド紙の編集局長からボストン・グローブ紙の編集局長に2001年に移籍する。移籍してすぐに、あるカソリックの神父が、未成年者にいたずらをして逮捕されたがすぐ釈放された、というグローブ紙の週末コラム記事を目にする。最初の編集会議で、この話題をなぜもっと追わないのか、と配下の部長たちに問いただす。

「この神父は6つの教区で過去30年間にわたって同じことを繰り返している、と被害者側の弁護士は言っているではないか」

部長のひとりは、「過去にも記事にしている」と反発する。「首都圏版と宗教欄で2回記事にしている」。

バロンはそれに対して、これは根の深い事件だ、その神父個人だけを追うのではなく、なぜこんなことが長年にわたって起きているのか、教会自体のシステムを洗えとはっぱをかけるのだ。

このようにして、ボストンだけで90人もの神父が未成年者に対して性的虐待をくりかえしていた、そのことを枢機卿つまりカソリック教会は長年知りながら、教区を頻繁に変えることで、組織的に揉み消してきたとする、600本におよぶボストン・グローブのキャンペーン報道はなるのである。

この報道は2003年のピューリッツァー賞を受賞するが、なんといってもこの報道が有名になったのは、アカデミー賞にも輝いた映画『スポットライト』(2015年)でだろう。

そのマーティン・バロンが、ポスト紙の編集局長をしており、12人の記者がトランプを追いかけるという企画だから、面白くないわけはない、そう判断してその本の版権を買ったのだった。

実際、いちどは傾きかけていたポスト紙はマーティン・バロンの手腕と新しいオーナーの投資によって、再生する。ポスト紙は、グラハム家が議決権の過半数を持つ上場会社だったが、

マーティン・バロン。66歳。引退の弁は、「インターネットによって、この仕事は、365日、1週間、24時間の大変な仕事になった。ネットから離れることは一瞬たりとも許されない」=AP/Aflo

インターネットにおされて部数も減少、収益が悪化、上場を廃止したうえで、アマゾンのジェフ・ベゾスが2013年8月に買収していた。

そのベゾスのバックアップによって、ワシントン・ポスト紙は、紙の新聞から有料電子版中心の会社に大胆に変わっていく。それをトランプ政権との対決的調査報道によって後押ししたのが、マーティン・バロンだった。

トランプの財団がチャリティといってお金を集めながら、実際にはその金はその目的に使われていなかったことや、2016年の大統領選挙の直前には、トランプが性的なジョークを共演者に飛ばしているそのテープを入手、デジタル版で音声もながし、大統領としての資質を問うた。バロンがポスト紙に着任してからの8年間で、ポスト紙は10のピューリッツァー賞を受賞することになる。

ポスト紙の現在の有料電子版購読者数は300万、バロンが来た時には560人だった編集局の記者は、現在1000人以上に増えている。

アメリカの新聞社の場合、誰が編集局長かによって、新聞は大きく変わる。

たとえば、1970年代、80年代を通じてフィラデルフィア・インクワイアラー紙の編集局長をしていたジーン・ロバーツがそうだった。ロバーツは二流紙だったインクワイアラー紙を変え、彼が編集局長だった18年の間にそれまで一度もピューリッツァー賞を受賞したことのなかった同紙は、17のピューリッツァー賞を受賞した。

なぜ、日本の新聞社にこのような編集局長が生まれないのか？　たとえば冒頭のバロンの指示のように、アメリカの編集局長は編集者として、どのニュースをどう掘り下げるのか、その

ジーン・ロバーツ。ジーンは、インクワイアラー紙をひいたあと、94年から98年にはニューヨーク・タイムズのManaging Editorも務めた。写真は93年に下山が撮影。

ためにどう資源を配分するのか、ということに対して集中した権限をもっている。ところが、日本の新聞社の編集局長は、2年～4年で代わっていく、いわば人事管理職だ。紙面の方向を決める権限をもっているわけではない。

　編集局長を役員への通過点とするのではなく、大胆なエディトリアルシップをもった人をつければ、日本の新聞は大きく変わるのにと思うことがよくある。特に紙の部数低下にあえぐ地方紙は、そうした人を外部からつれてきて、デジタル化を図れば展望もあるのにと思う。

　これはウェブメディアも同じで、なぜか新聞記者を編集長として受け入れている例が多い。そうすると新谷学麾下《きか》の週刊文春のような大胆な切り口のメディアにはなりにくい。日本の場合、そうした編集者の力によって媒体ががらりと変わるのは、出版社だけだろう。それは雑誌のみならず、書籍でもそうだ。

が、それは別の話、また別の機会にすることがあるかもしれない。

2021　2・9

49

人質交渉人はパイプをくわえる。これが本当の実録映画

2月19日から公開になる映画『ある人質　生還までの398日』を観た。パンフレットの宣伝文句は「ISから息子を救出した家族の奇跡の実話」とある。おそらくこの映画の紹介はおもに、「イスラム国」（IS）に囚われたデンマーク人写真家のダニエル・ライとその家族の話を中心になされるだろう。

だが、私は、映画の中で、脇役ともいうべき二人の人物に強烈な印象をうけた。ダニエル・ライの救出を担う人質交渉人のアートゥアと、ISの人質処刑執行役であるジハーディ・ジョンである。

私が、この映画のなかの二人の脇役に強烈な印象をうけた理由は、何気ない演出のなかに、背景の真実が感じられたからだった。

私は二人をそれぞれ主人公にするノンフィクションの本を二冊文藝春秋にいた時代につくっている。ひとつは、ロバート・バーカイクの『ジハーディ・ジョンの生涯』。もう一冊は、ロレッタ・ナポリオーニの『人質の経済学』。

たとえば、ジハーディ・ジョン。冷酷に人質を虐待し、処刑を執行するこの男が、映画の中

で一瞬人間らしい表情を見せるところがある。マスクをとった姿が一瞬映るのだ。その顔は、不安と一種の諦念に満ちている。

人質アレクセイの処刑のシーンが続く。他の人質が見ている前で、ジョンは、ピストルをとりだし、アレクセイに向ける。が、引き金を引くことを一瞬ためらうのだ。マスクをとった本来の自分が咎《とが》めているようにも見える。しかし、それを振り切って銃火が放たれる。

ジハーディ・ジョンの本名は、モハメド・エムワジ。西ロンドン出身のこの青年は、ロンドン時代、静かな礼儀正しい青年だった。が、交友グループのなかに、テロリストの活動拠点であるソマリアに出入りしていたものがいたため、英国当局の監視対象に入る。当局はスパイになることをエムワジに強制、それを断ると、諜報機関の嫌がらせを受け、就職も結婚も破談になる。英国時代のエムワジと交流のあったジャーナリストが書いた『ジハーディ・ジョンの生涯』は、英国のテロリストへのゼロトレランスポリシーが、エムワジを追い詰め、シリアに渡航させてしまったのではないか、と書いていた。

もちろん映画には、そんな過去は描かれていない。しかし、この本を編集した私は、そのシーンに、ジハーディ・ジョンではないエムワジを感じたのだった。

デンマークのコペンハーゲンにいるニールス・アルデン・オプレヴ監督に話を聞いた。

「ジハーディ・ジョンを演じる俳優のオーディションは英国でやりました。アラブ系の英国人俳優がそのオーディションをうけにきましたが、中には、エムワジと同じ学校に通っていた青年もいました。エムワジの素顔を映画の中では感じさせたかったので、ああ演出しました。マスクをとった時は英国社会からはじき出された一人の孤独な青年に戻る時もあった、と」

そして、もう一人の強烈な脇役は人質の救出を担う交渉人のアートゥアだ。アートゥアは本名ではない。そのことを私が知っているのは、実在する彼の協力を得て、ナポリオーニの本はつくられたからだった。『人質の経済学』は、米国でも出版されたが、もともと私とナポリオーニのやりとりの中から生まれた本だった。前著『イスラム国　テロリストが国家をつくる時』をジャーナリスト後藤健二がジハーディ・ジョンに殺害される3週間前に出していた私たちは、その次の本を、人質を救おうとしている交渉人を主人公とできないかと考えたのだった。

ニールス・アルデン・オプレヴ。デンマークを代表する映画監督。『ミレニアム　ドラゴン・タトゥーの女』(2009年)は世界的ヒットになった。© TOOLBOX FILM / FILM I VÄST / CINENIC FILM / HUMMELFILM 2019

ナポリオーニがつてをたどってたどり着いた交渉人がコペンハーゲンにいたアートゥアだった。同じ人物にオプレヴ監督もたどりつき、この映画をつくった。

「この映画の共同監督であるアナス・W・ベアテルセンは、プク・ダムスゴーの書いた原作に惚れこみ、映画化権を取得します。彼が私に監督をしてくれないか、と頼んできたのです。そしてベアテルセン自身が、役者としてアートゥアを演じることになりました」

二人が実際のアートゥアと話をしていてとりいれた小道具のひとつにパイプがある。アートゥアは、テロリストたちとの交渉の際に、パイプをくわえて出かける。これは実話で、なぜパイプなのかと、二人が実際のアートゥアに聞くと、「交渉の際、イスラムの過激

人質交渉人のアートゥアは、イスラム過激派との交渉の際、必ずパイプをふかしている。演ずるのは共同監督でもあるアナス・W・ベアテルセン。© TOOLBOX FILM / FILM I VÄST / CINENIC FILM / HUMMELFILM 2019

派組織は、パイプを吸っている人間は殺さないものなんだ」と答えたそうだ。

そしてアートゥアは静かだ。身代金の額をめぐって家族が狼狽して、値下げして払おうとする時も、政府の人間がそれに追従しているのに対して、「過激派組織は侮辱されていると感じる」と一言だけアドバイスをする。実際にイスラム国は怒り、身代金の額は200万ユーロに値上げされるのだ。

こうしたエピソードのひとつひとつが、事実であり、その事実を積み上げた演出で作品としても優れたものになっている。

イスラム国は、昨年9月、最後の陣地を失った。6年前には、あれほど世界を騒がせたあの「国」は、この地上から消え失せている。

2021・2・16

50

英『エコノミスト』誌デジタル戦略担当に聞く DX率100%の秘密

週刊誌の世界的な退潮のなかで、唯一部数を伸ばし続けている英『エコノミスト』誌。1996年には50万部だった部数は、2001年には76万部、最新の2020年の数字では、103万2000部。

その秘密の一端については、第39回に、同誌のエグゼクティブ・エディターであるダニエル・フランクリンのインタビューをひきながら紹介した。同誌が、ニュースを報道する雑誌（これはネットに代替されてしまう）ではなく、世の中に起こっている事柄を「分析」し、その意味を「解釈」し、そして将来を「予測」する雑誌だからだと書いた。

今週と来週は、2週続けて、同誌のもうひとつの強み、デジタル戦略について考える。

デジタル戦略担当のトム・スタンデージがロンドンからインタビューに答えてくれた。

スタンデージによれば、そもそも、ウェブ版をつくった1997年の当時から、エコノミスト誌は、タダで、記事を見せていなかったのだという。紙の定期購読者のみが、インターネット版にアクセスできるようにしていた。

2000年代までは、インターネット上の情報はタダであるべきという神話が支配していた

トム・スタンデージ。エコノミスト誌のデジタル戦略責任者。エコノミストへの入社は1998年。現在は年刊誌『The World In』の編集長も兼ねる。

時代でもあった。そうした中、ウェブでも課金をするとしたのは他にウォール・ストリート・ジャーナルとフィナンシャル・タイムズ紙くらいしかなかった。

「多くの新聞や雑誌は、2010年代になるまで、タダで見せても広告を出せば、利益はやがて出ると考えていました」（トム・スタンデージ）

紙の新聞でも考え方は同じ。2008年のリーマン・ショックの前までは、売上のうちの88パーセントをアメリカの新聞は広告から得ていた。タイムやニューズウィークなどの雑誌も、購読料を2年間で15ドルといった安さに設定して、2、300万の部数を刷って広告料で売上をあげていた時代でもあった。

が、エコノミストは違った。年間の購読料は100ドルと約10倍の値段をつけていた。だからエコノミストは2000年代にいたるまで、売上のうち購読料収入と広告収入の割合がほぼ半々だった。

そのエコノミスト誌がデジタル版のみの販売を始めたのが、2008年のことだ。

もともと英国のマーケット自体は小さい。だから、エコノミスト誌はグローバルに展開する必要があった。しかし、国によっては印刷からデリバリーまでがうまくいかず何日もかかるブラジルのようなところがあった。それも、デジタル版のみの販売を始めれば解消する。

２００７年に初めてアイフォンが発売され、２０１０年には移動体通信の形式が各国で３Ｇから４Ｇに変わっていった。スマートフォンの普及が一気に進んだが、エコノミストは、早くも２０１０年にアイフォン上のアプリを作りデジタル有料購読者に提供を始める。

「このようにして、われわれの販売のうち、４分の１が紙のみの購読者、４分の１がデジタル版のみの購読者、そして半分が紙とデジタルの両方をとるＷプランの購読者になったんです」

広告依存をしていた新聞や雑誌は、リーマン・ショックの後一挙に危機が訪れる。広告収入が激減し、安いウェブ広告だけでは、下落分をとうていまかないきれなかった。

その後多くのメディアが、紙とウェブ無料版からデジタル有料版に舵《かじ》をきろうとしたがこれは大変な事業で、スタンデージによれば「キャズム（大きな溝）を越える必要があった」。多くの新聞社や雑誌社は、情報はタダということに慣れてしまった読者を、デジタル有料版に囲い込むことができず現在も苦戦している。

エコノミスト誌はもともとコンテンツを読んでもらうことでお金をもらっていたので「キャズムを越える必要はなかった」（トム・スタンデージ）。

トム・スタンデージは、オックスフォード大学で、コンピューターとエンジニアリングを学んでいる。１９９１年に卒業の後、ガーディアン紙やテレグラフ紙でインターネット担当として働いたが、ネットの編集部と紙の編集部が分かれて運営されていることに危惧をいだいていたという。実際、多くの英国やアメリカの新聞社では、紙版は、ベテランの給料の高い記者、ウェブ版は給料の低い若手の記者によってつくられていた。それが、２００８年のリーマン・ショック以降、給与の高い記者を抱えきれなくなり、痛みをともなった両編集部の合併が行われたのだが、エコノミスト誌の場合、早くに両者は統合されていた。

２０１４年11月には、スマートフォン上のアプリで「エスプレッソ」というサービスをスタンデージの発案でエコノミスト誌は始めることになる。これは毎日５本のニュースをエコノミスト誌がそのアプリにおくってくるというもの。

「ニューヨーク・タイムズなどの日刊紙のデジタル版が毎日読者に接触しているのに対して、エコノミスト誌は週刊誌なので、週１回の配信です。それを毎日読者に接触しようということで始めました」（トム・スタンデージ）

しかし、大事なのは、何かを始める時には何かやめることだと言う。エスプレッソを始める時には、デジタル版で展開していた20のブログを一切やめることにした。編集者や記者が日々の仕事に追われて、長期的な展望を失うようだと、エコノミストならではの価値が失われるからだ。

昨年5月には、紙版のみの定期購読のプランがなくなり、ほぼ１００パーセントの読者が、デジタル版の読者になった。読者は五大陸に、等分にまたがる。

次号では、ポッドキャストを通じた音声メディアへの進出についてみていく。今回もそうだが、日本の新聞や雑誌にも参考になるはずだ。

２０２１ ２・22

51

英『エコノミスト』誌 Podcast 新番組はワクチンの地政学

毎朝、石神井公園へウォーキングの一時間強、エコノミスト誌のポッドキャストを聴く。

「私はアロク・ジハ、エコノミストのサイエンス特派員」

「私はナターシャ・ローダ、健康問題担当編集」

「昨年12月、英国コベントリーのマーガレット・キーナン90歳が最初のジャブ（投与）をうけてから1億回以上のワクチン投与が全世界で行われています。しかし、新型コロナウイルスの感染者数も1億人を超えました。感染とワクチンのレースをわれわれは戦っています。この番組『Ｔｈｅ Ｊａｂ』ではその最前線、研究室から人々の腕にワクチンが打たれるまでの、科学、ロジスティックス、経済、政治を追います」


軽快な音楽とともに、新番組「Ｔｈｅ Ｊａｂ」が2月15日（月）から始まった。

エコノミストのポッドキャストはカテゴリーごとに番組が決まっている。昨年1月から始まった「チェック・アンド・バランス」は、アメリカ政治を追いかけるもので、ワシントンとニューヨークの特派員、そしてアメリカエディターの3人がキャスター。毎週金曜日に配信され、2020年の大統領選挙の前は必ず最初に故事とその歴史をキャスターが話したあとに、「投

エコノミスト・ポッドキャスト。日替わりで様々な番組が配信されている。新番組 The Jab はワクチンを縦糸にして科学、地政、ロジスティックスを考える。Jab は英語で「一刺し」の意味からワクチンの投与を意味する。月曜日配信。

票の日まであと○日、チェック・アンド・バランスです」とカウント・ダウンをして始まっていた。他に、テクノロジーとサイエンスについては「バベッジ」、金融は「マネー・トークス」、日々の世界の動きについては「インテリジェンス」という番組があり、それぞれごとに担当する記者・編集者そして曜日が決まっている。

ポッドキャストを聴くのは無料だ。

前回に引き続き、エコノミスト誌のデジタル担当責任者のトム・スタンデージが語る。

「現在、エコノミストのポッドキャストのリスナーは、全世界で300万人います。広告料収入だけで、ポッドキャストの事業は黒字となっていますが、しかし、ポッドキャストは広告収入をあげることを目的としたものではありません。デジタルの有料購読者を獲得するためのものなのです」

確かに番組の最後に、「エコノミストを定期購読したい人はエコノミスト・ドットコムにアクセス」と必ずアンカーがしめる。

番組はその週のエコノミストでとりあげている話題に関連したことがらをとりあげている。

現在106万人の定期購読者のうちどのくらいが、ポッドキャスト経由なのかを聞いたが具体的な数字はあげずに、「少なからぬ定期購読者が、ポッドキャスト経由」だと言う。

エコノミスト誌は、2006、7年ごろからオーディオ・エディションという記事を読み上げる形式のエディションを販売していたが、ポッドキャストに力を入れ始めたのは、2019年1月からだ。このとき初めて週末を除く毎日、番組を流すことにした。その最初の番組が「インテリジェンス」。アンカーのジェイソン・パーマーは元BBCの科学技術担当記者だ。インペリアル・カレッジ・オブ・ロンドンで博士号を取得している。

「エコノミスト誌は私がデジタル担当の責任者になった2015年から、フェイスブック、インスタグラム、ツイッターといったSNSを使ってデジタルの有料購読者を増やすという戦略に舵をきりました。広告ではなく購読料によって繁栄するという従来の方針をより強化していったんです。ポッドキャストはそのもっとも有力な武器です」

エコノミスト誌は記者、編集者をあわせても、120人しかいない。これは日本で言えば30万部の地方紙の編集局ぐらいの人数だ。しかし、エコノミスト誌の編集者や記者は、記者クラブに所属して官僚や警察官から情報をもらいうける「前うち」報道をする必要はない。そうしたヤフーニュースに出てくるようなニュースはやらない。そうではなく、日々流れていくニュースの意味がわかるような、大きな絵を描こうとしている。

そしてそれを主導しているのは編集者だ。「The Jab」というポッドキャストの新番組の切り口も見事だ。たしかに、ワクチンの接種を縦糸にすれば、各国の制度の違いによる政治、変異種などへの効き方から科学、そしてロジスティックスを追うことでビジネスの側面も理解できる。

日本でも朝日新聞のようにポッドキャストを始めている社はあるが、この切り口がない。記者が、自分の記事について語るということが、整理なく行われているので、聴いているほうは習慣にならない。そして、もっとも気になるのは、有料電子版への誘導がほとんどなされていない点だ。

日経を除く日本の新聞社の有料電子版がのびないのは、掲載されている記事が、あまりに間口が広すぎて特徴を読者が摑みにくいからだ。たとえばアイドルの連載読みたさに、1カ月無料会員に登録しても、他の記事にはアイドルはないから、ぬけていってしまう。

紙からデジタルへの流れは止めようがない。しかし、デジタルも無料広告モデルでは、現在の規模の会社を維持できるだけの収入があがらないこともはっきりしている。

とすれば、どうすれば、有料電子版に読者を囲い込むことができるか、とことん考える編集者が必要だ。すでに「Information wants to be free」の時代は終わった。

メディアが生き残る唯一の道、ｗｅｂのサブスクリプション（有料購読）モデルに成功するのは、フォーカスのはっきりしたコンテンツを意識的に出している社だけだ。

ニューヨーク・タイムズしかり。ネットフリックスしかり。エコノミストしかり。

２０２１　３・２

Afterwards

The Jabは、英国のワクチン接種率が、5割になった2021年6月28日に、ひとまず最後のポッドキャストの放送を終えている。最終回の放送は「いかにしてパンデミックは終わるか」。

The Jabにかわって新しく始まった番組は「Game Changer」。流れを変える大きな技術革新をとりあげていく。2021年7月19日の第一回目のポッドキャストは、メッセンジャRNAを使った新型コロナワクチンはいかにして生まれたかを掘り下げていた。

52

変わることで持続する。女川の新聞販売店主　町復興にかけた10年

今から10年前の3月11日の夜を、宮城県女川町《おながわ》の新聞販売店「梅丸新聞店」を経営する阿部喜英《よしひで》は避難した高台の女川高校で明かした。夜通し、プロパンガスが爆発する音や津波によって根こそぎもっていかれる家々がぶつかりあう轟音が聞こえた。

翌朝、向かい側の高台にある両親の自宅が無事かどうかを確認しに、高校を出た。途中、眼の前に変わりはてた町の姿が一面に開けた。町は文字通り消滅していた。

全戸数の7割が、津波によってさらわれた女川の町で、新聞の販売を続けていけるのか、12日のその日は、妻の実家のある栃木に逃げてしまおうかと考えた。

宮城県の地元紙「河北新報」は、3月12日の朝刊を出している。しかし、それは、梅丸新聞店には届いていない。梅丸新聞店は海に面した販売店だった。住居も販売店も、津波によって一切なくなっていた。河北新報は仙台市泉区の印刷センターで印刷したものをトラックが宮城県下の各販売店にもっていき、そこから配達するのだが、そもそもトラックも女川自体にたどり着けなかったのだろう。

3人の子供と妻の安否を確認できたのは、13日。この日も新聞は女川には届いていない。

その日、自衛隊のヘリが避難所前に着陸した。自衛隊員が持ってきた河北新報を、避難所に貼っていった。その新聞を避難した人々がくいいるように、読んでいるのを阿部は見る。

停電で、テレビとインターネットは使えない。携帯電話も基地局がやられたため通じない。そうした中、震災の全容を伝えるのは新聞だけだった。そのとき、新聞を配らなくてはと思った。海側の道は瓦礫で通れない。山道を通っていける石巻市鹿又《かのまた》の販売店に車で出向いた。そこで12日付、13日付の新聞を合計で80部わけてもらい、女川にとって返した。

避難所に届けると、人々は争うようにして読んだ。14日の夕方、妹夫婦の車にのせてもらい、仙台市泉区の印刷センターまで何とかたどり着いた。「新聞を配りたいんだ」。そう訴えた。翌15日未明、トラックの助手席に同乗し、女川までの道を案内した。実家を、消失した販売店に代わる拠点としてドライバーに教えた。

ところが、16日未明、実家で待てどくらせどトラックはこない。道にまよって帰ってしまったのだろうか。17日は、午前3時、女川に入る一本道のところで、トラックを待ち構えた。トラックのヘッドライトが暗闇の奥から見えた。

梅丸新聞店の創業は1937年。祖父の代から続いている。写真は震災直後の店舗があった場所。

このようにして、500部程度の「河北新報」を手にして避難所や災害対策本部に届ける。他の販売店からクラウドにアクセスし、震災前の講読者リストを手にいれることもできた。そのリストをもとに、どの家が被災し、どの家が被災しなかったかを従業員や家族とともに、確認する。30人いた従業員も2人を津波で失っていた。

新聞を配っているうちに、配った家や事業所などから安否や困っていることなどを聞いた。阿部はそうした情報を最後には、蒲鉾工場の前で焚き火をして人々の話を聞いている商工会の会長と観光協会会長に報告した。そんな日が何日も続いた。

阿部は、次第に、女川の町を自分が再興しなくてはと考えるようになった。女川の町が再びかつての賑わいをとりもどせば、自分は新聞を配り続けることができる。

震災前はPTAの会長という役職をやっていただけだったが、震災後は観光協会の副会長、会長や商工会の理事、「復幸まちづくり女川合同会社」の代表社員、「女川みらい創造株式会社」の代表取締役。街づくりのための様々な仕事につき、一度は壊滅した町を持続可能な町にするための様々な事業に汗をかいた。

女川は原発の町だ。

原発があるおかげで震災前は、原発の定期点検に2000名から3000名の労働者が従事し、女川の宿に泊まってお金をおとしていた。

阿部は持続可能な町を作ろうとする。高齢化・過疎化に立ち向かうには、変化することが必要だと考えた。だから、復旧した女川駅前の町有地に、民間の手によってショッピングモールを作ろうとした時に、「女川みらい創造株式会社」が建物をたてて、テナントとして貸し出す形式にした。テナントだから、時代の要請によってうつり変わっていく。それが大事だと考えたのだ。

駅から海に向かうまっすぐな道の両側に商店がある。その道の先にある海から正月には日が昇ってくる、という設計にした。

その震災復興商業施設「シーパルピア女川」（２０１５年12月オープン）は、現在飲食店や地元名産の蒲鉾店など36店舗がならび年間40万人の賑わいを見せている。

震災前に２６００の部数があった新聞は、震災直後は４００まで減った。それを10年で１３００部まで戻した。震災前の女川の人口は、１万16人。死者・行方不明者８２７人。震災によって町の人口は減り、現在は約６０００人。

阿部はニューズピックスというサブスクのウェブメディアの会員にお金を払ってなっているが、なぜ、新聞にこのニューズピックスのような様々な工夫ができないのかと思う。30年前と同じものをつくってそれでお金をとろうということがどだい無理なことなのだ。

阿部喜英。1968年女川町生まれ。大学卒業後、仙台の広告会社に８年つとめたあと、99年より家業の新聞販売店を運営している。「シーパルピア女川」で。

新聞も新聞販売店もどんどん変わっていかなければならない。

新聞販売店の店長は、自らが変わることで、町の復興をなしとげた。新聞も変わることができるはずだ。

河北新報社は、まだ有料電子版をスタート

させておらず、売上のほぼ100パーセントを紙の新聞に頼っている。

2021 3・8

53

科学とメディア
死命を決するデータベースの力

新潟大学の脳研究所は、家族性アルツハイマー病の研究のメッカとなっている。

家族性アルツハイマー病とは、遺伝して伝わるアルツハイマー病のことで、その遺伝子をもっていると、50パーセントの確率で受け継がれ、突然変異が受け継がれれば１００パーセント発症する。しかもその発症は40代、50代といった若年である。ときには20代に発症するケースもある。

アルツハイマー病全体の１パーセントに満たない数だが、この家族性アルツハイマー病の家系の人々の献身的な協力で、アルツハイマー病の解明は進んできたのである。

今回は、なぜ上越の国立大学が、その研究の中心となっていったのかを、データベースの力から考えてみたい。

今、新潟大学の脳研究所には、全国の病院から、遺伝性のアルツハイマー病を疑われる患者の血液が送られてくる。その数は、年間に１５０から２００になる。

この血液のサンプルから遺伝子をとって、突然変異がないかどうかを調べるのである。

その際に威力を発揮するのが、新潟大学がもっている家族性アルツハイマー病の家系の人た

（写真左）新潟大学脳研究所の設立は1967年。日本で最初の脳神経に関する国立大の研究所だった。
（写真右）池内健。新潟大学で大学院生の時代に、遺伝性の脊髄小脳変性症のひとつであるDRPLAという病気の突然変異をみつけて、遺伝子解析の世界に入った。

ちのデータベースだ。変異の場所、発症の年齢、症状などがセットになって検索できるようになっている。

「もともと、2000年に、内閣府が、様々な病気のゲノム解析に大きく予算をつけるという話から、新潟大学のデータベースづくりは始まっています。それまでも、家族性アルツハイマー病の家系の人たちの遺伝子は各大学で調べられてはいましたが、連関しておらず、全国的なデータベースはありませんでした。それを新潟大学で作ろうということになったんです」

語るのは、新潟大学脳研究所教授の池内健《たけし》だ。現在このデータベースに集められている家族性アルツハイマー病の症例数は75家系300例にもなる。

「血液からとった遺伝子に突然変異があるとわかれば、過去に同じ突然変異がなかったかをデータベースで調べます。もし一致するものがあれば、発症年齢や症状などの臨床のデータも含めて検討をして依頼してきた病院に返します。新しい突然変異だった場合にはそのことを記して返答します」

この新潟大学脳研究所のデータベース、ＪＦＡＤ（Japanese Familial Alzheimer's Disease database）は、英語でしかも一般に公開されている。アルツフォーラムという米国のサイトの家族性アルツハイマー病のデータベースともネットワークして、世界の研究者が検索ができるようになっている。

「遺伝子解析において、ひとつの研究所だけがその成果を抱えているというのは意味のないことなんです。できるだけ多くの数のデータが開かれていることで、研究は前に進む」

たとえば大阪市立大学の富山貴美は、２００2年9月に新しい変異を瀬戸内海のある島出身の患者の血液から見つけだす。このとき、富山は、新潟大学のデータベースに照会し、サンプルから同じ変異をもった血液サンプルが一つあったことを見つける。そのデータもそえたうえで、論文を書き採用されるというプロセスをとった。

優秀なデータベースを持つものが強い、という法則は実はメディアにもあてはまる。

日本経済新聞社は、圓城寺次郎が社長だった１９７０年代にそのことに気がついている。圓城寺は、新聞社がもっている情報を一日一回の新聞でしか使わないのは、もったいないと考えていた。株価と連動するニュースは、有線を使って届けられる。それがＱＵＩＣＫという相場報道システムの会社になった。そして過去の記事でデータベースを作っておけば、企業はとても重宝する。パソコンの到来は、ビジネスマンが会社の経費でこの日経のデータベースを使えることを意味した。それが日経テレコンとなった。

東洋経済新報社は、会社四季報で、企業のミクロデータをずっと集めている。そのデータベースを使ったＢｔｏＢの事業はいまや同社のドル箱になっている。

実は先日、時事通信社に講演を依頼された時、時事の強みを活かしながら、将来伸びる事業は何かを考えた。時事通信は１９８５年のプラザ合意のあと、乱高下する通貨の値段をディーラーの端末にニュースとともに届けるＭＡＩＮという商品のイノベーションで１９８６年から１９９９年までの間に１２３億円もの増収（73パーセント増）をあげた。

しかし、この分野にロイターやブルームバーグが参入してくるようになると、行き詰まり、以降20期連続の営業赤字となっている。現在同社は新しい米びつを探している。

通信社は、速報から出発している。だからヒストリカルなデータを蓄積するということには弱かった。しかし、時事通信は、経済・行政の分野では、他社を寄せつけない取材力を誇っている。で、あればそのデータを蓄積していき、データベースをつくりＢｔｏＢの事業をすればよいのではないか、と考えた。

新作『アルツハイマー征服』で、アルツハイマー病研究の歴史を取材しているなかで、科学の世界における知の集積のシステムには、驚愕《きょうがく》する思いだった。発見は論文で査読され、公表されることで、共通の知になる。そしてその発見の巨大なデータベースを参照にしながら、科学者たちは、次のステップを目指すのだ。

公開か非公開かという違いはある。しかし、過去のデータを遡《さかのぼ》って調べることのできるデータベースは科学でもメディアでも強力な武器になる。

２０２１　３・12

54

韓国映画『野球少女』静岡新聞オーナーへのレッスン

公開中の韓国映画『野球少女』がいい。

たとえば日本だと、女性のピッチャーがプロ野球で活躍するフィクションは、水島新司の『野球狂の詩《うた》』の水原勇気があった。水原は「ドリームボール」という魔球で、強力打者をばったばったと三振にとる。が、この『野球少女』のスインは、その映画のほとんどが、挫折の連続として描かれる。

中学生のころは女子のほうが体格もよく、手も大きい。リトルリーグで、剛速球投手として活躍したスインは、高校でも野球部に女子として初めて入部、注目をあびる。が、よかったのはそこまで。リトルリーグのころは、洟《はな》にもかけなかった同級生の男子イ・ジョンホに高校に進学の後、体格で抜かれ、野球の技術でも抜かれてしまう。

高校3年生になり、プロ球団からジョンホに指名があったシーンから、映画は始まる。スインは指名などもちろんなし、厳しい労働で家族を支える母からは、就職をしろとどやされる。

スインの投球速度は、130キロ。プロになるためには、150キロが必要だと言われている。

『野球少女』の主演は、イ・ジュヨン。韓国プロ野球では、1996年の規約改定で女性でもプロ野球の選手になれるようになった。日本でも、女性が公式戦に出場できないのは、新聞社が主催している高校野球だけだ。DVDは松竹より発売中。© 2019 KOREAN FILM COUNCIL. ALL RIGHTS RESERVED

スインは、野球をあきらめきれない。そんな時、かつてプロに憧れ夢破れたジンテが高校の野球部のコーチとしてやってくる。ジンテはこう冷徹に言い放つ。

「プロになるのは無理だ。女だからそう言っているんではない。男でも女でもプロになるのは難しい」

スインは、球速をつけるために、野球部の練習の終わった夜も一人で投げ続ける。そんななかコーチのジンテは、「短所を伸ばそうとするな。長所を伸ばせ」という。スインのボールは速度は遅かったが、回転数が高かった。ナックルを覚えろというのだ。速球投手の残像が抜けきらないスインは、それでも、爪を割るようにしてナックルを習得し、念願のトライアウトに参加。プロ球団の強打者をピッチャーフライに討ち取る。

学校に球団から連絡があり、「球団社長に会ってこい」と言われる。しかし、その社長が提示したのは、女子野球をつくるための事業部のフロントの職だった。

スインは社長に聞く。

「トライアウトの映像は見てもらったでしょうか」

「球団が選手としてとりたいのは160キロの剛速球を投げる投手。それに投資をする」

ここでスインが返すセリフがいい。

「速いか遅いかでなく打たせないことが大事なんです。私は回転数が速い。ナックルと組みあわせて打者のタイミングを外せます。失礼します」

この映画は女性を特別なものとして描いていない。男性との性差を現実のものとして受け入れながら、それでも、自分の能力によって挑戦する女性を描いている。

静岡新聞と静岡放送の社長を兼ねるオーナーの大石剛氏が、静岡放送の女性アナウンサー（記事では実名）とW不倫の関係にあると、写真付でフライデーに報道された。

社長という絶対権力者が、女性社員とそうした関係になることはなぜまずいのだろうか。それは、ひとつには、スインのように自分の能力だけで、一切のコネを使わず高みに挑む女性たちへの侮辱であるということだ。

そうしたことを許してしまうと、通常の組織の指揮命令系統とは違う、特別なチャンネルができて、それをみなが恐れるようになる。

大石剛氏。静岡新聞の「イノベーションリポート」は、この連載の第27回でとりあげた。

その女子アナの場合で言えば、番組や人事を含め自分の能力とは違うところで物事が決まり、また決められるということになる。

「飲み会を断らない」女と誇らしげに語った総務省の山田真貴子元内閣広報官にザラリとしたものを感じるのも、同じように性差を武器にしている、ことを人々が感じるからだ。

「報道されたような不適切な関係は一切ありませんでしたが、今後は誤解を与えないような行動をとるように留意してまいります」

とは大石社長が静岡新聞・放送のサイトに出したコメントだ。写真であれだけの証拠がありながら、これでは、新聞社の記者たちはやりきれない。

静岡新聞・静岡放送には何人か親しい人がいるが、みな優秀でまじめ。ジャーナリズムのことを真剣に考えている。

静岡新聞は直近2期が赤字決算。紙と地上波に代わる新しい米びつを探すことは急務だが、社長のコンサルとの個人的関係から始まった「探索」事業もこれでは、うまくいかないだろう。

3月9日に行われた取締役会で、大石氏は両社の社長を辞任することが決まった。が、静岡新聞の代表権は代表取締役顧問として持つという。静岡放送のほうは、非常勤取締役となった。商法上は、代表取締役と取締役として経営にかかわるということだ。

ここは両社の取締役をスパッとやめて経営から手を引き、オーナーとして所有するだけにしてはどうか。ワシントン・ポストのように、経営と所有の分離を図るということだ。

映画『野球少女』では、球団社長は、トライアウトのスインの映像をもう一度見直して、自分のオファーを人寄せパンダ的だったと反省、改めてオファーがなされる。

オファーは二軍。しかし、プロ。社長はスインの母親にこう言う。
「お母さん、スイン選手はこれからが勝負ですよ」
人事も採用もこうでなくては会社は発展しない。

2021・3・23

Afterwards

大石社長のW不倫の記事は、2021年3月4日のフライデーに掲載された。静岡新聞は、経営戦略推進部の側近社員が中心となってつくったイノベーションリポートに端を発する「企業変革への取り組みメルマガ」を発信していたが、フライデーの記事を境に、ぴたり発信がやんでいる。

2021年1月には、「マスコミやめる」と同じ企業変革のチームが主導で宣言をして、これも他の地方紙関係者の間で話題になったが、実際にその宣言を読んでみると、中身はなかった。電通新聞局出身の大石氏らしい広告的手法だと思った。

そうした社が大揺れのさなかの3月15日、静岡新聞の電子有料版は静かにスタートしている。

55

五輪開催か否か NHKは正面から論じた

民放や新聞社が、五輪の開催そのものの是非について触っていないなか、NHKは、生放送で正面から「五輪開催の是非」を議論した。

3月21日(日)21時からNHK総合で放送されたNHKスペシャル「令和未来会議『あなたはどう考える? 東京オリンピック・パラリンピック』」だ。

生放送というところが重要で、しかも識者だけではなく、大会組織委員会の中村英正、IOC委員で国際体操連盟会長の渡辺守成、日本パラ陸上競技連盟会長の増田明美といった当事者が入っている点で、画期的だった。

一度放送予定にあったのが延期されていることから、討論者の人選や議題を含め、様々な困難があったことが予想される。新聞社のように、オリンピックのオフィシャルスポンサーになっているわけではないが、NHKの予算は、国会で審議される。オリンピックを政権の浮揚としたい菅総理は、自著で「NHK改革」について異をとなえた総務省の担当課長を更迭したと書いている人物である。政権からの介入も考えなくてはならない。

1時間の討論で、いろいろなことがわかった。

たとえば、組織委の計画では、1万人の医療従事者からオリンピック期間中に選手やボランティアの健康管理のために協力を得ることになっているが、これがそもそもできるのか、ということに対して、組織委の中村は番組内でこう答えている。

「青写真はわれわれでつくっているが、緊急事態宣言があけた今、医療機関にもっていっても混乱をするだけだ。もう少し状況がよくなった時点で、協力をあおぎたい」

番組内の議論で、組織委が情報を開示しないことで混乱が起きていると批判されているにもかかわらず、まだその青写真を提示できないというのだ。だいたい「状況がよくなる」かどうかもまったくわからない。

また増田や中村が、選手団にはコロナの専門家を含むチームドクターが帯同してくるから、かりに感染が起こっても選手村の中だけで完結する、「地域には迷惑はかけない」と内輪でもりあがるのに対して、作家の真山仁が、新型コロナには治療薬がない、選手村の中に閉じこめるということは、クラスターが発生する可能性があるということだと指摘。だが、そうしたクラスターが発生した時の対応についても、これから検討するということのようだ。

メダリストの有森裕子が番組の中でいみじくも指摘していたが、医療逼迫《ひっぱく》のなかでのぎりぎりの綱渡りの状況と、組織委の中での「安全、安心だ」という議論がまったくかみ合っていない。だから、一般の人々は「えっ?やるの」という反応なのだと、有森は喝破。

ＩＯＣ委員の渡辺と日本パラ陸上競技連盟会長の増田の浮世離れぶりに驚いた視聴者も多かったのではないか。

渡辺は、この間世界各国を旅して、「信じてもらえないかもしれないが、タクシーの運転手やウェイトレスら1000人以上に聞いたが、みなオリンピックやってくれ、ということだった」と言い、増田は、週刊文春報道に端を発した東京オリンピック・パラリンピック開閉会式の演出の責任者の更迭劇について、問題は、そもそも内輪の打ち合わせが表にでることがおかしい、「日本の告げ口文化」と発言した。

日本のワクチン接種率がほぼ0パーセントで、7月まではまったく間に合わないこと、その中で、たとえばブラジルのような変異種が猛威をふるっている国からの選手団とその関係者をうけいれるのか、といった問題については、番組の中では触れていない。IOCをめぐる商業主義と大会招致をめぐる委員への過去の買収事件にも触れていないが、それでも、学生らからのリアルタイムでの意見も表示しながら、正面からこの問題を論じたことに意味がある。

NHKについては、2004年に週刊文春によって紅白プロデューサーの制作費の着服が報じられたことがきっかけで不払いが続出し、1年で385億円もの受信料が失われた。その後、不払い者に対して訴訟が提起され2017年の最高裁判決で、テレビを設置したものには、支払い義務があるとの判決をNHK側は勝ち取る。

その最高裁判決は放送法の目的についてこう断じている。

〈公共放送事業者と民間放送事業者とが、各々その長所を発揮するとともに、互いに他を啓もうし、各々その欠点を補い、放送により国民が十分福祉を享受することができるように図るべく、二本立ての体制を採ることにした〉

今回のNHKの番組は、民放が身動きができないなか、まさにNHKが公共放送としての役

NHK受信料収入の推移

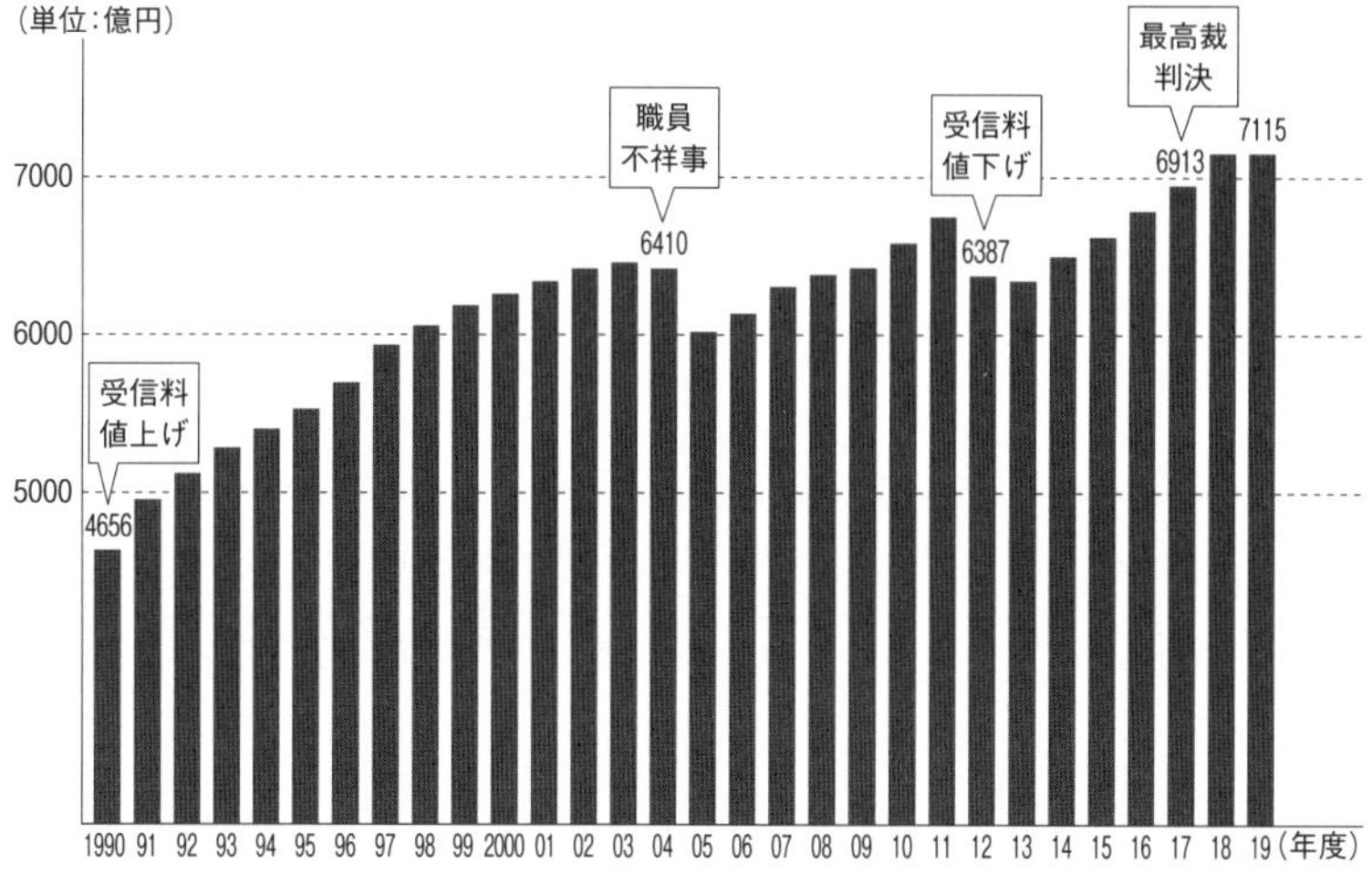

（2012年度以降税抜額）

割を果たしたと言える。

ＮＨＫは最高裁判決のおかげもあり、２００５年度には６００２４億円まで下がった受信料収入は、２０１９年度で７１１５億円まで増えている。そうしたなかＮＨＫがやることは、民間のやることを真似することではない。

市場経済のなかではうまく機能しない部分に、公共メディアならではの切り口でメスをいれていくことだ。

さて、最高裁判決に従えば、「互いに他を啓もうし」とあるのだから、今度は民放の番だ。３月27日未明にはテレビ朝日「朝まで生テレビ」がこの問題を討論した。

ＮＨＫとは違うアプローチで、オリンピック開催の是非を問う番組を、物事が決まる前に放送すること、それこそがメディアの役割。

Afterwards

2021　3・30

この直後の4月1日、NHKは聖火リレーのインターネットライブ中継で、沿道から「オリンピック反対」の声があがると、音声を消してしまった。NHK広報局は各メディアの取材に対して「走っている聖火ランナーの方々への配慮も含め、さまざまな状況に応じて判断し、対応した」と説明しているが、これは公共メディアとしてありえない対応だ。対立するイシューについては、双方の意見を放送するというのが、放送法第4条の精神。かつてのソ連邦では、報道写真といえども、失脚した人物が写っていたりすると修正をほどこし消してしまっていたが、それと同じ対応だ。猛省を促したい。NHKの組織としての対応は一進一退である。

56

11億ドルの損失を『告白』した金融マンの「それから」

今日（4月6日）は井口俊英さんの二度目の命日だ。

井口俊英と言ってピンとくる人は40代後半以上の人だろう。

1995年に大和銀行ニューヨーク支店巨額損失事件という出来事があった。

大和銀行は当時有数の都市銀行で、日本の金融機関はこぞって海外進出をしていたその例にならい、大和銀行もニューヨーク支店をもっていた。

そこで米国債の凄腕トレーダーとして名をはせていた井口さんは、実は11億ドルの損失を自分のポジションに抱えていた。そのことを頭取宛の告白状によって「告白」し、事件は表沙汰になった。

井口氏は米司法当局によって逮捕され、大和銀行は米国から追放の措置をうける。この事件によって日本の都市銀行や地方銀行が次々と米国から撤退し、大和銀行は、国際化の夢をたたれ、後にあさひ銀行と合併、りそな銀行となり、その名前は消えた。

当時は、日本のメディアのニューヨーク支局のみならず、銀行担当の金融記者、事件記者がこぞっておいかけた事件だった。

井口俊英。アメリカでの刑期を終え、出所した直後の写真。

私はコロンビア大学ジャーナリズム・スクールから93年に帰ってきて、1年後には出版のノンフィクション担当に異動になっていた。ジャーナリズム・スクール時代にアメリカではインメイト番号（囚人番号）がわかれば、拘置所がわかり、手紙をいれられることを知っていた。そこでインメイト番号を入手し、マンハッタンのワールドトレードセンター近くにある拘置所に東京から手紙を書いた。

日本の新聞記者が、全員、弁護士のところに行って、インタビューや手記を依頼していた時に、直接本人に手紙をいれたのは、私とウォール・ストリート・ジャーナルの記者だけだった。

しばらくして、当時住んでいた馬込のアパートにエアメールが届いていた。井口氏からだった。こうして、マンハッタンの拘置所で、1日に数ページずつ鉛筆で書いた手記が送られてくるようになった。

『告白』として出版されたのは1997年の1月。

〈収監されて数日後、私は、万一自分の身に何かあった時のことを考えて家族のために自分の半生記を綴っておこうと思い、丸くなった鉛筆を窓枠の尖った部分で削りながらこの手記を書き始めました〉

と始まるこの手記は、日本金融の国際化の墓碑銘として広く読まれた。

井口さんには書く才能があった。私は手記を担当した編集者として彼のその後の人生が作家として展開できないものか、と考え、『刑務所の王』『陰謀のドル』と2冊の本をつくった。刑期を終え、出所して帰国した井口さんを文芸の編集者に紹介したりもした。

が、作家になるというのは、継続して様々なテーマをほりさげ書き続けるということだ。そうした能力はなかったのだろう。しだいに連絡は途絶えていった。

時折、マスメディアから、回顧ものの取材で連絡をとってほしい、とあると本人にメールをしてその近況が知れるという具合だった。作家になることをあきらめた井口さんは、神戸で英語の教材の会社を英会話学校と一緒に始めていたりした。しかし、ここでも、あの「大和銀の井口」ということがわかると、金融機関は、融資の話を帳消しにし、資金ぐりに苦労していた。

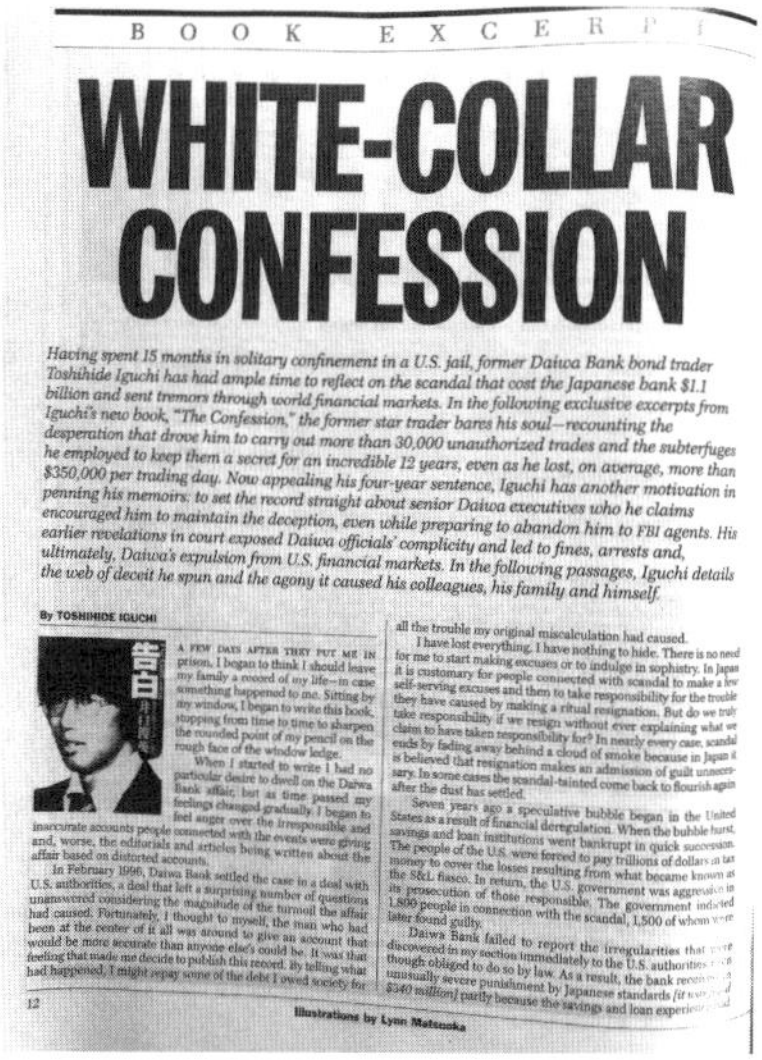
BOOK EXCERPT

WHITE-COLLAR CONFESSION

Having spent 15 months in solitary confinement in a U.S. jail, former Daiwa Bank bond trader Toshihide Iguchi has had ample time to reflect on the scandal that cost the Japanese bank $1.1 billion and sent tremors through world financial markets. In the following exclusive excerpts from Iguchi's new book, "The Confession," the former star trader bares his soul—recounting the desperation that drove him to carry out more than 30,000 unauthorized trades and the subterfuges he employed to keep them a secret for an incredible 12 years, even as he lost, on average, more than $350,000 per trading day. Now appealing his four-year sentence, Iguchi has another motivation in penning his memoirs: to set the record straight about senior Daiwa executives who he claims encouraged him to maintain the deception, even while preparing to abandon him to FBI agents. His earlier revelations in court exposed Daiwa officials' complicity and led to fines, arrests and, ultimately, Daiwa's expulsion from U.S. financial markets. In the following passages, Iguchi details the web of deceit he spun and the agony it caused his colleagues, his family and himself.

By TOSHIHIDE IGUCHI

A FEW DAYS AFTER THEY PUT ME IN prison, I began to think I should leave my family a record of my life—in case something happened to me. Sitting by my window, I began to write this book, stopping from time to time to sharpen the rounded point of my pencil on the rough face of the window ledge.

When I started to write I had no particular desire to dwell on the Daiwa Bank affair, but as time passed my feelings changed gradually. I began to feel anger over the irresponsible and inaccurate accounts people connected with the events were giving and, worse, the editorials and articles being written about the affair based on distorted accounts.

In February 1996, Daiwa Bank settled the case in a deal with U.S. authorities, a deal that left a surprising number of questions unanswered considering the magnitude of the turmoil the affair had caused. Fortunately, I thought to myself, the man who had been at the center of it all was around to give an account that would be more accurate than anyone else's could be. It was that feeling that made me decide to publish this record. By telling what had happened, I might repay some of the debt I owed society for all the trouble my original miscalculation had caused.

I have lost everything. I have nothing to hide. There is no need for me to start making excuses or to indulge in sophistry. In Japan it is customary for people connected with scandal to make a few self-serving excuses and then to take responsibility for the trouble they have caused by making a ritual resignation. But do we truly take responsibility if we resign without ever explaining what we claim to have taken responsibility for? In nearly every case, scandal ends by fading away behind a cloud of smoke because in Japan it is believed that resignation makes an admission of guilt unnecessary. In some cases the scandal-tainted come back to flourish again after the dust has settled.

Seven years ago a speculative bubble began in the United States as a result of financial deregulation. When the bubble burst, savings and loan institutions went bankrupt in quick succession. The people of the U.S. were forced to pay trillions of dollars in tax money to cover the losses resulting from what became known as the S&L fiasco. In return, the U.S. government was aggressive in its prosecution of those responsible. The government indicted 1,800 people in connection with the scandal, 1,500 of whom were later found guilty.

Daiwa Bank failed to report the irregularities that were discovered in my section immediately to the U.S. authorities even though obliged to do so by law. As a result, the bank received an unusually severe punishment by Japanese standards *[it was fined $340 million]* partly because the savings and loan experience

12

Illustrations by Lynn Matsuoka

『告白』の出版は、ニューヨーク・タイムズやウォール・ストリート・ジャーナルなどの米国の一流紙が大きく伝えた。TIME誌アジア版（1997年2月10日号）はカバーストーリーで、抜粋を掲載。

　肺ガンになったため暖かいフロリダの地に移住する、と連絡をうけたのは、4年ほど前だったか。

　そして、毎日新聞の問い合わせがあり、井口さんにメールを送ったところこんな返信がきたのが2019年3月19日。私が文藝春秋を退社する直前のことだった。

「お久しぶりです。今は、フロリダ州最南端のネープルズという街に住んでいます。家内が富裕層を相手にしたファンドのマネージャーをしている関係でここにいます。どこにいても、私はもう退職をしたただの男ですので RETIRED BANKER 以外の肩書きはありません。もちろん、今となれば DAIWA BANK という固有名詞を知っているアメリカ人すらいないでしょうから、ようするに我々の人生は何だったのかというところですね」

「私の生命がいつまで持つかは極めて不透明です」

夫人と名乗る女性から英語のメールが届いたのは、それから3週間もたたない、4月7日のこと。すでに私は文藝春秋の編集者ではなかった。「あなたの友人だったトシは、昨日の朝早くに亡くなりました。鼓動がだんだんとゆっくりとなり、息をしなくなるその最後の時も、私は彼の手をとって一緒にいました」

ステージ4と宣告されてから8年目だった、とそのメールにはあった。

夫人となっていたのは、『告白』でソウルメイトとして描かれていた「明美」さんではない。白人の女性だが、夫人と写真に写る井口さんは幸せそうだった。

2021 4・6

57

読売月１企画「あれから」その切れ味の陰に一人の女性編集者

私が文藝春秋に入社した頃の週刊文春では、ゴールデンウイークや年末年始の合併号で「あの人は今」のワイド特集をよくやっていた。

たとえば、１９８９年5月4・11日の合併号では「事件の女たちは今」のワイド特集。編集長は花田紀凱《かずよし》。入社3年目の記者だった私は、１９６４年の大ベストセラー『愛と死をみつめて』のミコ大島みち子の恋人だったマコこと河野實《まこと》の25年後を追うことになった。

純愛物語のマコが、コワモテの雑誌『経済界』の副社長になっていることが面白いということで企画されたのだが、私は、顔の癌で亡くなったミコの実家のある兵庫県西脇市に、ご両親を訪ねたりしているうちに、当初の企画趣旨はどうでもよくなってしまった。

立ち寄った大島みち子さんの母校西脇高校の図書室。ボロボロになり背表紙をテープで補強された初版の『愛と死をみつめて』が25年後のそのときも書棚にあり、顔を半分手術で失いながらもよりよく生きようとしたみち子さんの日記『若きいのちの日記』は〝貸出中〟だった。

それを記事の締めに使った。

まだ、若い人たちが読み継いでいるということに感動したのだったが、花田は原稿のゲラを

1 14版
THE YOMIURI SHIMBUN
讀賣新聞
JAPAN ART & CULTURE
Gallery
■学校全面再開9割に 2
■シリア経済 混乱加速 6
■基礎から「コロナ検査」13
■10万円給付 使い道は 15
発行所 読売新聞東京本社 〒100-8055 東京都千代田区大手町1-7-1 電話(03)3242-1111(代) www.yomiuri.co.jp

あれから Vol.4 両腕のない主演女優 ―1981年10月

のり子さんは、今

サリドマイド薬害のため両腕がない状態で生まれた女性の日々を描写した映画「典子は、今」（松山善三監督）は、1981年に公開された。主人公の典子さんは、熊本県に暮らす実在の人物。足を使って冷蔵庫を開け、お茶を飲む。足の指で書をたしなみ、ミシンで洋裁もこなす。

本人にとっては、普通のこと。そこにちょっとした冒険を織り込み、典子さん自身が主演した映画は大評判となり、当時の皇太子ご夫妻（現在の上皇ご夫妻）もご覧になった。

女優体験は心地よかった。あの時代、自分があのままの姿で映画に出た意味もあったと思う。ただ、あまりにも大きな反響によって、「ああ、自分は障害者なんだ」と思い知らされた。

あれから40年近くがたった。典子改め、「のり子」と名乗る白井のり子さん(58)は、今――。（社会部 坂本早希、21面に続く）

災害時・防犯を考慮

スマホ・携帯電話の持ち込みルール

	現状	見直し後
小学校	× 原則禁止	
中学校	×	○ 一定条件で容認
高校	◎ 容認	

中学校への持ち込み容認条件
1 学校での管理方法や責任の所在を明確化
2 「フィルタリング」を保護者が設定
3 学校や保護者が正しい使い方などを生徒に指導

香港に

実施法案公表

「あれから」は毎月第3日曜日に掲載されていたが、2021年4月からは第2日曜日に掲載。


読むと私を呼んで一言。

「違うんだよなー、河野が『経済界』の副社長になっていることが面白いんだよ」

「あの人は今」というワイド企画は、今では週刊誌でもほとんど見られなくなっている。プライバシー意識のたかまりで、過去の事件の人をとりあげることが難しくなったからだ。

それを新聞でやっているのが、2020年2月から始まった読売新聞の月1回の企画「あれから」だ。

これが非常に読ませる。うまい。1面から始まり、ジャンプして中面を丸まる1ページつかう長文の読物だ。

たとえば昨年6月の第4回では、1981年に公開された映画『典子《のりこ》は、今』の主人公の「あれから」を追っている。サリドマイド薬害のため両腕がない状態で生まれた女性が、プロの役者に混じって実際の自分の役を演じた映画だが当時大ヒットしたことは私も覚えている。

〈あれから40年近くがたった。典子改め、「のり子」と名乗る白井のり子さん(58)は、今
――(社会部 坂本早希、24面に続く)〉

あるいは「3年B組金八先生」で「腐ったミカン」の不良生徒・加藤優を演じた少年の「あれから」(第8回)。

〈その少年こそ、直江喜一さん(57)。「時の人」となり、波に乗って役者を続けるつもりだった。だが、人生はそうは進まなかった(社会部 波多江一郎、25面に続く)〉

毎回素晴らしい切れで、1面のリード部分を締め、全面展開している本編に続く。

とりあげる人物といい、文章のうまさといい、取材の発見の驚きといい、非常に優秀な一人の編集者が企画しているのではないか、と回を重ねる毎に思っていた。なにしろ、執筆している記者は入社10年以内の若手の記者ばかりなのだ。

今回問い合わせをしてみて、やっぱりそうだということがわかった。1995年入社の木下敦子という社会部の次長が一人で担当しているという。

「私は時間の経過というものに興味をもっていて、時間がたつことでわかることもある。それを形にしたいと思った」

週刊誌の「あの人は今」は、この企画を立ち上げる際におおいに参考にした、という。だが、大きな違いがあった。

「とりあげる人が合意することが前提。なので、断られて没になった企画は数多くあります」

『典子は、今』の白井のり子さんにも、西部本社で懇意にしていた男性の筆頭デスクに聞いたら、6年前に講演活動も終えてメディアには出ないということだった。

坂本早希（左）と木下敦子（右）。坂本は現在警視庁記者クラブにいる。「ああいう長い物を書くのは本当に楽しかった」と。

木下は諦めきれず、まだ28歳の坂本早希を担当にたてる。坂本は、2014年入社、青森の支局からあがってきたばかり。しかし、ダイヤモンド・プリンセス号の現場で、相手の懐に入ってコメントをとってくる姿が木下の目にとまっていた。

坂本が熊本に飛び、膝詰めで頼んでみた。すると、坂本が映画公開から10年も後に生まれたことを面白がり、取材をうけることになった。

記事の中で凄味を感じる一節がある。それは、母親役を演ずる女優の渡辺美佐子（88）の当時の思いを綴ったくだりだ。

〈撮影中にふと、のり子さんの腕をつかもうとしてはっとした。人には腕があるのが当然、という考えが行動に出た。俳優である前に、人間としての自分が問われる現場だった〉

最初の原稿では、渡辺のコメントが「自分が問われている現場でした」とあるだけだった。それを読んだ木下が、「これはどういうことなの？」と坂本に聞いた。再取材すると、腕をつかもうとしたエピソードが出てきたのだという。

木下は司馬遼太郎が好きで大きな影響をうけている。「あれから」には司馬の短編小説を読むような緊迫感の回がある。

ちなみに30年前の花田紀凱は、私に「違うんだよなあ」とは言いながらも原稿は直さず通してくれた。

「見立て」とは違う、発見が取材で出てくる。その発見を大事にする。木下の編集術も同じだった。

２０２１・４・13

58

違う分野をつなげる。ある物理学者、「ユーレカ!」の瞬間

物理学者の大栗博司さんと、2016年の七夕の夜に夕食をご一緒した時のことである。不思議な話を聞いた。

大栗さんは、幾何学的にものごとを理解するのだという。あることを集中して考えて考えて、ある瞬間に理解が訪れる。それは図形的な理解なのだ、とおっしゃった。時にはわからなかった問題が、20年越しにふっと解ける時があると言って自分の博士論文の例を持ち出した。

大栗先生の博士論文は、ご自身の研究テーマである「超弦理論《ちょうげん》」にインドの数学者ラマヌジャンの公式を応用したものだと言う。

ラマヌジャンという言葉が出てきた時に、ドキンと心臓が高鳴った。

英国植民地時代のインドで、数学の教育をまったくうけていないにもかかわらず、事務職員だったラマヌジャンは、様々な数学上の定理を発見した。それをイギリスのケンブリッジ大学の高名な数学者ハーディに送りつけた。ハーディはそのインドから送られた定理の数々をごみ箱に送ることなく吟味し、その才能に驚きケンブリッジに招聘《しょうへい》する。しかし、イギリスの凍《い》てつくような冬のなか結核をわずらったラマヌジャンはインドに戻り、この世を去る。

そんな話を、サイモン・シンの『フェルマーの最終定理』や藤原正彦の『心は孤独な数学者』で読んでいたからだ。その公式を応用？　そのことだけでも面白いのに、そこから先は、想像を絶するような話だった。

この博士論文で、ラマヌジャンの公式を応用すると、超弦理論の予想する量子の質量は、90、462、1540……といった数になったのだと言う。博士論文ではその数字の意味まではわからなかった。

それがわかったのが、博士論文を書いてから20年後の夏、夕立にあって友人と雨宿りしていた時のことだった。滴《したた》る雨を眺めながら、友人ととりとめのない話をしていたその瞬間に、突然、この数字の意味がわかったのだとおっしゃった。

このラマヌジャンの公式は、ラマヌジャンがハーディに送った最後の5枚の手紙のいちばん最後に書いてあった式なのだと言う。

私は翌日すぐにメールを書いて「若き数学者のアメリカ」というタイトルで、

大栗博司。東京大学国際高等研究所カブリ数物連携宇宙研究機構機構長。カリフォルニア工科大学フレッド・カブリ冠教授およびウォールター・バーク理論物理学研究所所長。

この博士論文の話も含めて本を書いてくれないか、と先生に頼んでいる。と、いう本人がすっかり忘れていた話を思い出したのは、大栗先生が、新刊『探究する精神　職業としての基礎科学』（幻冬舎新書）という本を送ってきてくださったからだ。その中に、このラマヌジャンの公式と博士論文の話が書かれてあった。

この『探究する精神　職業としての基礎科学』は素晴らしい本だ。

大栗先生は私と同じ1962年生まれだが、少年時代からの回想記である。

幾何的に物事を理解するというのは小学校5年生の時からそうだった。名古屋の中日ビルの展望レストランで家族と一緒に食事をとった時のこと。窓から地平線を見た大栗少年は、地平線までの距離はどれくらいあるんだろうと考えた。食事をしている最中、ずっとその問題を考えていたそうだ。地球の半径と中日ビルの高さを足した辺を斜辺、レストランと地平線を結ぶ直線、地球の半径を他の二辺とする直角三角形が浮かんできた。そこからその問題を解いてしまうという話が冒頭で出てくる。

梅檀《せんだん》は双葉より芳《かんば》し。

あるいは、大学2年生の冬に「フロベニウスの定理」がわかった瞬間の描写。先生はこの問題を、岐阜に帰省する列車の中でずっと考えていて、途中乗り換えをする米原《まいばら》駅で立ち食いそばを注文した時に解けたのだと言う。米原は日本有数の豪雪地帯。その日も伊吹山から吹き下ろす風にのって、雪が乱舞していた。

〈フロベニウスの定理は、空間の中で様々な方向に流れがある時に、それらの流れが部分空間を織り成すための条件を定めます。風に吹かれた雪が様々な方向に流れていく風景を見ている時に、突然、定理の証明の全体像が理解できました。目の前にかかっていた霧が晴れたような気分で茹で上がった蕎麦をいただきました〉

こうした先生の研究者としての人生の「ユーレカ！」を追体験しながら、「基礎科学」の意味を考える本なのだが、この本が教えることは、自分の専門の問題をつきつめたいと思うのならば、まったく違う分野について考えてみることだということがわかる。先生の研究は、物理学だけではなく、数学や哲学の幅広い読書と洞察そして交流のなかで、あるときその学問の壁を超えてつながる瞬間があり、発見がある。

2016年に食事をした時に、仏教者と対談をするという話を先生はしていたが、その当時、私はピンとこなかった。が、この『探究する精神』を読んでおぼろげながらその意味がわかったような気がした。

そしてこれはジャーナリズムにとっても必要なことだ、と。

そんなことを考えながら自分が編集者としてはとれなかった本を楽しみながら読んだ。

担当編集は、幻冬舎の小木田《こぎた》順子。岡田仁志と

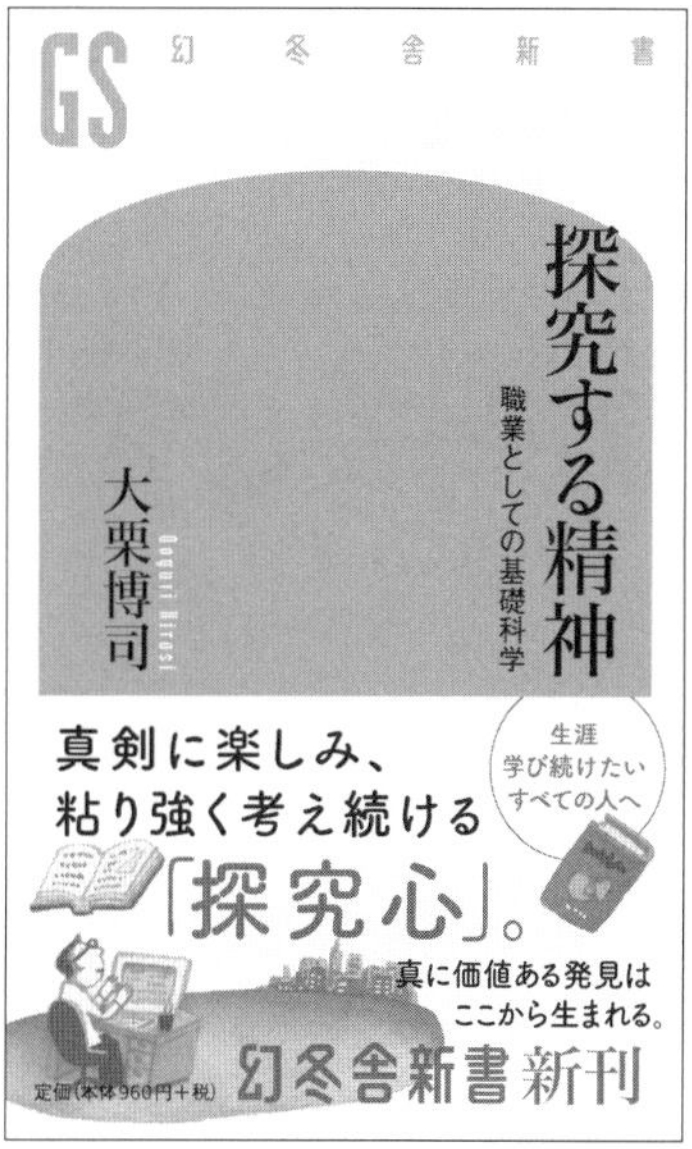

『探究する精神　職業としての基礎科学』（幻冬舎新書）。献辞は、少年時代にかよった岐阜柳ヶ瀬にあった「自由書房」本店という書店の思い出から、全国の書店に捧げられている。「自由書房」本店は2008年に、残りの店舗も昨年6月に残念ながら閉店している。

いうフリーの編集者もかかわっている。二人の名前は、5年前の七夕にも聞いたような気がする。

2021 4・20

59

ワクチン接種率0・6％ それでも五輪を強行するのか？

英『エコノミスト』誌のポッドキャスト「The Jab」では、週一回の放送の度に各国のワクチン接種の状況を和音で伝える。接種率が高くなればなるほど演奏する楽器の数が多くなり、音色が豊かになってくる。

1月から始まったこの「ワクチン和音の調べ」で、もっとも早く多数の楽器を奏でたのは、イスラエル、ついで米国。4月20日の配信では、なぜ英国や米国に比べて欧州のワクチン接種が進んでいないのかが特集されていた。

4月20日の時点でイスラエルは、60パーセントが一回目の接種をうけ、二度目の接種をうけた人が56パーセント。米国は、40パーセントが一回目の接種、26パーセントが二度目の接種を終えている。遅れているとは言ってもドイツで20パーセントが一回目の接種、6・7パーセントが二度目の接種。フランスでは、これが、19パーセントと6・7パーセントになる。

この「The Jab」の放送が1月に始まってから一度も音を奏でたことがないのが日本だ。4月20日の時点でも、全国民のうちの0・6パーセントしか二度のワクチン接種をうけていない。エコノミストが「ワクチン和音の調べ」をつくろうとしてもかぎりなくゼロに近い数字では奏でようがないのだ。

そうしたなか、オリンピックが東京で強行されようとしている。

はっきり言う。

オリンピックは中止にすべきだ。

メディアはこの問題から正面に向き合い、他人の声を紹介するだけでなく、自らの声でオリンピックを中止にすべきか否かについて意見表明をするべきだ。

当コラムは、2020年12月15日の第41回で日本の商業メディアではもっとも早くオリンピック中止についてとりあげた。アメリカのシンクタンク新経済思考研究所の調査レポート「経済を救いたければ人命を救え」にふれ、「(新聞は)第三波の今こそオリンピック中止を正面から論じるべきだ」とした。

読売新聞は、今年正月の社説で、同じ新経済思考研究所の調査レポートをひきながら、オリンピックの開催の是非について言及したので、ひょっとしたら新聞も積極的にこの問題をとりあげるようになるのか、と思ったこともあった。

しかし、以降各紙、ほとんど正面からこの問題について論じていない。TBSのCS番組収録で自民党の二階俊博幹事長が4月15日、「(オリンピックが)無理だということなら、こりゃもう、スパッとやめなきゃいけない」と発言した、とは報じるが、じゃあ自分たちがどう考えているかということを表明していない。

社説は、こうしたときのためにあるのではないのか?

国を二分する問題について、社としてどう考えるかをわかりやすく伝える、そのためにあるのではないだろうか？

４月23日の朝日新聞社説が「五輪とコロナ　これで開催できるのか」としてこの問題に初めて切り込んだが、複数の識者がひとつの問題について意見を戦わせる「耕論」では驚くことに一度もこの問題をとりあげていない。

東京新聞

こちら特報部

五輪中止 決断の時では？

「常識論」言えぬ異常さ

「無理ならスパッとやめなきゃ」――自民・二階幹事長

「断念」を手柄として利用の懸念も

「東京来ないで」3カ月後に「来て」は困難

またまたあごマスク姿で衆院本会議に臨む自民党の二階俊博幹事長＝15日、国会で

大会公式商品の加賀友禅マスクを着け、伝統工芸品を紹介する東京五輪・パラリンピック組織委の橋本聖子会長＝15日、東京都中央区で

デスクメモ

話題の発掘

４月17日付東京新聞特報面。東京新聞は名古屋に本社のある中日新聞東京本社が発行している。この記事をデスクとして担当した大村歩は、１月13日付の特報面でも、「(五輪を）やれる根拠を探すほうが難しいのではないか」とする特集をつくっている。

日本経済新聞は、４月14日から上・中・下の三回で「五輪開幕カウントダウン　正念場の100日」という連載を掲載したが、表題のとおり、五輪が行われることを前提にして、「積み重ねてきた科学の知見で参加国の共感を得られるかが大会成功のカギとなる」という結語をそえる、何も言ってないのと同じなんともぬるい連載だった。

主要紙の中では、唯一東京新聞が、特報面で４月17日に「五輪中止決断の時では？『常識論』言えぬ異常さ」との大見出しで、オリンピック中止を提言する英医学誌の論文を主軸にひきながら、中止の問題に踏み込んでいる。東京新聞は中日新聞東京本社が発行しているが、中日新聞社は、主要紙の中では唯一五輪のスポンサーになっていない（ただしこの記事は中日新聞には転載されていない）。記事は、識者のコメントを並べたものなのだが、それでも、最後にデスクメモという記者個人の意見を表するコーナーがあり、ここでデスクの大村歩が「潔く敗北を認め、早く決断すべきだ」とはっきり書いている。

これが私が知るかぎり唯一の、新聞社からの意見表明だ。

第55回で、メダリストの有森裕子が、医療逼迫の中でのぎりぎりの綱渡りの状況と、組織委の中での「安全、安心だ」という議論がまったくかみ合っていない、とＮＨＫの番組の中で指摘したととりあげた。ブラック・ジョークのようなそのちぐはぐさは増すばかりだ。

東京・大阪・京都・兵庫に三度目の緊急事態が宣言された。こうした中、ワクチンを「接種する医師や看護師は慢性的に不足している」と4月20日付読売は報じている。

そうであれば、1万人の医療従事者からオリンピック期間中に選手やボランティアの健康管理のために協力を得るという組織委の言動がいかに無責任なものかわかるではないか。

新聞社が縦割りであるのは今に始まったことではない。しかし、今こそこのコロナ禍の中の医療逼迫と五輪を結びつけ、中止か否かを論じる時だ。

実は、スポンサーも五輪関係では広告を出し渋るようになっているという。たとえばかつてであれば、五輪の特集を3ページやると、その下の五段広告にスポンサーが群がったが、現時点では、スポンサーも広告を出そうとしないのだという。

つまり今が決断の時ということだ。

2021・4・27

Afterwards

オリンピックは、64歳以下のワクチン接種率わずか4パーセントの状態（7月30日時点、読売新聞社調べ）で強行されることになった。四度目の緊急事態宣言が、7月12日（月）から東京都には発せられたが、デルタ株が猛威をふるい、緊急事態宣言は効果を発揮しなかった。オリンピック期間中の8月5日には、東京都の新規感染者数は5000人を越え、ワクチンをうつことが間に合わなかった40〜60代で重症者の数が増えた。

こうしたオリンピックで、企業名を出すことが得策ではないと考えたトヨタは、オリンピックにあわせた国内CMの放送をとりやめている。豊田章男社長らトヨタ関係者は、開会式にも欠席した。同じ国内最高位のスポンサーであるパナソニックやブリヂストンの関係者も開会式の出席をとりやめた。新聞も、オリンピック関連の記事に連動をした広告の集稿は大苦戦となった。

60

新潟日報、夕刊の後。芸妓をとりあげる「大人」のメディア

江戸時代から北前船の寄港地として新潟はおおいに栄えた。物資が出入りするこの港町には、古町《ふるまち》と呼ばれる花街が発達し、最盛時には、芸妓《げいぎ》と呼ばれる女性たちが、500人近くはいた。彼女たちは、お座敷に呼ばれ唄や踊りを披露して、客をもてなす。

古町の芸妓は、新潟の歴史と文化を現す。地方紙にとって格好の取材対象であるはずだった。しかし、新潟の地元紙「新潟日報」は、この芸妓のことを正面からとりあげることはなかった。夜の街の酌婦ではないか、それを紙面にとりあげるのか、という批判をおそれてのことだった。

第24回でとりあげた新潟日報の「最後の角栄番」小田敏三も、歴史資料を手提げ袋一杯に集めたが、記者時代も編集局長時代も字にすることはできなかった。

一度は整理部に塩漬けになっていた小田が、2014年3月には社長になった話はすでに書いた（第24回）。

小田は社長になるとすぐに、編集、販売、広告、経理、印刷など社内の各部署から40代後半の一線の管理職13名を指名し、「10年後の新潟日報」について経営陣に提言するように命ずる。

移動体通信の形式が3Gから4Gに変わったのが2010年。2014年には、スマートフ

ォンの普及率は、わずか4年で60パーセントを超えていた。新潟日報の部数はそれに反比例する形で、じりじりと後退を続けていた。

新潟日報にとってこの「10年後」提言会議を持ったことは後に重要な意味をもってくる。13人の委員のリーダー役になったのは社長室にいた鶴間尚《ひさし》だった。

若手の管理職は、一年後、7つの戦略を経営陣に提言する。第27回でとりあげた静岡新聞のように、県を越えるビジネスを指向するのではなく、あくまで地域にこだわり、地域活性の事業のプラットフォームに新聞社がなって、広告や事業等々の派生のビジネスで利益を得るという方向性を示した。この提言は、今日の新潟日報を特徴づけることになる。

そして提言のひとつに夕刊の廃刊があった。しかし、一方で、夕刊に変わるまったく新しい媒体を作ることも提言していた。

「この提言を見てしめたと思った。全然違うものをつくってみよう、そう思った」

社長の小田自身が陣頭指揮をとる形で、新媒体の検討が進められた。

販売店を守るためにも、紙の媒体であることは必要だ。しかし、もう速報を人々は新聞には望んでいないのではないか。もっと日持ちのする読み物を中心に考えてみよう。

新潟日報の夕刊のコア読者は60歳以上と高齢化していた。が、県の平均年齢は47歳。この社会の中核を担う層をターゲットにしよう。「大人」の媒体だ。ライターは社内の記者にこだわる必要はない。

このようにして新潟日報は夕刊を2016年11月に廃刊にし、かわって「Ｏｔｏｎａ＋（おとなプラス）」を創刊した。この新しい媒体は、タブロイド版で、平日は12ページ、土曜日は

16ページ。

何よりも目をひくのは、フロントからの3ページをひとつの特集にあてて、それを毎日、社内外のライターが互いに競って書いていることだ。

「社外のライターの人は20人くらいいる。地域の図書館の司書だった人や様々なバックグラウンドを持つ人が、その人でなければできない特集を書いてくる。月に一回読まれた記事のランキングも載せる。日報の記者は負けられない」（小田）

私も一週間分の紙面を見たが、社外の書き手と社内の記者が切磋琢磨しているところが素晴らしいと思った。全国紙でも、「前うち報道」で硬直化した社内の記者を、社外の書き手を紙面に参加させることで変えていくことが、新聞の生き残る道だと考えていたからだ。

そして、古町の芸妓も紙面を飾ることになった。小林信也《のぶや》という長岡市出身の作家が、「古町の芸妓を書きたい」と専務のつてをたよってきた。小田は、紙袋一杯にためてきた古町の資料を渡し、連載が始まった。

「柳都新潟　古町芸妓ものがたり」と題された連載が写真付で始まったとき、10年後提言会議のリーダーだった鶴間は、妻から「これ、いいの?」と怒られている。一般の人々にとって古町のお座敷は縁のないもの。水商売ではないか、ということだった。

２０２０年には、そのうちのひとりの芸妓をクローズアップする「古町芸妓　あおいの歩く道」の連載（全44回）も始まったが、そうした批判の声は今でもある。

書き手の小林はそうした批判を知ってか知らずか、内角低めぎりぎりいっぱいの球を投げている。

芸妓になった娘を心配して新潟を訪ねてきた母親があおいにこう尋ねる回があった。

「芸妓は日本の伝統文化であっていわゆる水商売ではないんですよね？」

水商売ではない、と言えば母親は安心するのだろうが、それでは、〈芸妓が日々向き合っている仕事の本質をしっかり理解してもらえない。胆《はら》を決めて、あおいは答えた〉。

「いいえ、お母さん。芸事《げいごと》はしますけど、芸妓は水商売そのものです。お酌もすれば、お客さまに勧められた盃《さかずき》もいただきます」

「中には酔っぱらって誘ってくるお客さまもいます。それを全部綺麗にかわして笑顔でお送りする。私たちは『水商売のプロフェッショナル』です」

こうした真剣勝負を読者は支持している。ＡＢＣによる部数では夕刊は廃刊時３２０００部だった。月極め講読１２０００円の「おとなプラス」は一時４４０００部まで増加した。広告収入は、夕刊最終年の２０１６年と比べて、２０２０年でも２割増だ。

２０２１　５・11

新潟日報「おとなプラス」のノベルティは古町芸妓あおいさんのクリアケース。日本舞踊の市山流はこの古町で芸妓たちによって受け継がれ現在は、新潟市の無形文化財に指定されている。

61

五輪の経済効果はもともとない。衝撃の英名門大論文

しばらく前までオリンピックの是非についてネットに書かれたコメントの多くに、「経済を考えると、オリンピックを開催したほうがいい」という意見があった。

私もオリンピック自体には、景気浮揚効果があるものとばかり思っていた。

しかし、ベント・フライフヨルグ、ダニエル・ルンらオックスフォード大学の三人が昨年9月に発表した論文「テールへの回帰―なぜオリンピックは破綻するのか」を読んで、そもそもオリンピックに経済浮揚効果があるかは極めて疑わしいということがわかり愕然とした。むしろ経済を考えれば、オリンピックはしないほうがいい、という調査結果なのだ。

フライフヨルグはビジネススクールの教授、ルンは統計学の専門家だ。

1960年以来の各都市で開かれたオリンピックのその国の経済成長率への寄与を見てみると、オリンピックを開催するとむしろ経済成長率は鈍る（グラフ）。

その最大の理由を、フライフヨルグらは、開催都市に決まってから開催までの7年から11年の間で当初予算が膨らみ、そこで生じた債務をすべて開催国側が負担するという仕組みにある、と指摘している。

1960年以降の夏季・冬季オリンピック、開催国の五輪前後の平均経済成長率

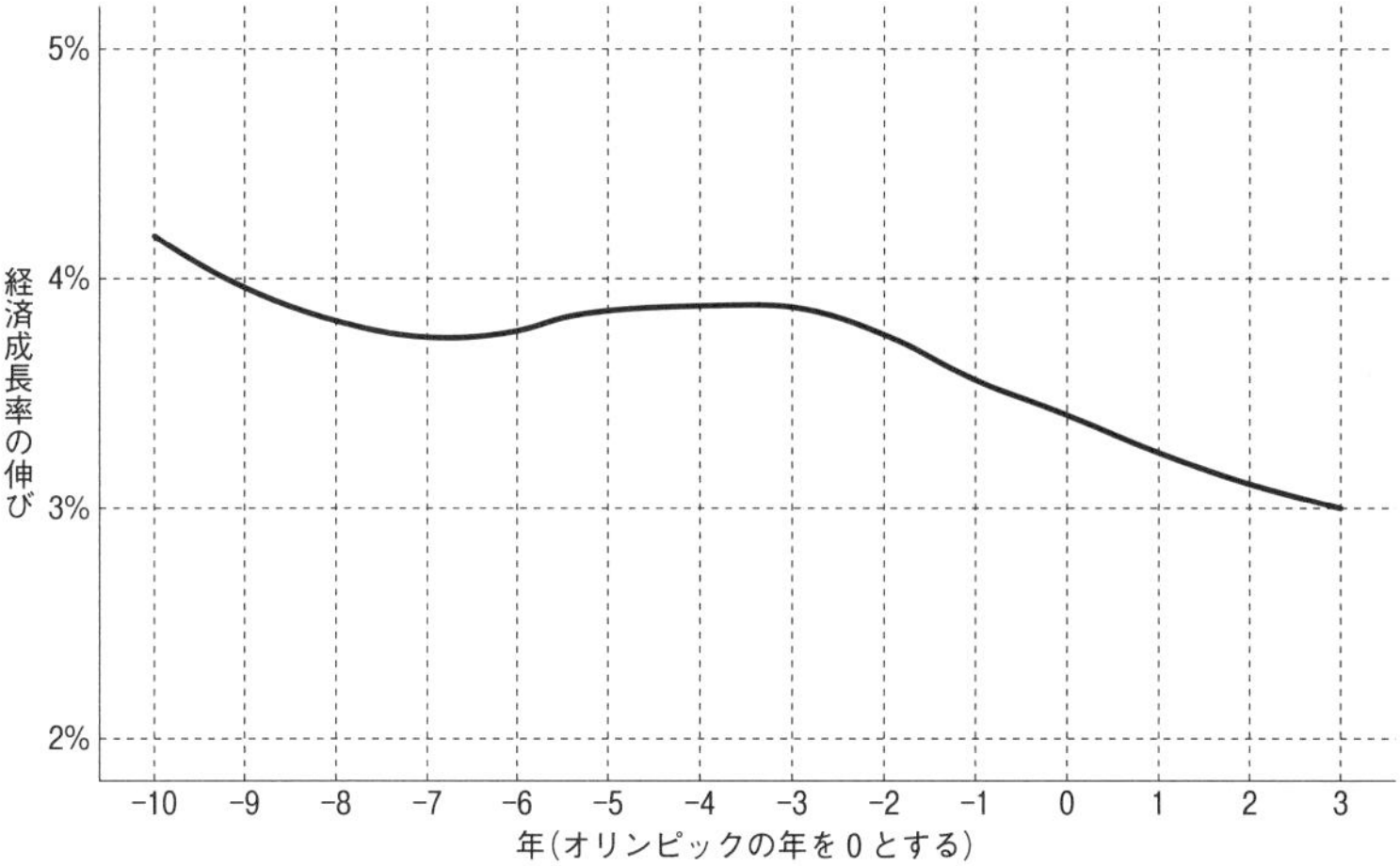

"Regression to the tail: Why the Olympics blow up" by Bent Flyvbjerg, Alexander Budzier and Daniel Lunn, University of Oxford, UKより

1960年以来、オリンピックに実際にかかった費用は、平均で172パーセント当初予算をオーバーしている。夏のオリンピックだけみれば、この数字は213パーセントに跳ね上がる。論文では、2004年のアテネオリンピックによる負担は、ギリシャの経済を弱め、2007年の経済危機につながったとし、また予算を352パーセントオーバーした2016年のリオデジャネイロオリンピックでは、リオデジャネイロ州が財政非常事態宣言を出すまでになったと書いている。

このリオデジャネイロ州の財政非常事態宣言は、五輪・パラリンピックの開催は「生活に不可欠な公共サービスの提供に重大な問題を引き起こし、治安、健康、教育、交通、環境管理の破綻さえ招きかねない」とした。そのうえで、五輪・パ

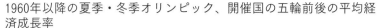

ラリンピックを開催するため「必要とされるあらゆる緊急措置」を取り、生活に不可欠な公共サービスを制限することができるようにするというものだった（AFPなどの報道による）。

2カ月半後に迫った東京五輪では、コロナ病床が逼迫し、命の選択が始まっているさなかに、選手団とその関係者として10万人近くが世界各国から入国してくることになる。ウイルスが二重変異を起こして感染力が増大し（デルタ株）、一日40万人以上が感染しているインドのような国もある。選手団にはコロナの専門家を含むチームドクターが帯同してくるから、仮に感染が起こっても選手村の中だけで完結する、「地域には迷惑はかけない」と、3月21日に放送されたNHKスペシャルの討論番組で、日本パラ陸上競技連盟会長の増田明美と大会組織委員会の中村英正は盛り上がっていたが、そんなことはありえない。

IOCと結んでいる開催都市契約によれば、東京都は、選手だけでなくオリンピックで入国するメディア関係者、放送権を持つ放送機関、スポンサーなど全員に、無料で医療を提供することが義務づけられている。ワシントン・ポストの報道によれば、その中には、五輪関係者専用の病室を用意することも含まれている、という。

リオや東京のような悲惨な例がなぜ起きるのかといえば、IOCが、予算超過に関しては、約9・1パーセントの予算超過を事前に想定しておけば充分と一貫して主張してきたからだ。論文では、これが開催国や都市に「間違った印象を与えてきた」としている。

ワシントン・ポストの5月5日のオピニオン面で、数々の賞を受賞しているスポーツライターのサリー・ジェンキンスがIOCのバッハ会長について「ぼったくり男爵」と呼び「開催国を食い物にしてきた」と断じているのにはこのような理由があったのだ。

ジェンキンスは、3月21日にも「オリンピックを中止せよ。今すぐに」と題するコラムを出しているが、今回はこうも書いている。

〈日本はオリンピックを開催することに同意したとしても、国家の主権まで(IOCに)あけわたしたわけではない。東京での開催が国益にかなわないということであれば、日本のリーダーたちはIOCにこう言うべきだ。略奪は他のところでやってくれ、と〉

これを、アメリカのメディアに書かれてしまっているのは、あまりにも日本の新聞は情けなくないか? なぜ日本の新聞ははっきりとこの問題を自分の声で論じられないのだろう?

くだんのオックスフォード論文では、仮に当初予算をオーバーした場合、IOCが最低でも1割、理想的には2割から3割、超過分を負担するように契約を変えることを提案している。IOCはオリンピックの中止を含めてゲームに関して全ての権限をもっている。しかし、かかる費用に関しては、予算オーバーしようと、何の責任もないので、予算がブラックボックス化し、膨らんでしまうと、フライフヨルグらはごくまっとうな指摘をしている。

このような不平等な「条約」を結んでまでオリンピックをしようという都市は実は少なくなってきている。バルセロナ、ボストン、ブダペスト、ダボス、ハンブルク、クラクフ、ミュンヘン、オスロ、ローマ、ストックホルム、トロントといった都市が、オリンピック招致から撤退している。実は2022年の冬季オリンピックは、北京の他にはカザフスタンのアルマトイだけしか候補として残らなかった。

東京五輪はすでに当初予算を300パーセントオーバーしている。しかし、ここで中止にしなければ、この非常事態のさなかさらに費用は膨らむ。ジェンキンスがポストで言うように、まさに「損切り」する時期なのだ。

2021 5・18

62
萩尾望都と竹宮惠子 ふたりの自伝を読む

萩尾望都《もと》に『訪問者』という中編がある。萩尾の代表作『トーマの心臓』のスピンオフと言える作品なのだが、マンガのなかで、オスカーの父親のグスタフの目が開かなくなるほど痛くなってしまう、という表現がある。その記憶が蘇ったのは、萩尾が、このほど上梓した『一度きりの大泉の話』を読んだからだ。『訪問者』のグスタフの目の話は、萩尾の実体験をもとにしたものだと気がついた。

自分のなかで整理がつかないような、あまりに酷いことを言われると、神経性疲労で目が開かなくなるほど痛くなる。グスタフの場合は、妻から息子のオスカーが、自分の子ではないと言われたからだった。そして萩尾の場合は、そのことがまさに『一度きりの大泉の話』なのである。

萩尾は、1970年10月から2年間、徳島大学を中退して上京していた竹宮恵子と、練馬区大泉のアパートで同居する。同じ手塚治虫ファンの音大受験生増山法恵の実家から徒歩で30秒と離れていないそのアパートで、まだ20代前半の萩尾と竹宮は、共に暮らし、マンガを描いたのだった。

『一度きりの大泉の話』萩尾望都著 河出書房新社刊

この大泉の暮らしは竹宮のほうが先に自伝で2016年に書いている。竹宮は大泉での生活を共同体ととらえて、「大泉サロン」と名づけ、「少女マンガ界に革命を起こす」と意気込んでいた。たまたま講談社の編集者に紹介された萩尾と意気投合し、竹宮が誘う形で、共同生活を始めることになった。

ただ、萩尾の自伝を読むと、萩尾のほうは「大泉サロン」や「少女マンガ界に革命を起こす」というような意識はなく、福岡・大牟田の厳しい両親に上京を説得するために、この話にのったようだ。萩尾は、大泉に集まる他の同世代のマンガ家たちが口角泡飛ばして議論するのを聞きながら、きまった時間になると、すっと席をたって二階に行き、黙々と原稿を仕上げていっていた。

大泉の生活は、竹宮の申し出により2年で解消される。ただ、このとき竹宮はきちんと理由を萩尾に言ったわけではなく、契約更新の時期がきたので、それぞれ別に暮らしましょうということを言ったようだ。

そして『一度きりの大泉の話』によれば、それからしばらくして、萩尾は、竹宮の住んでいるマンションに呼び出される。このマンションで萩尾が竹宮から増山立ち会いのもとで言われたことが、萩尾をその後50年近くも苦しめることになる。

「あなたは私の作品を盗作したのではないのか」

ようは、竹宮は、後に『風と木の詩』に結実する寄宿舎学校を舞台にした少年愛の作品をあたためていた。クロッキーにキャラクターを描き、自分のアイデアは大泉サロンで話をした。しかし、当時の少女マンガ界では、少年の男娼が出て、校長室で行為を行うようなマンガを載せる雑誌はなかった。そうこうしているうちに、萩尾が『11月のギムナジウム』という男子寄宿舎を舞台にした話（これが後の『トーマの心臓』のベースとなる）を発表し、やはり男子寄宿舎が舞台の『小鳥の巣』という連載を始めた（これは名作『ポーの一族』シリーズのひとつだ）。

マンションに萩尾を呼び出した3日後、今度は竹宮が萩尾のアパートを訪ね「この間した話はすべて忘れてほしいの、全部、何も、なかったことにしてほしいの」と言い、手紙を置いていく。そこには、竹宮のマンションに来られては困るとあり、「書棚の本を読んでほしくない」「スケッチブックを見てほしくない」「節度を持って距離を置きたい」とあった。

萩尾はもちろん盗作などしていない。『11月のギムナジウム』も『小鳥の巣』も男子寄宿舎学校を舞台としているが、少年愛をテーマにしたものではない。

〈近づくな、と解釈できる手紙。「忘れて」と頼まれた。うん、忘れる。それでまた仲良くなれるのかと思ったら、「近づかないで」と頼まれた。

なぜなの？　どうしてなの？　何がいけないの？〉

〈無理にでも食べ、眠りましたが、やがて目が痛くなってきて、痛みは日ごとに増しました。

針でずっと刺されているようで、目を開けると痛さに涙が止まりません。目を開けると、チリチリと痛い目から涙がたらたら出てきます〉

『訪問者』のグスタフは萩尾自身でもあったのだ。萩尾は、竹宮とは以来ほとんど会わず、竹宮の作品を読むこともなかった。〈考えると苦しいし、眠れず食べられず目が見えず、体調不良になるから〉だった。

萩尾は、今回の本を出版したきっかけを、竹宮が2016年に自伝を出版し大泉のことを書いたので、問い合わせが続き、終わったはずの話が、むしかえされている、それにピリオドをうつ、つもりで書いたのだと記している。

そして萩尾はその竹宮の自伝『少年の名はジルベール』を読んでいない。献本されたが、マネージャーが送り返している。

竹宮の自伝には、萩尾を呼び出した時のことは書いていない。しかし、竹宮の自伝を読むと、竹宮の側も苦しんだことがよくわかる。萩尾の話も、竹宮の話も、この仕事の意味を考えるうえで必須のことを様々に教えてくれるので、次回に続けたい。

2021・5・25

63

竹宮惠子と萩尾望都
ふたりの自伝を読む

萩尾望都の『一度きりの大泉の話』は、読んでいると苦しくなってくる。時系列もいきつもどりつし、繰り返しもあり、読みにくい。思い出すのが辛く封印していた記憶、それを長年の友人が、インタビューして呼び起こすという形にし、録音を書き起こしたものに手をいれたと、後書きにはある。

いっぽう2016年に出た竹宮惠子の自伝『少年の名はジルベール』は、作品としても完成されており、安心して読むことができる。萩尾が今回書いた、マンションに呼び出した時の話は書いていないが、竹宮が、萩尾の才能を恐れ追い詰められていったことはよくわかる。

たとえば、話のつくりかた。竹宮はオーソドックスに積み上げていくプロット。しかし、萩尾の場合は、事件のさなかから始まったりする。

〈それまでの描き手なら、当然、登場人物に最初から意味のあるセリフを言わせるだろう。主要な人物がしゃべり始めるシーンから描くのが普通だ。だが萩尾さんは、その場所で聴こえているはずの声、音から始めたりする。そしてその意味が登場人物にわからなくても、あるいは読者にはわからなくてもとりあえずは構わない。

『少年の名はジルベール』竹宮惠子著 小学館文庫

ショックだった〉

〈私の表現はもう彼女のように新しくない……。あれほど反発していた古い型に、自分も陥ろうとしている〉

画力についても同様だった。

〈重なる木々の間を少女が歩く。そんなシーンを読みながら、あっ、と気づいた。

折り重なる枝の葉にその形を伝えるラインがなかった。縦の斜線のみで描かれている。葉を示す輪郭線がない。輪郭がないままに葉が描かれていて、その葉の集合体が、茂みのように見える。さらにその茂みに見える葉の集合が絵の奥のほうに向かうにつれて輪郭がぼやけ、遠近を感じる深い森になっている。（中略）

圧倒された〉

竹宮のこの記述は、戯曲『アマデウス』（ピーター・シェーファー作）で、当時栄華を極めた宮廷作曲家サリエリが、モーツァルトが残していった楽譜を手にとった時のシーンを彷彿とさせる。その楽譜には、直したあとがひとつもなかった。つまり最初からモーツァルトの頭の中で完成されていた。音符ひとつついじるだけでおかしくなり、小節ひとつついじれば全体が壊れてしまう。サリエリは、その声を神が自分に与えたのではなく、「下品に笑う小僧っ子」に与えてしまったことを知り、雷鳴に打たれたようなショックで気絶してしまう。

　竹宮も心身に変調をきたしていく。

〈自分ができないからといって、耳をふさぐ気持ちにだけはなるまいと思うようにしていたが、突きつけられる精神的なきつさは日々大きくなっていく〉

〈自分の能力不足は、自分で静かに受け止めるしかない。もうこの環境で、覚悟してやっていくしかない、とそう心では思うのだが、体調は悪くなっていく一方だった〉

〈「私にはわかるのよ。自分の悪いところ。まったく描けていない……でも描くしかない……」そう言ったところで、ポロポロと涙を流していた〉

　このようにして、今回萩尾が『一度きりの大泉の話』で初めて描いた竹宮の一方的な決別宣言があった。

　萩尾は、竹宮が自分の才能に対して畏れを感じていたことを気がつかなかったのだろうか？『一度きりの大泉の話』を読む限り、それはなかったようだ。

　竹宮は萩尾と決別したあと、徐々に自分の世界をとりもどしていく。まず１９７４年から始まった『ファラオの墓』の連載で、人気投票最高2位までいく。その実績によって念願の『風と木の詩』を１９７６年に『週刊少女コミック』に連載開始する。そして、翌年には『月刊マンガ少年』で『地球《テラ》へ…』の連載も開始、両作はあわせて、１９８０年の小学館漫画賞を受賞することになる。

　竹宮は決してサリエリだったわけではない。萩尾とは別の才能があったということだ。竹宮の自伝は、自分の行動について客観的にとらえ、立体的に理知的に説明をしている。萩尾の本は、感情がそのままの形で綴《つづ》られている、だからわかりにくい。

アシスタントへの指示も竹宮は的確だった。階段も構造的にはそうは見えないが、漫画としてのはったりがほしいからこう描いてほしいと具体的。が、萩尾は、たとえば桃をアシスタントに指示して描かせる時にも「桃、桃と思いながら」描けと指示する。

竹宮は、50歳の時に、京都精華大学にできたマンガ学科の教授になる。ここで、基本的に連載マンガを描くことからは足を洗っている。竹宮は、マンガというこれまでそれぞれが試行錯誤してつくりあげてきた芸術ジャンルに、一定のメソッドをもって教えるという体系をつくる。2008年には学部長そして2014年には学長になった。

竹宮と萩尾が初めて出会ったのは、1970年の春。竹宮が、講談社別館にかんづめになっていた時に、編集部を訪ねてきた萩尾を、編集者が紹介。そのまま萩尾は、かんづめにつきあって、竹宮の作品の仕上げを手伝った。

二人はまだ20歳だった。なんと美しい光景だったことだろう。

それから50年余りの月日が過ぎた。萩尾の『一度きりの大泉の話』は、竹宮の『少年の名はジルベール』とともに読むことを若い読者にはぜひ勧めたい。

創造すること、ジャンルを切り開くこと、作品を売るということ、自分の才能をみつけるということ、時間の経過ということ、そうしたことを心震えるように学ぶことができる。

2021・6・1

64

匿名の路上生活者に顔と人生があたえられし時

渋谷区の甲州街道ぞいのバス停の、わずか奥行き20センチほどのベンチで休んでいた高齢の路上生活者の女性が、石をいれたポリ袋で殴り殺された。

ＮＨＫの警視庁記者クラブのキャップである清水將裕《まさひろ》が、その第一報を配下の記者からうけたのは、２０２０年11月16日の午前8時ごろだった。ただしその時点では、「倒れて死んでいたのがみつかった。事故だか事件なのかはわからない」。すぐに、防犯カメラに男が女性を何かで殴っている様子が写っていることがわかり、被害者は警視庁によると「路上生活者とみられる」と14時の全国ニュースで流した。

警視庁で立ち上がったのは、「特別捜査本部」ではなく、格下の「刑事部長指揮本部」だった。清水が、「どうして?」と警察に聞くと「路上生活者でしょ」という答だった。

清水はそのことに違和感を感じていた。これが、若いＯＬやビジネスマンだったら特捜本部が立ち上がったのだろう、しかし、この事件は今の日本の社会を象徴するような大きな事件なのではないのか、そう思ったのだった。

清水はＮＨＫ入局が１９９９年。２００４年から警視庁記者クラブの方面担当を1年、捜査一課も3年担当していたが、当時から、刑事の情報をとって流す「前うち」報道にはついていけなかった。刑事は事件のために捜査をする。それはそれでいい。しかし、自分たちは、その情報をとることだけが仕事なのか。本当は警察が動いていないところにこそ、大きな事件は潜んでいるのではないか、ずっとそう考えてきた。

2004年7月に最初に警視庁記者クラブの方面担当になった時もそうだった。ある殺人事件の容疑者が東京都日野市の団地にいるということで、その団地での聞き込み取材を命じられた。が、清水は、その殺人事件よりも、団地自体に興味をもった。自分が子供時代を過ごした京都市伏見の団地とあまりに違うのだ。

昭和の時代の伏見の団地は、昼間は子供たちが遊び回り、明るい活気があった。しかし、2004年の日野の団地は、どんよりとして出会うのも中年以上の年寄りばかりだ。

「誰にも知られず部屋で一人亡くなる人もいる」という話を聞いた。

高度成長期に建てられた大型団地の住民が高齢化し、空き家がふえ、そこに、リストラされたり、家族から離縁された男性がひとりで移り住んできていた。

この孤独死の話を取材しようと思うが、都内の各団地は、イメージを気にして取材に応じない。

千葉県松戸市の常盤平団地に行った時、団地ができた時の住民が中心となって「まつど孤独死予防センター」が立ち上がり、集会所の隣に看板を掲げていたことを知った。

これを番組にしたいと思った。当時のキャップが理解があり、「団地に住んでみては？」と言ってくれた。空き部屋が多いので、すぐに入居できた。このようにしてその団地に半年暮らしてつくった番組が2005年9月放送の『ひとり 団地の一室で』だった。

「孤独死予防センター」の住民ボランティアが、鉄扉の郵便受けを開いて「臭うよ、臭う」と叫ぶ。「死臭だ」。孤独死発見の場面から始まるそのNHKスペシャルは、後のNHKスペシャル『無縁社会』（2010年）などの、社会からの孤立を描く一連の番組の嚆矢《こうし》となった。

2020年キャップになっていた清水は、この女性ホームレスの撲殺事件の担当に、かつての自分と同じ、地方から東京にあがってきたばかりの徳田隼一《じゅんいち》（2014年入局）をあてる。沖縄出身の徳田は、性格ものんびりしており、やはり「前うち報道」劣等生だった。

3日後、女性の身元が大林三佐子《みさこ》という64歳の女性だったことが警察によって発表される。5日後には、バス停近くに住む46歳の男性が逮捕された。男は「痛い思いをさせればいなくなると思って、持っていたポリ袋で殴った」と供述した。

翌日、男の身柄は検察に送られ、警察の仕事は終わり、朝日や読売なども、警察発表を主にしたベタ記事を出し、この事件は終わったことになった。

だが、11月23日朝刊の毎日新聞が、大林さんの弟に話を聞いた長文の記事を出した。その記事を読んでNHKの徳田は、「抜かれた」という意識よりも、感動する。匿名の路上生活者ではない。ちゃんと生きてきた女性だったんだ。

その年2月までスーパーの派遣試食販売員をつとめていたという大林さんの人生の軌跡を、自分の足で追いたいと思う。大林さんは徳田の母親と同じ齢だった。

弟の自宅をなんとか捜査関係者から聞き出し、行ってみると、すでに2、3社が毎日の報道をうけて集まっていた。しかし、弟は、もう話をしようとはしなかった。

自立心が強く、「自分で会社を作りたい」とも話していたそうだ。
唯一手元に残っているという、24歳の頃の大林さんの写真を見せてもらった。
NHK
アメリカに住む叔父のもとを訪ねた際に撮影されたという写真。

番組でも使われた大林三佐子さん24歳ごろの写真。アメリカに住む叔父のもとを訪ねた際に撮影されたという。(「NHK 事件記者取材 note」より)。番組はネットの有料サービス、「NHK アーカイブス」で見ることができる。

1週間もたつと他社の記者はいなくなった。徳田は弟の家にその後も通い続けた。手紙を書き投函した。手紙には、自分が取材したことを書きつらねた。

徳田は、大林さんと一緒にスーパーの試食販売をしていたという女性に到達していた。その女性は、大林さんがホームレスと報道されていることに対して、強い違和感を持っていた。

そして弟の自宅に通い続けて4カ月、勤めから帰ってきたところに「徳田です」と追いすがると、「ああ、手紙を書いてきてくれている方ですね。読んでます」と初めて声をかけてくれた。

このようにして扉は開き、徳田は家族が持っている大林さんのたった一枚の写真を目にすることができる。

広島の老人ホームにいる母親が持っていたたった一枚の写真。

まだ、24歳だった大林さんのその可憐な姿をみて、徳田は哀しみの中でこう思う。

ああ、やっと会えた……。

以下、次号。

2020・6・8

65 常盤平団地の一室から渋谷のバス停へ

NHK警視庁記者クラブキャップの清水將裕は、徳田準一が3月末にようやく手にいれたその写真を見て衝撃をうける。それまで大林さんの写真は、バス停のベンチに下を向いて立つように座っている姿の写真しかなかった。バス停近所の人がたまたま撮影したもので、画像もはっきりしていない。なにより顔がわからない。

米国に短期留学した時に撮影されたというその写真を見て初めて、匿名だった人物が、アナウンサーや声優を目指したこともある可憐な女性だったのだということがわかった。

それがなぜ、渋谷のバス停で夜を明かさなくてはならなくなったのか。

そのときまでに、毎週土曜午後10時40分から30分のドキュメンタリー枠「事件の涙」で番組を流すことになっていた。

大林さんが殺されたとわかったあと、SNS上では「彼女は私だ」「殺すな」といった大林さんに自分を重ねる声が澎湃《ほうはい》としてわき起こり、12月には渋谷の街で大林さんを追悼するデモもあった。

当初、番組制作サイドは、そこに参加した人たちを中心にした番組をつくろうとしていた。

仮タイトルも『彼女は私だ』とあった。それが、徳田による弟の取材をきっかけに大林さんを中心としたものに変わる。タイトルも『たどりついたバス停で』となった。

清水は、女性記者の岡崎瑶《よう》（2014年入局）を投入、大林さんの郷里の広島に行かせた。ここで、大林さんと中学から短大まで一緒に過ごした4人の友達に会い、大林さんが短大卒業後、地元の劇団にも入っていたこともわかる。

匿名だった大林さんの人生が、弟や直前まで一緒に働いていた同僚、2017年に住む場所を失うまで住んでいたアパートの大家、そして郷里広島のひとたちの証言によって、彫刻されていった。

5月1日に放送された番組では、10年来、試食販売の現場でともに働いてきた女性のこんなコメントが紹介される。

「小さな男の子がとおりかかった時に大林さんが声をかけて試飲を勧められて、すごく喜んで試飲してたんです。飲み終わって帰るときにその男の子が『おばちゃんありがとう』と手をふったんです。そうしたら大林さんも『ありがとう』って言って手をふっていらして、とてもニコニコしていて小さいお子さんが好きなのかなと」

1日8000円の短期契約で、関東近郊のスーパーに派遣される。バイト代が振り込まれると、すぐにコンビニで電気代やガス代を支払う。住む場所を失ってからも試食販売の派遣の仕事は続け、懸命に生活をたてなおそうとしていたと女性は証言する。

「アパートを出られたばかりのころは化粧もしていらしたんですが、そのうちにノーメークになり夏場とかはすごく日に焼けていた。頑張っても、頑張っても這い出せなくて」

試食販売の仕事自体も、コロナ禍が深刻になる2020年3月からはまったくなくなった。スマートフォンの契約もそのころに切れている。殺された時に持っていた所持金はわずか8円。番組では当初の企画意図、大林さんに自分を重ねる人々の視点も残っている。また、なぜ、大林さんを路上から救うことができなかったのか、番組では繰り返し問うている。

2005年に清水が、『ひとり 団地の一室で』を取材したとき、大勢の中年以降の男性が、リストラや家族から離縁されたりして、常盤平団地に流れ着いてきていた。しかし、この時は住むところはあったのだ。そして何よりも、1960年に開発された当初からの住民たちが、「まつど孤独死予防センター」を立ち上げ、当時73歳の女性や、75歳の男性が、マンモス団地のなかで、一人誰ともつきあいのない戸のドアを叩き、時にはゴミ屋敷となった男性の部屋を掃除し、脳梗塞で倒れて仕事を失った57歳の男性の相談にのって、障害者年金の支給の窓口に一緒についていったりした。

おせっかいなおばちゃん、おじちゃんが、彼らの孤独に踏み込んでいっていた。それでも孤独死はあった。しかし、殺されることはなかっ

徳田隼一記者（左）と清水將裕キャップ（右）。清水は、2020年7月にキャップに就任すると、12人のクラブ員に「警察とは違うことをやれ」と挨拶をした。「抜かれても、2、3時間で追いつける。それよりは独自の取材を」ということだ。

た。

『たどりついたバス停で』では、路上生活の経験がある21歳の女性のインタビューが後半使われる。

心身のバランスを崩し仕事を続けられなくなり、住まいを失って1年半路上生活をしたというその女性は、そのときの気持ちをこんなふうに話している。

「私はここにいるけどむこうの人たちは別世界にいる。というか私はこの世界にいないんだなあって。どうやったら気付いてもらえるんだろうって」

そして番組はその女性が、大林さんがなくなったバス停を訪ねることで終わっている。いつも大林さんは、終バスが出たあとの午前1時ちかくそっとこのバス停にきて、奥行きわずか20センチほどのベンチに座って休んでいた。

そのベンチに女性は座って、気がついたことがあった。

ここは終バスが出ても、幹線道路で明るい。人通りも多い。

「少しでも、自分が〝社会とつながっている〟って感じたかったのかなって」

「本当に一人だと寂しいし、ここだったらば少しでも孤独感、孤立感はなかったのかなって」

警察が解決済とした事件。その終わらない問いを追う。2005年の常盤平の団地の一室から、2021年のこのバス停へ。記者たちの旅路も続いている。

2020・6・15

66

2050年のジャーナリスト

〈若い記者はどこを向いて仕事をしていいのか、正直、途方に暮れているように見えます。具体例を挙げながら、彼ら彼女らに現状を分かりやすく説明し、将来への有効な指針となる論考を（できましたらポジティブな指針を含め）お書きいただきたいと考えます〉

途方に暮れているのは、若い記者ではなく、むしろ、経営陣を含めた上の世代ではないか、というのが私の認識でしたが、今回の朝日新聞社月刊「ジャーナリズム」編集部の依頼は、今日のジャーナリズムを考えるうえで非常に重要な視点を与えてくれると考え、ひきうけることにしました。

2019年12月に朝日新聞社で私は「2050年の朝日新聞」と題した社内向け講演をしていますが、そのとき、私は朝日の皆さんにこんなことを提案しています。

1、どんなニュース、記事が掲載されている有料デジタル版を人はとり続けるかをとことん考える。

2、1のために、社の資源を集中配分する。無料広告モデルのニュースサイトは、思い切って整理統合する。
3、有料デジタル版の記事の方向を、強い編集権をもって導く編集者を外部から招聘する。
4、記者は、無料ニュースと同じ話題を同じようにやっても駄目だということを自覚する。

1から4までは、現場で働いている記者やビジネス職の皆さんに対してのものであると同時に、経営に携わる方々へのメッセージでもありました。

しかし、その後の朝日新聞を見ていると、そのメッセージは必ずしも届いているとは言い難い。本稿では、2019年12月の講演をおさらいしながら、編集部の要望に応えていくものにします。

無料モデルではなぜ駄目か

まず、なぜ、有料デジタル版を重視しなければならないのか、という点について。

ニューヨーク・タイムズ、ワシントン・ポスト、英エコノミスト、日本経済新聞、現在「持続可能な経営」をしているメディアは、全て、紙から有料デジタルへという「キャズム」（溝）を越えたメディアです。ニューヨーク・タイムズの売上の推移をあげておきますが、2011年に始めた有料電子版は、2021年度の第1四半期の数字で525万の契約者数を誇っており、そのおかげで、コロナ禍における紙の広告収入減（紙の部数は82万5000部）を吸収し、持続可能な売上をあげているのです。

ニューヨーク・タイムズ売上推移

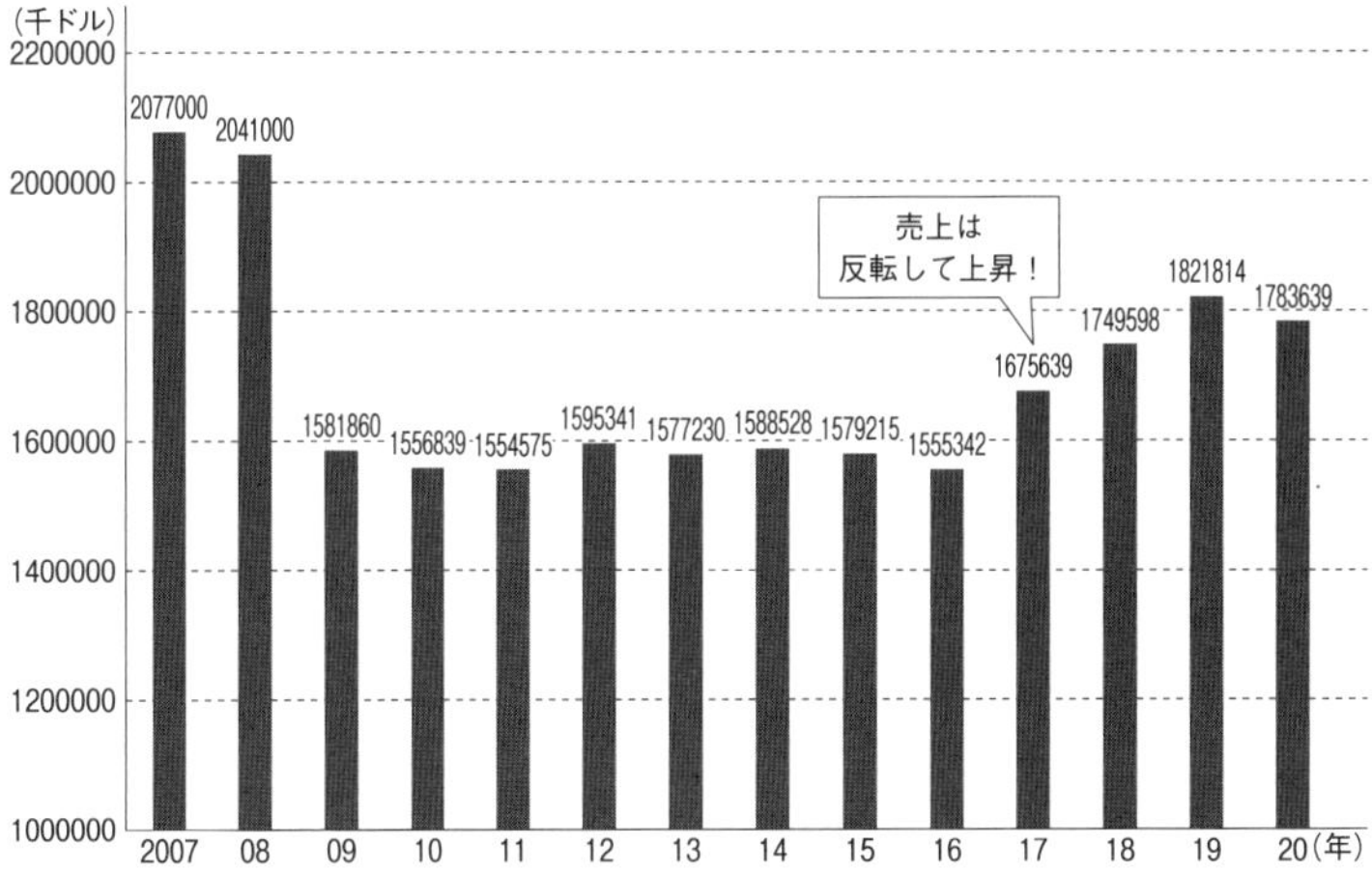

(同社アニュアルレポートによる)

ニューヨーク・タイムズ電子版部数推移

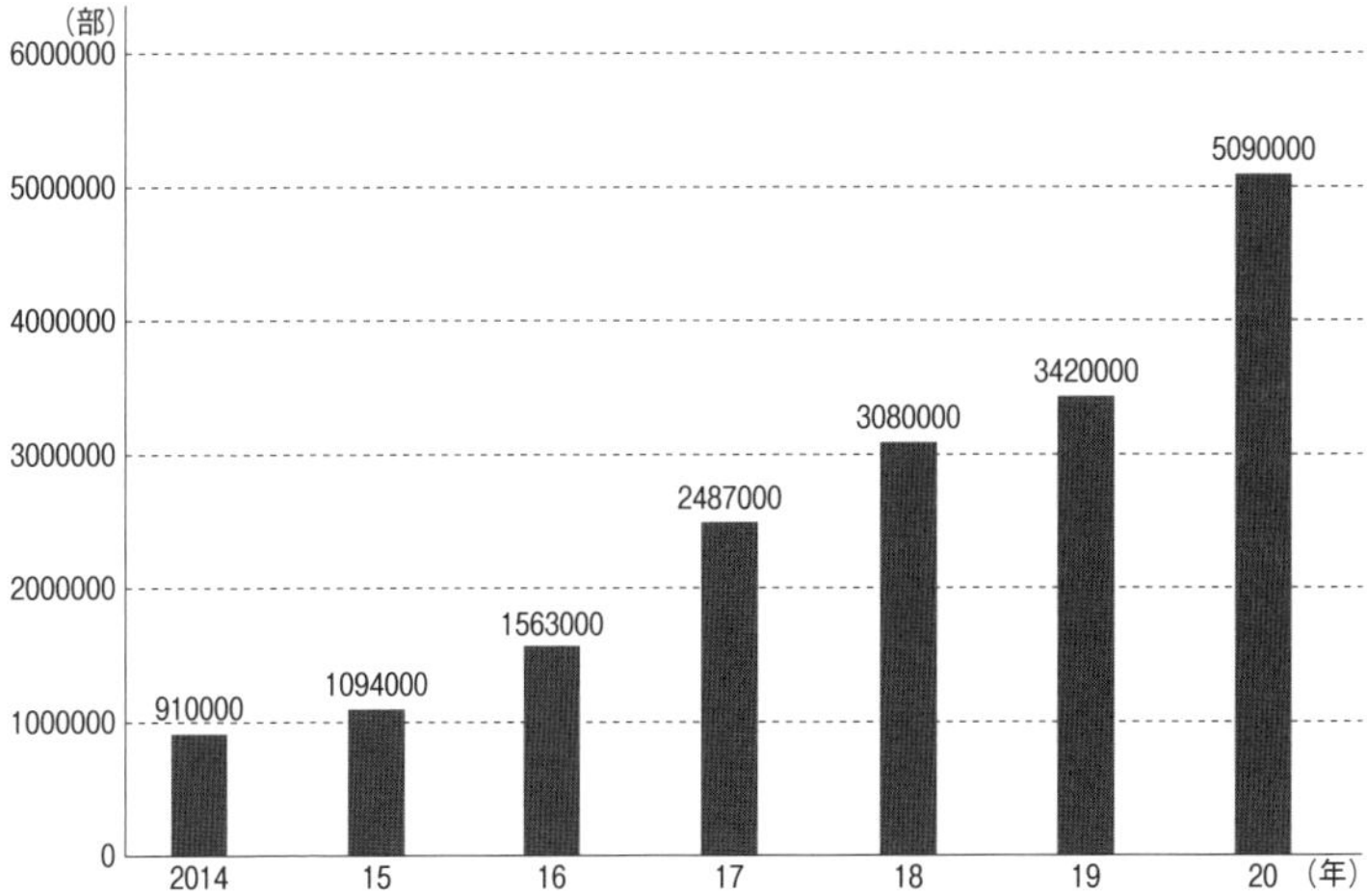

朝日新聞 日本経済新聞 単体の売上推移の比較

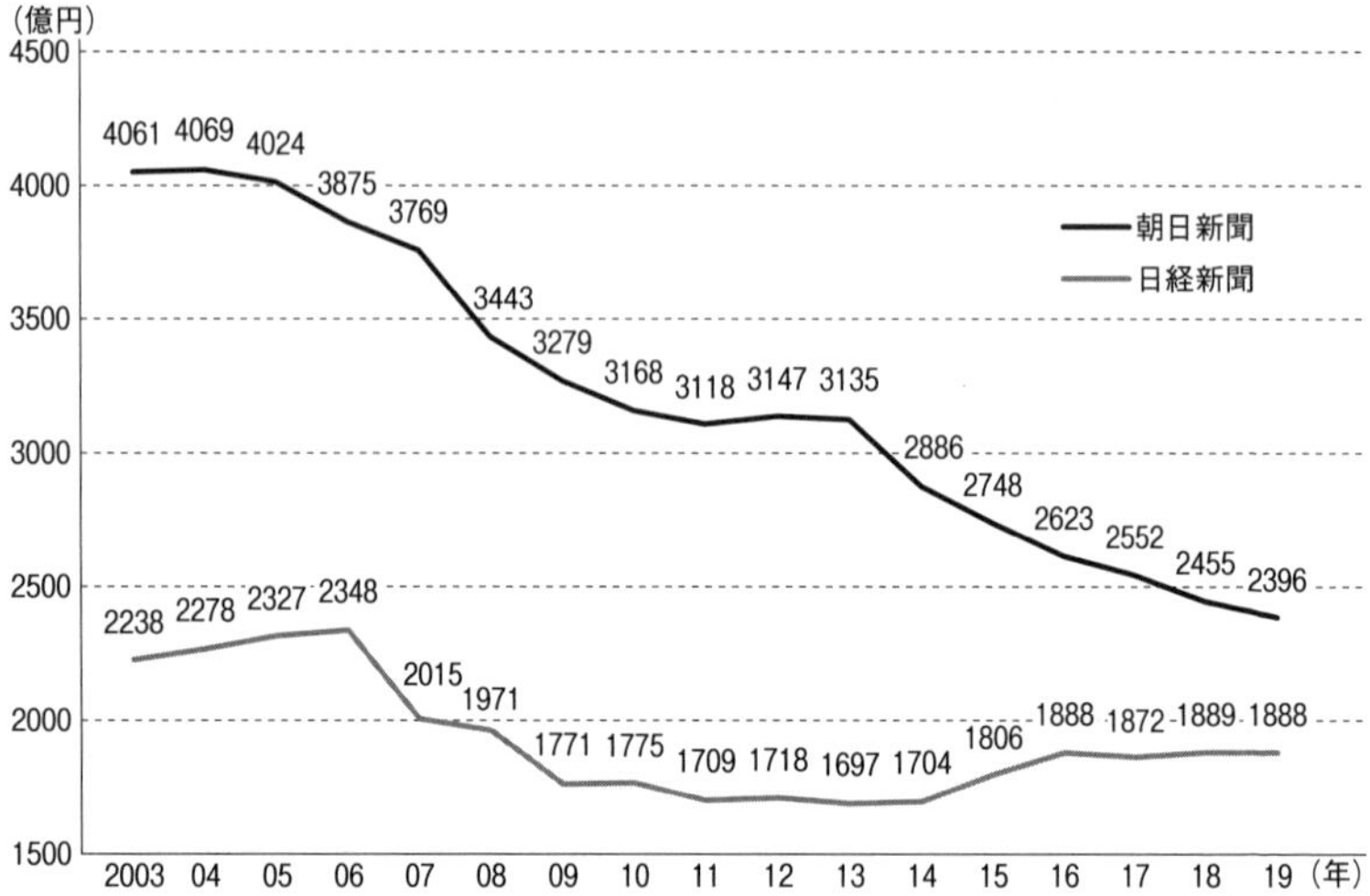

これらのメディアに、共通しているのは、無料広告モデルを同時にやっているということはない、ということです。その理由について、英エコノミスト誌は、２０１７年のアニュアルレポートでこう述べています。

〈インターネット広告のほぼ6割は、グーグルとフェイスブックによっておさえられている。米国市場だけみれば、ここ数年、新規獲得分の99パーセントを両社がとっている〉

だから、英エコノミスト誌は、この年のアニュアルレポートで「デジタルでエコノミストのコンテンツを購読してもらうことに全力を集中する」と宣言しました。無料広告モデルからは完全に決別する、と。

エコノミスト誌は今年から紙のみの定期購読販売をやめています。デジタル版オンリーかＷプランの定期購読しかない。１００パーセントのＤＸ率です。

イノベーションリポート

ニューヨーク・タイムズのイノベーションリポートは注意して読む必要があります。

実は、調査をしたのが、2013年、発表が2014年だったために、バズフィードやハフィントンポストなどの無料広告モデルを競争相手として分析しているのです。日本ではその部分を拡大して紹介している人もいますが、それでは間違える。

なぜなら、その後、ニューヨーク・タイムズは、はっきりと無料広告モデルには見切りをつけ、有料デジタルに社の資源を集中させることが、生き残る道だとしたからです。そのことは、2017年にタイムズが発表した調査レポート「The Report of the 2020 Group」に明確に書いてあります。

〈我々は、有料購読第一のビジネスの上になりたっている。クリックの数を稼ぎ、低いマージンの広告料金をとるのではない。ページビューレースにも参加はしない。強いジャーナリズムを提供することで数百万人の世界中の人が、お金を払おうとすること、そのことにこそ、ニューヨーク・タイムズの合理的なビジネス戦略はあるのだ〉

朝日新聞のように社員数4000人近くの組織をまわしながら、ジャーナリズムをやっていくためには、無料広告モデルでは到底無理なのです。

にもかかわらず、バーティカルメディアやウィズニュース、ハフィントンポストなどをやり、ヤフーやラインにも記事を出していることで、肝心の有料版の記事自体が、無料ニュースのメディアと変わらなくなっている。それが、有料デジタル版が伸びない最大の原因ではないか、と講演会では指摘しました。

社長は当時と変わり、新しい中期経営計画もできたといいます。しかし、新たな経営計画でも、こうした無料メディアを整理して、社の資源を有料デジタル版購読に集中させていくという形にはなっていないようです。

中村史郎社長は、今年5月に出たシンクタンクNIRA総合研究開発機構の機関紙「わたしの構想」で、今後の朝日新聞について、〈新聞業という一本の大樹に頼るのではなく、「みなさまの豊かな暮らしに役立つ総合メディア企業」を目指し、イベントや不動産、教育、通販、知的財産といった木々を育て、森のようにビジネスの枝葉を繁らせ、十分な果実を実らせていきたい〉としています。

改めて、言いたいと思います。

経営陣は、有料デジタル版をどうしたらとってもらえるか、そのことに全経営資源を集中させろ、と。

そして、記者・デスクの人たちはどうしたら、人々はネット上で有料で記事を継続的に読んでくれるのか、とことん考えてそのうえで記事を書くようにしろ、と。

リーマン・ショックのあと倒産寸前に追い込まれたニューヨーク・タイムズは、むしろラジオ局やテレビ局、ボストン・グローブを売却し、ニューヨーク・タイムズという報道機関が長年きずいてきた価値を有料デジタルの形で提供することに集中し、再生しました。

成功媒体を購読すること

講演会では会場に150名近くの方がいたでしょうか。そこで日経を紙もしくは電子版でとっている人は手をあげてほしい、という質問をしましたが、手をあげたのはわずか5人ほどでした。

現場の記者やデスクの方々には、うまくいっている日経がどういう報道をしているのか、どういうデジタル版をつくっているのか、自分たちで購読して確認してほしいと思います。

その時にも、世界各地のディズニーランドの入場料やダイソーの小売価格を比較した「安いニッポン」などの企画を紹介しましたが（これはこの20年の日本の地盤沈下を説得力もって示した企画記事でした）、ジェンダーの問題でも日経は、人々は何にお金を払うのかを意識しながら、企画をたてているように思います。

たとえば2021年5月14日に配信になった「データで読む地域再生」の記事。この日は、2005年と2015年の国勢調査から課長級以上に就く女性の割合の推移を、各自治体別に調べています。徳島や高知などが、官民あわせて、20パーセント近くが女性ということを割り出し、その理由を取材、人口減少に悩む県は、女性を登用することで、若い女性をひきつけようとしているのだ、としていました。

森喜朗の女性蔑視発言を批判的に報道するのはいい。しかし、これはどこでもやっている。バズフィードや他の無料メディアでもやっている。どんな記事ならば、ジェンダーの問題を有料でも読んでくれるのか、ということなのです。

一つの答は、日経のようにメタデータをもちいて相関関係をとるというやりかた。たとえば上場企業別に、女性管理職の割合の推移を調べて、それと業績との相関関係を調べてみるというのはどうでしょう？　因果関係はわかりませんが、少なくとも興味深い相関関係は見いだせるのではないでしょうか？　そのデータから各企業の個別の事情を調査して提示すればよいのです。

またもうひとつは「前に出る」報道です。ニューヨーク・タイムズは2017年にデジタルの有料購読者数を100万人伸ばしますが、この2017年にタイムズが積極的に取り組んだのが、セクハラの調査報道でした。

三つのセクハラ調査報道を行なっています。

一つはフォックスニュースのアンカー、ビル・オライリーのセクハラ（調査期間8カ月）。1300万ドルが口止めのために女性たちに支払われたことを暴露。オライリーはこの報道で、アンカーを降りることになります。

次がシリコンバレーの複数のベンチャーキャピタリストのセクハラ（調査期間1カ月）。

そしてハリウッドの実力派プロデューサー、ハーヴェイ・ワインスタインの30年以上にわたるセクハラとそのもみけしの告発（調査期間4カ月）。

これらの報道は一回だけではなく、何度も角度を変えて出稿され、SNS等を使って積極的に拡散、興味をもった読者は、ニューヨーク・タイムズの電子有料版を購読することになった。

伊藤詩織さんの性被害告発にしても、最初にリスクをとって記事にしたのは週刊新潮でした。森喜朗の女性蔑視発言の報道のように、記事を書いても安全という状態で、書くのではなく、自らの調査によって前に出る、そのことに読者はお金を払ってくれるのです。

オリンピックについて言えば、朝日は、ぎりぎりになるまで、五輪の開催是非について正面から問う報道をしてきませんでした。この原稿の入稿日である2021年5月26日の社説でようやくはっきりと、「夏の東京五輪　中止の決断を首相に求める」と書きましたが、これは社説であるにもかかわらず、この日、朝日新聞デジタルのアクセスランキングの一位になっています。朝日新聞デジタルの編集部が、AKB48などのPV狙いの記事を画面のトップに据えていたにもかかわらずです。

国民にとって喫緊の課題を正面から論ずる。そのことを読者は求めています。

編集者の重要性

朝日新聞では、企画をたてる際に、まず記者の自主性を尊重するとよく聞きます。それもいいでしょう。しかし、ここぞという時は、この問題をやるのだ、という編集者が必要なのです。ワシントン・ポストが300万を超える有料電子版の会員を獲得したのも、編集局長だったマーティン・バロンが、トランプ政権に対して徹底的に攻撃的な報道をすることを、決意したからです。

マーティン・バロンはポストに移籍する前のボストン・グローブの時代にも同様に、編集権をふるって新聞を蘇生させています。映画『スポットライト』にもなった、カソリック教会の神父の性的虐待の報道は、かつて報道されたことのある神父の性的虐待事件を、これは根の深い事件だ、その神父個人だけを追うのではなく、なぜこんなことが長年にわたって起きているのか、教会自体のシステムを洗えとはっぱをかけることで、ボストン・グローブ紙は、合計600本にも及ぶ記事を出すことになりました。それは単に、個別の事件だけではなく、教会が組織的にそうした神父を異動させることで性的虐待を隠蔽したことを暴くものでした。

そうしたことから、講演会では、「有料デジタル版の記事の方向を、強い編集権をもって導く編集者を外部から招聘する」という提案もしたのです。

現在の朝日新聞デジタルのフェイスブックでの広告を見ていると、他の無料メディアでも読めるような記事ばかりがピックアップされているように思います。

朝日の有料デジタル版の部数は30万部弱でずっと停滞していますが、PV狙いのアイドルをからめた記事だけでは、1カ月の無料期間が終われば出ていってしまいます。

どうしたらば、長くとどまってくれる読者を獲得できるのか、そのことをデスクや各部長、編集担当補佐、局長といった人たちは徹底的に考え、実践していかなくてはなりません。

「答えはネットの中にない」

さて、というところまでが、若い人ではなく主に社の重責を担う人たちに向けての原稿でした。社が持続可能な状態になることが、若い人たちにとってまず必要、そのためには、現在の経営陣や管理職に、覚悟を決めてもらうしかないわけです。

そのうえで、それがうまくいかず、毎年100億という単位で売上が減り、持続不可能な状態になることも見越しながら、今の若い世代がどう仕事をしていくかということを最後に考えてみたいと思います。

2020年6月に提出された有価証券報告書によれば、朝日新聞社社員の平均年間給与は1229万円。国税庁の民間給与実態統計調査（2019年）によれば、日本の正社員の平均年間給与は503万円ですから、約2・4倍の高給ということになります。

問題はそれが今後も続くかということですが、続きません。

日本の新聞社の高給は、日刊新聞法による株の譲渡制限、軽減税率の適用、独占禁止法の適用除外などの規制によって守られてきたものでした。金融業が90年代まで様々な規制で守られていたのと同じです。

そうした規制を乗り越えて、技術革新の波はやってきました。その地殻変動で規制に守られた優位性はなくなった。むしろ規制は、変化への障害となっているということです。

グーテンベルクが活版印刷を発明して、知識が一般の人たちにも流布するようになり、新聞社や出版社が誕生した15世紀に匹敵するような、大きな変化が、インターネットによって進んでいるのが今日です。

若い皆さんは、そうした変革期にジャーナリストになったということになります。

そうしたなかでは、組織が仮に駄目になっても、外でも生きていける市場価値をつけていくということになります。

その市場価値とはどういうことでしょうか？

バズフィードやニューズピックスなどのウェブメディアに移ること？　たしかにそれもひと

つの方法です。こうしたウェブメディアは、記者や編集者としての訓練を会社で行うということはしていません。だから、ある程度それを修得した人を、安く獲得するのです。「安く」というところが重要で、朝日の給与を保証してくれるところはありません。しかも、そうした会社は、いつまで続くかまったくわかりません。

そうした会社や組織が潰れても、個人が生きていくためには、その人でなければできないことをやっていく、というのがとても重要なのです。

『2050年のメディア』という本を取材していた時に、実はヤフーでヤフー・トピックスをつくった奥村倫弘さんと、読売新聞社の渡邉恒雄さんがまったく同じことを言っていたことに気がつきました。それは、

「答えはネットの中にない。本の中にある」

という逆説的なセリフです。

このセリフの中に、若いジャーナリストが今後も生きていくための指針があるように私は思います。つまり、いくつかのテーマを自分の中に持ち、そのテーマにそって人に会い、本を読むこと。そうすることによってその人でしかできない物の見方が育っていきます。

そうした形で物事を見ていくと、発見や驚きがあります。それを記事や本にしていくのです。そうした記事や本を必要とする人は必ずいます。お金を払ってくれる人たちです。

そういう人たちがいれば、たとえ組織が潰れても、あなたはジャーナリストとして生きていけるでしょう。

2021 7・10

初出

1〜8、10〜65「サンデー毎日」2020年3月15日号〜2021年6月27日号
9「週刊東洋経済」2020年6月13日号
66 月刊「Journalism」2021年7月号

【も】

【や】

【ゆ】

【よ】

【ら】

【り】

【れ】

【ろ】

【へ】

【ほ】

【ま】

【み】

【む】

【め】

【ね】

【の】

【は】

【ひ】

【ふ】

【と】

【な】

【に】

【さ】

【し】

【う】

【え】

【お】

【か】

索引

※数字はページではなく、各用語、人名等が登場する章(回)を示しています。

【あ】

【い】

装幀　多川　優

[著者略歴]
下山　進（しもやま・すすむ）

メディア業界の構造変化や興廃を、緻密な取材をもとに鮮やかに描き、メディアのあるべき姿について発信してきた。2018年より、慶應義塾大学総合政策学部特別招聘教授として「2050年のメディア」をテーマにした調査型の講座を開講、その調査の成果を翌年『2050年のメディア』（文藝春秋、2019年）として上梓した。1993年コロンビア大学ジャーナリズム・スクール国際報道上級課程修了。著書に『アメリカ・ジャーナリズム』（丸善 1995年）、『勝負の分かれ目』（KADOKAWA 2002年）。『アルツハイマー征服』（KADOKAWA 2021年）では、病気の進行に直接介入する疾患修飾薬「アデュカヌマブ」の開発にいたる30年の研究史をまとめ、出版後、同薬が米国で承認されたことで大きな話題となっている。文藝春秋で長くノンフィクションの編集者をつとめた。上智大学新聞学科非常勤講師。「サンデー毎日」で2ページのコラムを連載中。

2050年のジャーナリスト

印　刷　2021年９月10日
発　行　2021年９月20日

著　者　下山《しもやま》　進《すすむ》

発行人　小島明日奈
発行所　毎日新聞出版
〒102-0074
東京都千代田区九段南1-6-17　千代田会館５階
営業本部　03(6265)6941
図書第一編集部　03(6265)6745
印　刷　精文堂印刷
製　本　大口製本

ISBN978-4-620-32701-3